Jochen Beer, Enesa Gec

Steuerleitfaden für Dolmetscher und Übersetzer

BDÜ Fachverlag

Jochen Beer, Enesa Gec

Steuerleitfaden für Dolmetscher und Übersetzer

Die Deutsche Bibliothek – CIP Einheitsaufnahme

Jochen Beer, Enesa Gec:
Steuerleitfaden für Dolmetscher und Übersetzer

Ausgabe 2014

verlegt von der
BDÜ Weiterbildungs- und Fachverlagsgesellschaft mbH,
einem Unternehmen des Bundesverbandes der
Dolmetscher und Übersetzer e.V. (BDÜ)

ISBN: 978-3-938430-53-8

© 2014 • BDÜ Weiterbildungs- und Fachverlagsgesellschaft mbH
Satz: Thorsten Weddig, Essen
Fotos: Sven Hoppe/Fotolia (Titelbild), Marc Fippel (Enesa Gec), privat (Jochen Beer)
Druck: Schaltungsdienst Lange oHG, Berlin

Vorwort

Der Praxiserfolg eines selbständigen Dolmetschers und Übersetzers hängt gleichermaßen von fachlichen und unternehmerischen Fähigkeiten ab. Die fachlichen Kenntnisse sind „nur" die Basis. Um zum ganzheitlichen unternehmerischen Erfolg zu gelangen, ist es erforderlich, sich intensiv mit Zahlen zu beschäftigen – nicht nur während der Gründungsphase, sondern auch in den Jahren danach.

Neben betriebswirtschaftlichen Zahlen sind die steuerlichen Themen wie Abgabeverpflichtungen gegenüber den Finanzbehörden, Buchhaltung und Gewinnermittlung, Rechnungsschreibung und viele andere von großer Bedeutung.

Wir begleiten seit vielen Jahren Dolmetscher und Übersetzer und haben uns auf ihre Themen spezialisiert.

Im Folgenden werden wir die wesentlichen Eckpfeiler, Besonderheiten und Fallstricke ausführlich und mit praxisnahen Beispielen erörtern.

Wir haben uns bemüht, das Buch so praxisnah wie möglich zu schreiben. Deswegen finden Sie im Text wenig Hinweise auf Paragraphen. Stattdessen haben wir über fünfzig Fallbeispiele zum besseren Verständnis in das Buch aufgenommen. Ihre Meinung ist uns hierbei sehr wichtig. Wir bitten um Anregungen und Kritik, wo aus Ihrer Sicht Verbesserungen vorgenommen werden könnten.

Unser ganz besonderer Dank gilt Frau Edda Karpenstein, die uns in allen Organisationsfragen ganz toll unterstützt hat.

Der Steuerleitfaden soll Ihnen Antwort geben auf folgende Fragen:
- Wodurch unterscheiden sich die Einkunftsarten „selbständige Arbeit" und „Gewerbebetrieb"?
- Was sind Betriebseinnahmen/Betriebsausgaben?
- Was sind „nicht abzugsfähige Ausgaben"?
- Was versteht man unter dem Begriff „Abschreibung"?
- Wie ist ein Verzeichnis der Anlagegüter zu führen?
- Wie erstelle ich eine Einnahmenüberschussrechnung?
- Welche Aufzeichnungspflichten muss ich als Dolmetscher/Übersetzer beachten?

- Welche Rechtsformen der Zusammenarbeit mit Kollegen kommen für mich in Betracht?
- Wann erbringe ich eine umsatzsteuerpflichtige Leistung?
- Wann entsteht die Umsatzsteuer?
- Was ist die Bemessungsgrundlage für die Umsatzsteuer?
- Wie muss eine Rechnung aussehen (auch innerhalb der EU)?
- Wann brauche ich eine Umsatzsteuer-Id-Nummer?
- Wie weise ich Reisekosten in der Rechnung aus?
- Was passiert bei einem unberechtigten/unrichtigen Umsatzsteuerausweis?
- Wie und wann darf ich Vorsteuer geltend machen?
- Was ist eine Umsatzsteuer-Voranmeldung?
- Wann ist eine Zusammenfassende Meldung abzugeben und wo?
- Was ist eine Dauerfristverlängerung?

Bensheim und Langen, den 30. September 2013
Enesa Gec, Jochen Beer

Die vorliegende Veröffentlichung „Steuerleitfaden für Dolmetscher und Übersetzer" wurde sorgfältig und gewissenhaft recherchiert und mit größter Sorgfalt bearbeitet. Die Komplexität und der ständige Wandel der Rechtsmaterie machen es jedoch notwendig, jegliche Haftung und Gewähr auszuschließen. Daher kann auch nicht ausgeschlossen werden, dass die Finanzbehörden andere Rechtsauffassungen vertreten können. Die zur Verfügung gestellten Informationen ersetzen keine persönliche individuelle steuerliche Beratung.

Inhalt

1 Steuern, die den Dolmetscher und Übersetzer betreffen

Der in der Bundesrepublik Deutschland wohnhafte und berufstätige Dolmetscher und Übersetzer unterliegt den Rechtsvorschriften der deutschen Steuergesetzgebung. Im Wesentlichen kommen an Steuern auf den Dolmetscher/Übersetzer zu: Die Einkommensteuer mit ihren Nebensteuern Kirchensteuer, Solidaritätszuschlag, ggf. Zinsabschlag, die Lohnsteuer, die Umsatzsteuer und in Ausnahmefällen die Gewerbesteuer (siehe Kapitel 6 „Abgrenzung Einkünfte aus Gewerbebetrieb/Einkünfte aus selbständiger Arbeit").

2 Einkommensteuer

Durch das Einkommensteuergesetz, die Einkommensteuerdurchführungsverordnung und durch Grundsatzurteile der höchstrichterlichen Rechtsprechung ist das Einkommensteuerrecht geregelt. Neben der höchstrichterlichen Rechtsprechung sind zur Durchführung des Einkommensteuerrechtes die von den obersten Finanzbehörden erlassenen Verwaltungsanordnungen wichtig. Die Verwaltungsanordnungen binden die Finanzverwaltung, jedoch nicht die Finanzgerichtsbarkeit.

2.1 Die persönliche Steuerpflicht

Die persönliche Steuerpflicht ist Voraussetzung für die Steuerschuld, die der einzelne Steuerpflichtige auf Grund der entsprechenden Gesetzgebung schuldet und an die Finanzverwaltung abführen muss. Man unterscheidet hier zwischen persönlicher und sachlicher Steuerpflicht. Bei der persönlichen Steuerpflicht wird geprüft, *wer* der Einkommensteuer unterliegt, bei der sachlichen Steuerpflicht wird geprüft, *was* der Einkommensteuer unterliegt.

Aus dem Einkommensteuergesetz geht hervor, dass nur natürliche Personen einkommensteuerpflichtig sein können. Juristische Personen und Personenvereinigungen sind somit nicht Schuldner der Einkommensteuer. Als Arten der persönlichen Steuerpflicht sind zu nennen: Die unbeschränkte Steuerpflicht, die beschränkte Steuerpflicht oder gar keine Steuerpflicht in der Bundesrepublik Deutschland.

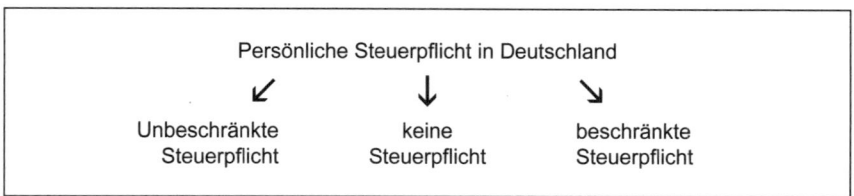

2.1.1 Unbeschränkte Steuerpflicht

Unbeschränkt steuerpflichtig sind natürliche Personen, die im Inland ihren Wohnsitz oder ihren gewöhnlichen Aufenthalt haben.

2.1.2   Beschränkte Steuerpflicht

Natürliche Personen, die im Inland weder einen Wohnsitz noch ihren gewöhnlichen Aufenthalt haben, sind beschränkt steuerpflichtig in der Bundesrepublik
Deutschland, und zwar auch dann, wenn es sich um einen deutschen Staatsange-
hörigen handelt. Die beschränkte Steuerpflicht beschränkt sich auf die im Inland
erzielten Einkünfte dieser Person (z. B. Zinseinkünfte, Einkünfte aus der Vermietung oder Gewinneinkünfte einer deutschen Betriebsstätte).

Da die Unterscheidung zwischen der unbeschränkten Steuerpflicht und der be-
schränkten Steuerpflicht abhängig von dem Wohnsitz oder gewöhnlichen Aufenthalt der natürlichen Person ist, ist hier der Wohnsitz bzw. der gewöhnliche
Aufenthalt zu definieren. Der Steuerpflichtige hat seinen Wohnsitz dort, wo er
eine Wohnung innehat unter Umständen, die auf die Beibehaltung und Benutzung dieser Wohnung schließen lassen.

Der gewöhnliche Aufenthalt eines Steuerpflichtigen im Sinne der Steuergeset-
ze ist dort, wo sich der Steuerpflichtige unter Umständen aufhält, die erkennen
lassen, dass er an diesem Ort oder in diesem Gebiet nicht nur vorübergehend
verweilt. Hierbei gilt, dass ein zeitlich zusammenhängender Aufenthalt im Inland
von mehr als sechs Monaten Dauer stets von Beginn an als gewöhnlicher Aufenthalt anzusehen ist. Die unbeschränkte Steuerpflicht beginnt hier mit der Einreise
in das Inland.

Die Steuerpflicht, sowohl die beschränkte als auch die unbeschränkte, beginnt
mit der Geburt und endet spätestens mit dem Tod des Steuerpflichtigen.

2.2   Sonderfall Besteuerung der Konferenzdolmetscher bei der EG

Die bei den Behörden der Europäischen Gemeinschaft, beim Europäischen Parlament und beim Europäischen Gerichtshof tätigen Konferenzdolmetscher unterliegen mit ihrer Arbeit einer besonderen Besteuerung auf Grund einer Verordnung des Rates der Europäischen Union (VO Nr. 628/2000 vom 20. März 2000, siehe Anhang): Die Einnahmen aus der Tätigkeit als Konferenzdolmetscher beim Europäischen Parlament unterliegen nicht der deutschen Besteuerung. Der Progressionsvorbehalt gilt hier nicht. Die Einnahmen werden direkt bei der EG-Behörde auf Grund von Artikel 1 der Verordnung des Rates der Europäischen Union wie bei den angestellten Konferenzdolmetschern besteuert (vgl. Anhang).

💡 Fallbeispiel 1: Besteuerung der Konferenzdolmetscher bei der EG

Die Konferenzdolmetscherin und Übersetzerin Anna Dolmetsch, wohnhaft und geschäftsansässig in Heidelberg, erzielt folgende Einkünfte in 2012:

1. Übersetzungsarbeiten für deutsche Kunden	30.000 €
2. Dolmetschtätigkeit beim Europäischen Parlament in Brüssel	40.000 €
3. Mieteinkünfte aus einer Eigentumswohnung in Heidelberg	10.000 €
4. Zinsen von der Volksbank	1.000 €

Anna D. ist unbeschränkt steuerpflichtig in Deutschland mit folgenden Einkünften:

1. Einkünfte aus selbständiger Arbeit als Übersetzerin	30.000 €
2. Einkünfte aus Vermietung	10.000 €
3. Einkünfte aus Zinsen (1.000 € ./. Freibetrag 801 €)	199 €
Gesamtbetrag der Einkünfte	**40.199 €**

3 Einkommensteuerliche Grundbegriffe

3.1 Die sieben Einkunftsarten

In § 2 Abs. 1 EStG sind die sieben Einkunftsarten abschließend definiert:

Gewinneinkünfte
1. Einkünfte aus Land- und Forstwirtschaft
2. Einkünfte aus Gewerbebetrieb
3. Einkünfte aus selbständiger Arbeit

Überschuss der Einnahmen über die Werbungskosten
4. Einkünfte aus nichtselbständiger Arbeit
5. Einkünfte aus Kapitalvermögen
6. Einkünfte aus Vermietung und Verpachtung
7. Sonstige Einkünfte

Der Gesetzgeber definiert die ersten drei Einkunftsarten (Land- und Forstwirtschaft, Gewerbebetrieb, selbständige Arbeit) als Gewinneinkünfte (Betriebseinnahmen ./. Betriebsausgaben = Einkünfte) und die nachfolgenden Einkünfte (nichtselbständige Arbeit, Kapitalvermögen, Vermietung und Verpachtung, sonstige Einkünfte) als Überschusseinkünfte (Einnahmen ./. Werbungskosten = Einkünfte).

Das Einkommensteuergesetz enthält hinsichtlich der Abzugsfähigkeit von Aufwendungen im Zusammenhang mit einer oder mehrerer dieser sieben Einkunftsarten den Grundsatz, dass sich bei jeder Einkunftsart diejenigen Aufwendungen auswirken müssen, die mit der Erzielung der Einnahmen aus dieser Einkunftsart zusammenhängen.

Fallbeispiel 2:
Weitergabe von Aufträgen an Kollegen

Der selbständige Übersetzer Marc Übersetzer nimmt einen Übersetzungsauftrag für 5.000 € an. Da er innerhalb der gesetzten Frist nicht alles alleine machen kann, vergibt er einen Unterauftrag in Höhe von 3.000 € an einen anderen selbständigen Kollegen. In diesem Fall betragen die Betriebseinnahmen 5.000 € und die damit verbundenen Betriebsausgaben 3.000 €, so dass die daraus resultierenden Einkünfte 2.000 € betragen.

3.1.1   Betriebseinnahmen/Betriebsausgaben

Betriebseinnahmen sind somit alle Wirtschaftsgüter, die in Geld oder Geldeswert bestehen und dem Steuerpflichtigen im Rahmen eines landwirtschaftlichen, gewerblichen oder der selbständigen Arbeit dienenden Betriebes zugeflossen sind. Hierzu gehören ggf. auch Einnahmen aus Hilfs- und Nebengeschäften und die Erstattung früherer Betriebsausgaben (Auslagenersatz).

Betriebsausgaben sind betrieblich veranlasste Aufwendungen. Für ihre steuerliche Berücksichtigung gilt das Datum der Zahlung (Abflussprinzip). Für die Behandlung ist streng zu unterscheiden zwischen sofort abzugsfähigen Betriebsausgaben und dem Erwerb von abnutzbarem Anlagevermögen bzw. nicht abnutzbarem Anlagevermögen und Umlaufvermögen.

Sofort abzugsfähige Betriebsausgaben sind z.B. Löhne, Gehälter, Mieten, Werbekosten, Schuldzinsen. Ist der Steuerpflichtige nicht Kleinunternehmer i. S. des Umsatzsteuergesetzes und ermittelt er den Gewinn durch Einnahmenüberschussrechnung, gehört auch die gezahlte Umsatzsteuer zu den Betriebsausgaben.

Betriebseinnahmen bzw. Betriebsausgaben entstehen somit nur bei den Einkünften aus Land- und Forstwirtschaft, Gewerbebetrieb und selbständiger Arbeit.

Fallbeispiel 3:
Abnutzbares Anlagevermögen

Übersetzerin Ü. macht sich selbständig am 02.0¹.2012. Zu Beginn tätigt sie folgende Investitionen:

1 Laptop mit Tasche	900 €
1 PC komplett (Rechner, Drucker, Tastatur, Maus, Software)	1.500 €
Teilsumme	**2.400 €**
1 Schreibtisch	1.300 €

Dies sind Betriebsausgaben für Gebrauchsgüter, die nicht sofort abzugsfähige Betriebsausgaben sind, sondern über die geschätzte Nutzungsdauer verteilt abgeschrieben werden. Geschätzte Nutzungsdauer sind bei Laptop und PC ca. 3 Jahre, bei dem Schreibtisch 13 Jahre.

Die Abschreibung beträgt somit für Laptop und PC verteilt auf 3 Jahre:

im Jahr 2012	800 €
im Jahr 2013	800 €
im Jahr 2014	800 €
Summe	**2.400 €**

Der Schreibtisch wird mit 100 € pro Jahr über 13 Jahre abgeschrieben.

3.1.2   Werbungskosten

Werbungskosten sind alle Aufwendungen zur Erwerbung, Sicherung und Erhaltung der Einnahmen. Die Werbungskosten sind bei der Einkunftsart abzuziehen, bei der sie erwachsen sind. Hieraus ergibt sich, dass Einnahmen aus nichtselbständiger Arbeit, Kapitalvermögen, Vermietung und Verpachtung und sonstige Einnahmen, wie z. B. Renten, gemeint sind, und die in diesem Zusammenhang stehenden Aufwendungen bei der jeweiligen Einkunftsart sind Werbungskosten. Die Differenz zwischen den Einnahmen und den Werbungskosten ergibt dann die jeweiligen Einkünfte aus nichtselbständiger Arbeit, Kapitalvermögen, Vermietung und Verpachtung und sonstige Einkünfte.

Bei den Einkünften aus Kapitalvermögen ist durch den Sparerfreibetrag (801 € pro Steuerpflichtigem) alles abgegolten. Höhere Werbungskosten können steuerlich nicht geltend gemacht werden.

> **Fallbeispiel 4:**
> **Werbungskosten des angestellten Übersetzers**
>
> Der angestellte Marc Übersetzer hat Fahrtkosten zwischen Wohnung und Arbeitsstätte (einfache Entfernung) in Höhe von 3.000 € pro Jahr. Er hat weiterhin in diesem Jahr Fachliteratur in Höhe von 500 € selbst gekauft. Er ist im Auftrag seines Arbeitgebers zu einer Fortbildung gefahren; die gesamten Fortbildungskosten einschließlich Fahrtkosten wurden vom Arbeitgeber übernommen. Werbungskosten sind in diesem Fall Fahrten zwischen Wohnung und Arbeitsstätte sowie die von ihm angeschaffte Fachliteratur (3.500 €). Die Kosten für die Fortbildung einschließlich der Reisekosten sind vom Arbeitgeber erstattet worden und können daher nicht als Werbungskosten geltend gemacht werden, sind aber auch nicht Bestandteil des einkommensteuerpflichtigen Bruttogehaltes.

3.2 Einkünfte

Von Einkünften sprechen wir insofern, als bei den ersten drei Gewinn-Einkunftsarten den Betriebseinnahmen die Betriebsausgaben gegenüber gestellt werden und der Differenzbetrag der Gewinn aus der jeweiligen Einkunftsart ist. Bei den Einkünften aus nichtselbständiger Arbeit, Kapitalvermögen und Vermietung und Verpachtung sowie sonstigen Einkünften sind von den Einnahmen der jeweiligen Einkunftsart die Werbungskosten der jeweiligen Einkunftsart abzuziehen. Die Differenz zwischen Einnahmen und Werbungskosten ergibt die Einkünfte aus der jeweiligen Einkunftsart. Da der Steuerpflichtige verschiedene Einkunftsarten haben kann, wird aus den jeweiligen Einkunftsarten die Summe der Einkünfte ermittelt.

Fallbeispiel 5:
Ermittlung der Summe der Einkünfte

Der freiberuflich tätige Übersetzer Marc Übersetzer hat im Kalenderjahr 2012 Betriebseinnahmen von	17.000 €
und Betriebsausgaben (Fachliteratur, Telefonkosten, Büromiete) in Höhe von	- 10.000 €
Seine Einkünfte aus selbständiger Arbeit (Gewinn) betragen somit	**7.000 €**
Er vermietet eine Eigentumswohnung:	
Mieteinnahmen	6.000 €
Werbungskosten (Abschreibung, Grundsteuer, Schuldzinsen u. a.)	- 8.500 €
Verlust aus Vermietung	**-2.500 €**
Weitere Einkünfte hat er nicht. Die Summe der Einkünfte berechnet sich wie folgt:	
Einkünfte aus selbständiger Tätigkeit	7.000 €
Einkünfte aus Vermietung	-2.500 €
Summe der Einkünfte	**4.500 €**

3.3 Sonderausgaben

Unter dem Begriff der Sonderausgaben sind diverse Lebenshaltungskosten zusammengefasst, die aus kultur-, sozial- und wirtschaftspolitischen Gründen bei der Einkommensermittlung steuermindernd berücksichtigt werden dürfen. Soweit hier Aufwendungen sein sollten, die ihrer Natur nach Betriebsausgaben oder Werbungskosten sind, scheiden diese als Sonderausgaben aus. Sie sind als Betriebsausgaben oder als Werbungskosten bei der jeweiligen Einkunftsart zu berücksichtigen.

Die Sonderausgaben werden in diesem Kapitel nur in engem Umfang dargestellt, soweit sie besonders wichtig sind für Dolmetscher und Übersetzer.

Fallbeispiel 6: Zuordnung Betriebsausgabe oder
Sonderausgabe bei der Kfz-Haftpflichtversicherung

Der selbständige Dolmetscher D. hat ein **Fahrzeug im Betriebsvermögen**. Die hierfür zu zahlende Kfz-Haftpflichtversicherung ist Betriebsausgabe und muss somit bei den Einkünften aus selbständiger Tätigkeit geltend gemacht werden und darf nicht als Sonderausgabe berücksichtigt werden.

Fallbeispiel 7: Zuordnung Betriebsausgabe oder Sonderausgabe bei der Kfz-Haftpflichtversicherung

Der angestellte Dolmetscher D. hat ein **Fahrzeug im Privatvermögen**. Die Kfz-Haftpflichtversicherung kann er im Rahmen der Sonderausgaben steuerlich geltend machen.

Sonderausgaben sind Beiträge zur gesetzlichen Rentenversicherungen sowie berufsständischen Versorgungseinrichtungen, Beiträge zum Aufbau einer eigenen kapitalgedeckten Altersversorgung, wenn dieser Vertrag nur die Zahlung einer monatlichen, auf das Leben des Steuerpflichtigen bezogenen lebenslangen Leibrente vorsieht. Die Beiträge sind pro Person und Jahr steuerlich bis zu 20.000 € abzugsfähig. Beiträge zur Basis-Kranken- und Pflegeversicherung sind entsprechend dem Nachweis der Krankenkasse steuerlich abzugsfähig. Zusatzbeiträge zu Krankenversicherungen, Unfall- und Haftpflichtversicherungen und Lebensversicherungen sind in beschränktem Umfang auch steuerlich abzugsfähig.

Steuerbegünstigte Sonderausgaben sind auch Spenden und Mitgliedsbeiträge zur Förderung steuerbegünstigter Zwecke, Zuwendungen an politische Parteien und die Kirchensteuer.

 Fallbeispiel 8: Beiträge zur Rentenversicherung als Sonderausgaben

Marc Übersetzer zahlt jährlich 5.000 € freiwillig in die Rentenkasse der Deutschen Rentenversicherung ein. Er hat darüber hinaus zwei Rentenversicherungen abgeschlossen. Rentenversicherung Nr. 1 (jährlicher Beitrag: 15.000 €) sichert ihm eine Rente ab dem 65. Lebensjahr zu. Eine einmalige Auszahlung des Gesamtbetrages zum 65. Lebensjahr ist ausgeschlossen. Rentenversicherung Nr. 2 (jährlicher Beitrag: 500 €) führt zu einem Wahlrecht. Mit dem 65. Lebensjahr kann Marc Ü. wählen zwischen einmaliger Auszahlung oder Verrentung des angesparten Kapitals. Als Sonderausgaben vorrangig wird jährlich berücksichtigt:

1. Rentenzahlung an die Deutsche Rentenversicherung	5.000 €
2. Zahlungen an die Versicherung Nr. 1 jährlich	15.000 €

Hierdurch hat Marc Übersetzer den steuerlichen Höchstbetrag von 20.000 € pro Jahr für die Rentenvorsorge erreicht. Wäre die Rentenversicherung Nr. 2 bis 31.12.2004 abgeschlossen worden, könnte sie in eingeschränktem Umfang berücksichtigt werden. Spenden, Kirchensteuer und Beiträge an politische Parteien sind darüber hinaus weiter abzugsfähig.

3.4   Außergewöhnliche Belastungen

Der Gesetzgeber gibt im Einkommensteuergesetz keine Definition, jedoch eine Umschreibung, was außergewöhnliche Belastungen sind. Das Gesetz besagt: Erwachsen einem Steuerpflichtigen zwangsläufig größere Aufwendungen als der überwiegenden Mehrzahl der Steuerpflichtigen gleicher Einkommensverhältnisse, gleicher Vermögensverhältnisse und gleichen Familienstandes (außergewöhnliche Belastungen), so wird auf Antrag die Einkommensteuer dadurch ermäßigt, dass der Teil der Aufwendungen, der die dem Steuerpflichtigen **zumutbare Belastung** übersteigt, vom Gesamtbetrag der Einkünfte abgezogen wird.

Der Gesetzgeber definiert diese Aufwendungen folgendermaßen: Aufwendungen erwachsen dem Steuerpflichtigen zwangsläufig, wenn er sich ihnen aus rechtlichen, tatsächlichen oder sittlichen Gründen nicht entziehen kann und soweit die Aufwendungen den Umständen nach notwendig sind und einen angemessenen Betrag nicht übersteigen. Aufwendungen, die zu den Betriebsausgaben, Werbungskosten oder Sonderausgaben gehören, müssen dort geltend gemacht werden und nicht bei den außergewöhnlichen Belastungen.

 Fallbeispiel 9: Außergewöhnliche Belastung und zumutbare Eigenbelastung

Der Übersetzer Marc Übersetzer, ledig, keine Kinder, hat Einkünfte aus freiberuflicher Tätigkeit von 34.317 €. Weitere Einkünfte hat er nicht. An Arztkosten und Medikamenten hat er 5.200 € selber bezahlt. Der Gesamtbetrag seiner Einkünfte beträgt 34.317 €. Hiervon sind ihm 6 % Krankheitskosten als Eigenbelastung zuzumuten: 34.317 € x 6 % = 2.059 €. Er kann somit als außergewöhnliche Belastung 3.141 € steuerlich geltend machen:

Krankheitskosten	5.200 €
zumutbare Eigenbelastung	- 2.059 €
außergewöhnliche Belastung	**3.141 €**

Wäre er verheiratet und hätte 1 Kind, würden bei sonst gleichen Zahlen die abzugsfähigen außergewöhnlichen Belastungen höher sein: 34.317 € x 3 % = 1.030 €; abzugsfähig wären 5.200,00 €:

Krankheitskosten	5.200 €
zumutbare Eigenbelastung	- 1.030 €
außergewöhnliche Belastung	**4.170 €**

Der Gesetzgeber berücksichtigt Familienstand und Kinder.

3.5   Systematik Ermittlung des zu versteuernden Einkommens

Die Bemessungsgrundlage für die Einkommensteuer ergibt sich somit wie folgt: Einnahmen ./. Ausgaben der nachfolgenden sieben Einkunftsarten.

Gewinneinkünfte
1. Einkünfte aus Land- und Forstwirtschaft
2. Einkünfte aus Gewerbebetrieb
3. Einkünfte aus selbständiger Arbeit

Überschusseinkünfte
4. Einkünfte aus nichtselbständiger Arbeit
5. Einkünfte aus Kapitalvermögen
6. Einkünfte aus Vermietung und Verpachtung
7. Sonstige Einkünfte

= Summe der Einkünfte
./. Altersentlastungsbetrag
./. Freibetrag für Land- und Forstwirte

= Gesamtbetrag der Einkünfte
./. Verlustabzug oder Verlustvortrag
./. Sonderausgaben
./. außergewöhnliche Belastungen

= Einkommen
./. bestimmte Freibeträge

= zu versteuerndes Einkommen
(=Bemessungsgrundlage für die Einkommensteuer und Nebensteuern (Solidaritätszuschlag, Kirchensteuer))
Veranlagung zur Grundtabelle oder Splittingtabelle
./. 20 % der haushaltsnahen Dienstleistungen

= Jahressteuerschuld

Der Dolmetscher und Übersetzer hat somit als Freiberufler Einkünfte aus selbständiger Arbeit oder als Angestellter Einkünfte aus nichtselbständiger Arbeit. Die zu ermittelnden Einkünfte aus selbständiger Arbeit sind schwerpunktmäßig Gegenstand dieses Steuerleitfadens.

3.6 Nichtabzugsfähige Ausgaben

Im Umkehrschluss sind somit alle Ausgaben, die nicht Betriebsausgaben, Werbungskosten, Sonderausgaben oder außergewöhnliche Belastungen sind, **steuerlich nicht abzugsfähig**. Der Gesetzgeber hat im Einkommensteuergesetz im § 4 Abs. 5 EStG und in § 12 EStG die nichtabzugsfähigen Ausgaben aufgelistet. Die wichtigsten Vorschriften für die Angehörigen des Berufsstandes werden nachfolgend behandelt.

3.6.1 Kosten der Lebenshaltung

Aufwendungen für die Lebensführung, die die wirtschaftliche oder gesellschaftliche Stellung des Steuerpflichtigen mit sich bringt, auch wenn sie zur Förderung des Berufes oder der Tätigkeit des Steuerpflichtigen erfolgen, sind steuerlich nicht abzugsfähig. Sofern im Wege einer sachgerechten Schätzung eine Aufteilung in einen beruflichen und einen privaten Anteil möglich ist, dürfen die Kosten jedoch aufgeteilt werden. Der Steuerpflichtige ist hierbei nachweispflichtig, dass seine Schätzung sachgerecht erfolgt.

 Fallbeispiel 10:
Nichtabzugsfähige Ausgaben

- **Kleidung** fällt unter das Abzugsverbot, soweit es sich nicht um typische Berufskleidung, wie z.B. Uniformkleidung, handelt. Socken und Schuhe sind grundsätzlich nicht abzugsfähig.

- **Tageszeitungen, Illustrierte, Fernseh- und Rundfunkgebühren** fallen grundsätzlich unter das Abzugsverbot. Im Einzelfall hat der Steuerpflichtige zu beweisen, dass es sich um Betriebsausgaben bzw. Werbungskosten handelt.

- Bei **Fortbildungsveranstaltungen und Seminaren, die an Urlaubsorten stattfinden**, hat der Steuerpflichtige den beruflichen Charakter nachzuweisen. Hierbei dient als Nachweis u.a. die Organisationsbeschreibung der Veranstaltung, der Tagesablauf, die erwerbbare Qualifikation u.a.

  Sofern der Dolmetscher/Übersetzer eine Fortbildungsveranstaltung zum Erwerb einer weiteren Fremdsprache besucht, sollte das Seminarprogramm, die Tagesplanung und ggf. die erworbene Qualifikationsurkunde aufgehoben werden, damit im Zweifelsfall die Ernsthaftigkeit der Fortbildung dokumentiert werden kann.

  ...

...

- Bei der Aufteilung der **Telefonkosten** in private und beruflich veranlasste Kosten kann beim angestellten Dolmetscher/Übersetzer die Telefongrundgebühr als Werbungskosten geltend gemacht werden.

Beim selbständigen Dolmetscher/Übersetzer können die Telefon- und Internetkosten in vollem Umfang als Betriebsausgaben geltend gemacht werden, hier muss dann aber ein geschätzter Anteil wie ein Erlös als private Nutzung berücksichtigt werden.

3.6.2   Freiwillige Zuwendungen

Freiwillige Zuwendungen sind keine Betriebsausgaben oder Werbungskosten, sondern Sonderausgaben, sofern der Empfänger der Zuwendungen als Institution vom zuständigen Finanzamt als gemeinnützig anerkannt worden ist (Deutsches Rotes Kreuz, evangelische Kirche, katholische Kirche u. a.).

Mitgliedsbeiträge bei Berufsverbänden sind Betriebsausgaben oder Werbungskosten und keine Spenden. Sollte der Dolmetscher/Übersetzer über den Beitrag hinaus seinem Berufsverband Geld zukommen lassen, wäre dies jedoch eine freiwillige Zuwendung, die steuerlich weder als Betriebsausgabe noch als Sonderausgabe abzugsfähig wäre.

3.6.3   Geldstrafen

Geldstrafen, die dem Steuerpflichtigen von einem Gericht oder einer Behörde auferlegt werden, sind nicht als Betriebsausgabe abzugsfähig.

 Fallbeispiel 11:
Geldstrafen

Der Dolmetscher D. fährt zu einem Gerichtsdolmetschertermin und parkt den Wagen am Straßenrand, holt sich ein Parkticket für eine Stunde und legt dieses ordnungsgemäß sichtbar im Auto aus. Der Termin bei Gericht dauert unverhältnismäßig lange, so dass er erst nach drei Stunden zu seinem Fahrzeug zurückkehren kann. Zwischenzeitlich wurde sein Fahrzeug von der Ordnungspolizei notiert wegen Überschreitens der Parkdauer. Das Ordnungsgeld, das er zu zahlen hat, kann nicht als Betriebsausgabe geltend gemacht werden.

3.7   Bewirtungskosten

Bewirtungskosten sind einkommensteuerlich zu 70 % abzugsfähige Betriebsausgaben. Die ausgewiesene Umsatzsteuer ist voll abzugsfähig. Voraussetzungen für den Bewirtungskostenabzug sind:

1. Die Bewirtung ist beruflich veranlasst.
2. Der Bewirtungskostenbeleg ist vom Gastgeber ordnungsgemäß ausgestellt.
3. Die Kosten der Bewirtung müssen angemessen sein.

 Fallbeispiel 12:
Bewirtungskosten

Anna Dolmetsch lädt ihre Kollegin zum Mittagessen ein. Beide besprechen die Zusammenarbeit für eine demnächst stattfindende Konferenz, an der sie beide teilnehmen sollen. Die Bewirtung kostet für beide 119 € inkl. 19 % USt. Anna D. kann als Betriebsausgaben geltend machen:

Umsatzsteuer	19 €
Bewirtungskosten (70 % von 100 €)	70 €
Summe	**89 €**

Die Angemessenheit der Höhe der Bewirtungskosten ist gegeben. Die Umsatzsteuer in Höhe von 19 € verrechnet sie mit der nächsten Umsatzsteuer-Voranmeldung. Anna D. muss auf einem Formvordruck folgende Angaben machen (vgl. Anhang Bewirtungskostenbeleg):

• Tag, Ort, Anlass der Bewirtung
• Gast und Gastgeber
• Ort, Datum, Unterschrift

Sofern der Formvordruck nicht oder unvollständig ausgefüllt ist, wird der Betriebsausgabenabzug und der Abzug der Umsatzsteuer vom Finanzamt nicht gestattet. Diese Rechtsvorschrift gilt für die Bewirtung von Gästen, nicht für die Bewirtung von Arbeitnehmern!

3.8   Geschenke

Geschenke an Personen, die nicht Arbeitnehmer sind, dürfen bis zu einem Wert von 35 € (netto ohne Umsatzsteuer) pro Person und Jahr als Betriebsausgabe geltend gemacht werden. Übersteigt der Wert 35 €, ist der gesamte Betrag nicht abzugsfähig. Der Beschenkte ist grundsätzlich verpflichtet, das Geschenk zu versteuern. Dies kann der Schenkende vermeiden, wenn darauf eine pauschale Steuer in Höhe von 30 % an das Finanzamt abgeführt wird.

 Fallbeispiel 13:
Geschenke

Marc Übersetzer schenkt dem Sekretariat eines Auftraggebers Wein im Wert von 100 €. Dieses Geschenk ist nur dann als Betriebsausgabe abzugsfähig, wenn nachgewiesen wird, dass pro Person und Jahr die Freigrenze von 35 € nicht überschritten ist. Mark Ü. schreibt auf den Rechnungsbeleg des Weinhändlers auf die Rückseite: „Geschenke an Sekretariat X-GmbH (Frau M., Frau J., Frau K., Frau U.) je 1 Fl. Wein (100 € : 4 = 25 €)". Die Freigrenze von 35 € pro Person und Jahr ist nicht überschritten.

3.9   Verpflegungsmehraufwendungen bei beruflich veranlassten Reisen

Pauschsätze für Verpflegungsmehraufwendungen in Deutschland		
Dauer *	**bis 2013**	**ab 2014**
mindestens 8 und weniger als 14 Stunden	6 €	12 €
mindestens 14 und weniger als 24 Stunden	12 €	12 €
24 Stunden	24 €	24 €
* Maßgeblich ist die Zeitspanne vom Verlassen der Wohnung bis zur Rückkehr in die Wohnung.		

Der Steuerpflichtige hat den Nachweis der beruflichen Veranlassung für die Auswärtstätigkeit zu dokumentieren. Dies kann durch eine Aufstellung der Reisen erfolgen, in der Beginn der Reise, Ende der Reise und der Reisegrund festgehalten wird. Entsprechende Vordrucke hierfür sind im Schreibwarenfachgeschäft erhältlich. Die tatsächlichen Kosten für Verpflegung im Restaurant sind nicht abzugsfähig.

Fallbeispiel 14: Verpflegungsmehraufwand bei beruflich veranlassten Reisen

Anna Dolmetsch hat den Auftrag, an drei Tagen auf einer Konferenz zu arbeiten. Am 3. April fährt sie am Nachmittag um 14 Uhr von ihrer Wohnung zum Konferenzort. Sie übernachtet am 4. bis zum 7. April im Hotel. Am 7. April ist die Konferenz um 13 Uhr zu Ende. Anna D. fährt am gleichen Tag nach Hause und kommt am Abend um 20:30 Uhr in Ihrer Wohnung an. Die Abrechnung für die Verpflegungspauschalen sieht folgendermaßen aus:

Datum	Zeitspanne	Dauer	bis 31.12.2013	ab 01.01.2014
3. April	14 bis 0 Uhr	10 Stunden	6 €	12 €
4. April	ganztägig	24 Stunden	24 €	24 €
5. April	ganztägig	24 Stunden	24 €	24 €
6. April	ganztägig	24 Stunden	24 €	24 €
7. April	0 bis 20:30 Uhr	20,5 Stunden	12 €	12 €
Gesamtbetrag			**90 €**	**96 €**

Die Übernachtungskosten werden lt. Beleg des Hotels abgerechnet. Sollten im Hotelbeleg weitere Kosten aufgeführt sein, wie Frühstück oder Kaffee, so dürfen diese nicht zusätzlich als Betriebsausgabe berücksichtigt werden.

Den Nachweis über die berufliche Auswärtstätigkeit hat Anna D. zu erbringen, z.B. durch die von ihr gestellte Rechnung für ihren Arbeitseinsatz bei der Konferenz oder durch eine Reisekostenabrechnung.

4   Gewinnermittlungsarten

Die Gewinneinkünfte (Landwirtschaft, Gewerbebetrieb, selbständige Arbeit) können grundsätzlich nach zwei verschiedenen Arten ermittelt werden:

4.1   Der Betriebsvermögensvergleich

Die präzise Form der Gewinnermittlung ist der Vergleich des Betriebsvermögens am Ende des Gewinnermittlungszeitraumes mit dem Betriebsvermögen am Ende des vergangenen Ermittlungszeitraumes. Hierfür ist eine exakte Buchhaltung erforderlich, und der Jahresabschluss besteht aus der Bilanz und der Gewinn- und Verlustrechnung. Zwingend vorgeschrieben ist diese Gewinnermittlung u. a. bei Kaufleuten und bei Kapitalgesellschaften.

4.2   Die Einnahmenüberschussrechnung

Die Einnahmenüberschussrechnung ist eine vereinfachte Gewinnermittlungsart, bei der der Überschuss der Betriebseinnahmen über die Betriebsausgaben (Gewinn) ermittelt wird. Vermögenswerte und Schulden wie bei dem Betriebsvermögensvergleich fließen hier nicht in den ermittelten Gewinn ein. Für den Freiberufler bietet sich somit grundsätzlich diese Form der Gewinnermittlung an, da sie völlig ausreichend ohne große Auflagen bei der Buchhaltung zum korrekten Gewinn des jeweiligen Kalenderjahres führt. In Ausnahmefällen kann der Betriebsvermögensvergleich gewählt werden, z. B. bei einer Gesellschaft bürgerlichen Rechts oder Partnerschaftsgesellschaft von zwei oder mehreren Dolmetschern und Übersetzern. Beim Betriebsvermögensvergleich müssen die Eigenkapitalkonten der Gesellschafter geführt werden als Nachweis, wie viel Privateinlagen bzw. Privatentnahmen der jeweilige Gesellschafter getätigt hat, und der jeweilige Gewinnanteil muss dem Kapitalkonto des einzelnen Gesellschafters gutgeschrieben werden. Bei Freiberuflergesellschaften wäre es empfehlenswert, den Gewinn durch Betriebsvermögensvergleich zu ermitteln, da die Kapitalkontenentwicklung der Gesellschafterkonten dadurch jährlich präzise nachvollzogen werden kann.

4.2.1 Betriebseinnahmen/Betriebsausgaben

4.2.1.1 Betriebseinnahmen

Betriebseinnahmen sind alle Güter, die in Geld oder Geldeswert bestehen und dem steuerpflichtigen, selbständigen Dolmetscher/Übersetzer zufließen; sie sind somit betrieblich veranlasst. Hierbei ist der Zeitpunkt des Zuflusses der Einnahme maßgeblich und nicht der Zeitpunkt der Entstehung der Forderung.

Fallbeispiel 15:
Zuflussprinzip

Der Übersetzer Marc Übersetzer stellt dem Kunden K. am 23.12.2011 eine Rechnung für eine Übersetzung in Höhe von 100 €. K. bezahlt die Rechnung am 15.01.2012 durch Überweisung.

Für die Verbuchung der Honorarforderung ist der Zahlungseingang bei Marc Ü. maßgeblich. Die Betriebseinnahme erfolgt im Jahr 2012 und fießt somit in die Gewinnermittlung des Jahres 2012 ein.

Anders wäre der Fall beim bilanzierenden Steuerpflichtigen zu behandeln. Zu den Betriebseinnahmen gehören auch Hilfs- und Nebengeschäfte. Werden zum Beispiel Wirtschaftsgüter aus dem Betriebsvermögen veräußert, sind die Einnahmen hieraus ebenfalls Betriebseinnahmen.

Fallbeispiel 16a: Rechnungstellung mit Inzahlungnahme
(ohne Umsatzsteuer)

Marc Übersetzer schafft sich einen neuen Laptop an und gibt seinen alten Laptop für 50 € in Zahlung; der neue Laptop kostet 410 €. Der Händler stellt Ü. folgende Rechnung:

Laptop neu	410 €
abzüglich Wert alter Laptop	- 50 €
Ü. zahlt an den Händler	**360 €**

Mit der Zahlung hat Ü. Betriebsausgaben von 410 € und Betriebseinnahmen von 50 €.

Zu den Betriebseinnahmen gehören auch die vereinnahmte Umsatzsteuer und die vom Lieferanten in Rechnung gestellte Umsatzsteuer. Die an das Finanzamt gezahlte Umsatzsteuer ist als Betriebsausgabe zum Zeitpunkt der Zahlung anzusetzen. Erstattungen vom Finanzamt sind folgerichtig als Betriebseinnahme zu verbuchen.

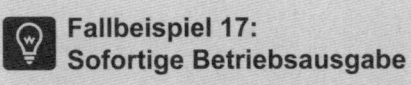

Fallbeispiel 16b: Rechnungstellung mit Inzahlungnahme (mit Umsatzsteuer)

Rechnung Laptop-Händler an Marc Übersetzer:

Laptop neu	410,00 €
+ 19 % Umsatzsteuer	77,90 €
Summe	**487,90 €**

Rechnung Marc Übersetzer an Laptop-Händler:

Alter Laptop	50,00 €
+ 19 % Umsatzsteuer	9,50 €
Summe	**59,50 €**
Restzahlung	**428,40 €**

Marc Ü. kann Vorsteuer in Höhe von 77,90 € geltend machen und muss Umsatzsteuer in Höhe von 9,50 € aus dem Verkauf des alten Laptops an das Finanzamt zahlen (77,90 € ./. 9,50 € = 68,40 €).

4.2.1.2   Betriebsausgaben

Betriebsausgaben sind Aufwendungen, die durch den Betrieb veranlasst sind. Man unterscheidet hierbei sofort abzugsfähige Betriebsausgaben, wie zum Beispiel Raummiete, Büromaterial oder Telefonkosten. Handelt es sich um den Kauf von langlebigen Wirtschaftsgütern, sind diese über die geschätzte Nutzungszeit verteilt abzuschreiben.

Fallbeispiel 17: Sofortige Betriebsausgabe

Marc Übersetzer kauft Büromaterial im Wert von 50 €.
Mit der Zahlung der 50 € sind diese als Betriebsausgabe zu verbuchen.

Fallbeispiel 18a:
Fahrzeugkauf

Dolmetscher D. kauft sich am 03.01.2011 ein Fahrzeug, das er im Wesentlichen für berufliche Zwecke nutzt:

Neupreis	24.000 €
+ 19 % Umsatzsteuer	4.560 €
Summe	**28.560 €**

Die Umsatzsteuer ist als sofortige Betriebsausgabe abzugsfähig und wird mit der nächsten Umsatzsteuer-Voranmeldung beim Finanzamt geltend gemacht. Der Nettopreis des Fahrzeugs von 24.000 € ist zwar Betriebsausgabe, muss aber zeitanteilig gewinnmindernd über die geschätzte Nutzungsdauer verteilt abgeschrieben werden. Das Fahrzeug muss in einem besonderen Verzeichnis erfasst werden (Verzeichnis der Anlagegüter).

Aufteilung der Betriebsausgabe durch Abschreibung
auf die Nutzungsdauer von 6 Jahren

Neufahrzeug	24.000 €
jährliche Abschreibung als Betriebsausgabe (Nutzungsdauer: 6 Jahre)	4.000 €

 Fallbeispiel 18b:
Fahrzeugleasing und Betriebsausgabe

Dolmetscher D. kauft das Fahrzeug nicht, sondern schließt einen Leasing-Vertrag über 5 Jahre ab:

Monatliche Leasingrate	420,00 €
+ 19 % Umsatzsteuer	79,80 €
Summe	**499,80 €**

Die Betriebsausgabe beträgt somit 499,80 € pro Monat; davon sind jeweils 79,80 € Umsatzsteuer, die D. mit der nächsten Umsatzsteuer-Voranmeldung als Vorsteuer beim Finanzamt geltend machen kann, und 420,00 € Betriebsausgabe (Leasing-Kosten netto).

Fallbeispiel 18c:
Fahrzeugkauf und Darlehensaufnahme

Dolmetscher D. entscheidet sich für den Kauf des Fahrzeugs. Da er aber nicht genug Barmittel hat, nimmt er einen Kredit in Höhe von 19.760 € auf, den Restbetrag von 8.800 € bezahlt er aus Eigenmitteln. Die Bank schließt mit D. folgenden Darlehens-vertrag ab:

Darlehen (mit 3 % Zinsen pro Jahr)	19.760 €
Bearbeitungsgebühr	- 20 €
Damnum	- 80 €
Auszahlungsbetrag	**19.660 €**

Damnum und Bearbeitungsgebühr sind, soweit marktüblich, sofort abzugsfähige Betriebsausgaben; die Zinsen sind in dem jeweiligen Jahr, in dem sie anfallen, als Betriebsausgabe abzugsfähig. Der Tilgungsanteil ist keine abzugsfähige Betriebsaus-gabe. Dafür kann D. die jährlichen Abschreibungen in Höhe von 4.000 € als Betriebs-ausgabe geltend machen.

Abweichend von dem Grundsatz, dass Betriebseinnahmen und Betriebsausgaben steuerlich in dem Jahr zu erfassen sind, in dem sie als Geldzufluss bzw. als Geldabfluss entstanden sind, gilt für Betriebseinnahmen und Betriebsausgaben, die **regelmäßig** 10 Tage vor bzw. 10 Tage nach dem 31.12. gezahlt werden, die Zuordnung in das Jahr, zu dem sie gehören. Dies gilt auch für die Umsatzsteu-er-Voranmeldung Dezember bzw. die Umsatzsteuer-Voranmeldung 4. Quartal.

Beispiel: Die Voranmeldung 4. Quartal 2012 wird zum 10.01.2013 gezahlt, kann aber als Betriebsausgabe noch im Dezember 2012 geltend gemacht werden, da es eine regelmäßige Betriebsausgabe ist.

4.2.2 Beispiel einer Einnahmenüberschussrechnung

Anna Dolmetsch stellt die Belege für ihre Einnahmenüberschussrechnung zusammen. Sie ordnet diese Belege in einem Aktenordner nach folgenden Rubriken:

1. Betriebseinnahmen aus Dolmetschertätigkeit
2. Sonstige Einnahmen (z. B. Verkauf von Anlagevermögen)
3. Betriebsausgaben
   - Betriebsbedarf
   - Reisekosten
   - Telefonkosten
   - Abschreibung lt. Verzeichnis der Anlagegüter

Bei den Betriebseinnahmen sind bezahlte Rechnungen in Höhe von 17.400 € enthalten. Eine Rechnung aus dem Dezember in Höhe von 500 € ist nicht in der Gesamtsumme von 17.400 € enthalten, da sie erst im Januar des Folgejahres bezahlt wird.

Bei den Betriebsausgaben entsprechen die Ausgaben den Zahlungen in diesem Jahr. Der Wert der Abschreibungen ist im Verzeichnis der Anlagegüter richtig ermittelt.

Die Position Betriebsbedarf ist durch Quittungen in Höhe von 139,10 € belegt. Die Bahnfahrtkosten und Taxikosten der Anna Dolmetsch wurden durch entsprechende Quittungen und Fahrtkostenbelege in Höhe von 895,08 € nachgewiesen. Die Fahrtkosten mit ihrem privaten PKW sind durch Aufzeichnen der Fahrten zu Kunden nachgewiesen. Anna Dolmetsch war 2012 insgesamt 500 km beruflich unterwegs. Sie kann pro tatsächlich gefahrenen Kilometern 0,30 € pro km geltend machen (500 x 0,30 € = 150 €). Die 150 € Kilometergeld sind in den Reisekosten von 895,08 € enthalten. Mit den 0,30 €/km sind dann grundsätzlich alle Kosten des Fahrzeugs abgegolten, es sei denn, sie hat auf einer berufsbedingten Autofahrt einen Unfall gehabt und kann durch Polizeiprotokoll nachweisen, dass der Unfall auf einer Fahrt zum Kunden passiert ist. In diesem Ausnahmefall könnte sie dann auch die Reparaturaufwendungen geltend machen. Die Telefonkosten sind durch Rechnungen in Höhe von 599,42 € nachgewiesen. Die private Telefonnutzung von 120 € ist mit ca. 20 % der Telefonkosten geschätzt worden. Die Abschreibung hat Anna Dolmetsch in der Gesamtsumme aus dem von ihr geführten Verzeichnis der Anlagegüter übernommen.

💡 Fallbeispiel 19: Gewinnermittlung durch Einnahmenüberschussrechnung

Die selbständige Dolmetscherin Anna Dolmetsch hat 2012 folgende Einnahmen gehabt:

Einnahmen aus Dolmetschertätigkeit	17.400,00 €
Private Telefonnutzung	120,00 €
Summe	**17.520,00 €**

An Betriebsausgaben kann sie geltend machen:

Betriebsbedarf	139,10 €
Reisekosten	895,08 €
Telefon	599,42 €
Abschreibung Anlagevermögen	1.866,00 €
Summe	**3499,60 €**

Einnahmen	17.520,00 €
Ausgaben	- 3.499,60 €
Gewinn 2012	**14.020,40 €**

Erläuterung zur Einnahmenüberschussrechnung

Anna D. hat entschieden, als Kleinunternehmerin i. S. des § 19 I UStG zu arbeiten. Sie ist damit nicht umsatzsteuerpflichtig.

4.2.3   Die Anlage EÜR

Seit dem 01.01.2005 müssen Steuerpflichtige, die den Gewinn durch Einnahmenüberschussrechnung ermitteln, auf einem bestimmten Vordruck (Anlage EÜR) die Betriebseinnahmen und Betriebsausgaben als Anlage zur Einkommensteuererklärung übermitteln. Ab dem 01.01.2011 erfolgt diese Übermittlung elektronisch. Steuerpflichtige, deren Betriebseinnahmen unter 17.500 € liegen, müssen diese Anlage EÜR nicht ausfüllen.

Die Zahlen aus dem Fallbeispiel für die Einnahmenüberschussrechnung sind in der nachfolgenden EÜR abgebildet. Bei den Betriebsausgaben sind die Ausgaben für Betriebsbedarf und die Reisekosten zusammengefasst in der Position „Übrige unbeschränkt abzugsfähige Betriebsausgaben" angegeben (139,10 € + 895,08 € = 1.034,18 €).

Anlage EÜR

Bitte für jeden Betrieb eine
gesonderte Anlage EÜR einreichen!

1 | Name/Gesellschaft/Gemeinschaft/Körperschaft | Dolmetsch |
2 | Vorname | Anna |
3 | (Betriebs-)Steuernummer | 1212312345 |

77	12	1
99	15	

Einnahmenüberschussrechnung
nach § 4 Abs. 3 EStG für das Kalenderjahr 2012　Beginn　　　　　Ende

4 **davon abweichend** 131　2012　132

5 Art des Betriebs
100　Dolmetscher-/Übersetzer

Zuordnung zur Einkunfts-
art (siehe Anleitung)
105　5

6 Wurde im Kalenderjahr/Wirtschaftsjahr der Betrieb veräußert oder aufgegeben? Bitte Zeile 66 beachten) 111　Ja = 1

7 Wurden im Kalenderjahr/Wirtschaftsjahr Grundstücke/grundstücksgleiche Rechte entnommen oder veräußert?　120　2　Ja = 1 oder Nein = 2

1. Gewinnermittlung
99 | 20

Betriebseinnahmen

			EUR	Ct
8	Betriebseinnahmen als umsatzsteuerlicher **Kleinunternehmer** (nach § 19 Abs. 1 UStG)	111	17.400,00	
9	davon nicht steuerbare Umsätze sowie Umsätze nach § 19 Abs. 3 Satz 1 Nr. 1 und 2 UStG	119	(weiter ab Zeile 15)	
10	Betriebseinnahmen als **Land- und Forstwirt**, soweit die Durchschnittssatzbesteuerung nach § 24 UStG angewandt wird	104		
11	Umsatzsteuerpflichtige Betriebseinnahmen	112		
12	Umsatzsteuerfreie, nicht umsatzsteuerbare Betriebseinnahmen sowie Betriebseinnahmen, für die der Leistungsempfänger die Umsatzsteuer nach § 13b UStG schuldet	103		
13	davon Kapitalerträge　113			
14	Vereinnahmte Umsatzsteuer sowie Umsatzsteuer auf unentgeltliche Wertabgaben	140		
15	Vom Finanzamt erstattete und ggf. verrechnete Umsatzsteuer	141		
16	Veräußerung oder Entnahme von Anlagevermögen	102		
17	Private Kfz-Nutzung	106		
18	Sonstige Sach-, Nutzungs- und Leistungsentnahmen	108	120,00	
19	Auflösung von Rücklagen und Ausgleichsposten (Übertrag aus Zeile 76)		0,00	
20	**Summe Betriebseinnahmen** (Übertrag in Zeile 61)	159	17.520,00	

Betriebsausgaben
99 | 25

			EUR	Ct
21	Betriebsausgabenpauschale **für bestimmte Berufsgruppen** und/oder Freibetrag nach § 3 Nr. 26, 26a und/oder 26b EStG	190		
22	Sachliche Bebauungskostenpauschale für **Weinbaubetriebe**/Betriebsausgabenpauschale für **Forstwirte**	191		
23	Waren, Rohstoffe und Hilfsstoffe einschl. der Nebenkosten	100		
24	Bezogene Fremdleistungen	110		
25	Ausgaben für eigenes Personal (z. B. Gehälter, Löhne und Versicherungsbeiträge)	120		

Absetzung für Abnutzung (AfA)

			EUR	Ct
26	AfA auf unbewegliche Wirtschaftsgüter (ohne AfA für das häusliche Arbeitszimmer)	136		
27	AfA auf immaterielle Wirtschaftsgüter (z. B. erworbene Firmen-, Geschäfts- oder Praxiswerte)	131		
28	AfA auf bewegliche Wirtschaftsgüter (z. B. Maschinen, Kfz)	130	1.333,00	
	Übertrag (Summe Zeilen 21 bis 28)		1.333,00	

	EUR	Ct
Übertrag (Summe Zeilen 21 bis 28)		1.333,00

			EUR	Ct
31	Sonderabschreibungen nach § 7g EStG	134		
32	Herabsetzungsbeträge nach § 7g Abs. 2 EStG (Erläuterungen auf gesondertem Blatt)	138		
33	Aufwendungen für geringwertige Wirtschaftsgüter nach § 6 Abs. 2 EStG	132		533,00
34	Auflösung Sammelposten nach § 6 Abs. 2a EStG	137		
35	Restbuchwert der ausgeschiedenen Anlagegüter	135		

Raumkosten und sonstige Grundstücksaufwendungen
(ohne häusliches Arbeitszimmer)

36	Miete/Pacht für Geschäftsräume und betrieblich genutzte Grundstücke	150		
37	Miete/Aufwendungen für doppelte Haushaltsführung	152		
38	Sonstige Aufwendungen für betrieblich genutzte Grundstücke (ohne Schuldzinsen und AfA)	151		

Sonstige unbeschränkt abziehbare Betriebsausgaben

39	Aufwendungen für Telekommunikation (z. B. Telefon)	280		599,42
40	Fortbildungskosten	281		
41	Rechts- und Steuerberatung, Buchführung	194		
42	Schuldzinsen zur Finanzierung von Anschaffungs- und Herstellungskosten von Wirtschaftsgütern des Anlagevermögens	232		
43	Übrige Schuldzinsen	234		
44	Gezahlte Vorsteuerbeträge	185		
45	An das Finanzamt gezahlte und ggf. verrechnete Umsatzsteuer	186		
46	Rücklagen, stille Reserven und/oder Ausgleichsposten (Übertrag aus Zeile 76)			0,00
47	Übrige unbeschränkt abziehbare Betriebsausgaben	183		1.034,18

	Beschränkt abziehbare Betriebsausgaben und Gewerbesteuer		nicht abziehbar EUR	Ct		abziehbar EUR	Ct
48	Geschenke	164			174		
49	Bewirtungsaufwendungen	165			175		
50	Verpflegungsmehraufwendungen				171		
51	Aufwendungen für ein häusliches Arbeitszimmer (einschl. AfA und Schuldzinsen)	162			172		
52	Sonstige beschränkt abziehbare Betriebsausgaben	168			177		
53	Gewerbesteuer	217			218		

Kraftfahrzeugkosten und andere Fahrtkosten

54	Tatsächliche Kraftfahrzeugkosten und andere Fahrtkosten (laufende und feste Kosten ohne AfA und ohne Zinsen)	140		
55	Kraftfahrzeugkosten für Wege zwischen Wohnung und Betriebsstätte; Familienheimfahrten (pauschaliert oder tatsächlich)	142 —		
56	Mindestens abziehbare Kraftfahrzeugkosten für Wege zwischen Wohnung und Betriebsstätte (Entfernungspauschale); Familienheimfahrten	176 +		
57	**Summe Betriebsausgaben** (Übertrag in Zeile 62)	199		3.499,60

Ermittlung des Gewinns

				EUR	Ct
61	Summe der Betriebseinnahmen (Übertrag aus Zeile 20)			17.520,00	
62	abzüglich Summe der Betriebsausgaben (Übertrag aus Zeile 57)		−	3.499,60	
	zuzüglich				
63	– Hinzurechnung der Investitionsabzugsbeträge nach § 7g Abs. 2 EStG (Erläuterungen auf gesondertem Blatt)	188	+	0,00	
64	– Gewinnzuschlag nach § 6b Abs. 7 und 10 EStG	123	+		
	abzüglich				
65	– Investitionsabzugsbeträge nach § 7g Abs. 1 EStG (Erläuterungen auf gesondertem Blatt)	187	−		
66	Hinzurechnungen und Abrechnungen bei Wechsel der Gewinnermittlungsart (Erläuterungen auf gesondertem Blatt)	250			
67	Ergebnisanteile aus Beteiligungen an Personengesellschaften	255			
68	Korrigierter Gewinn/Verlust	290		14.020,40	

		Gesamtbetrag		Korrekturbetrag	
69	Bereits berücksichtigte Beträge, für die das Teileinkünfte-verfahren bzw. § 8b KStG gilt	261	262		

				EUR	Ct
70	Steuerpflichtiger Gewinn/Verlust vor Anwendung des § 4 Abs. 4a EStG	293		14.020,40	
71	Hinzurechnungsbetrag nach § 4 Abs. 4a EStG	271	+		
72	**Steuerpflichtiger Gewinn/Verlust**	219		14.020,40	

2. Ergänzende Angaben
99 | 27

Rücklagen und stille Reserven
(Erläuterungen auf gesondertem Blatt)

			Bildung/Übertragung EUR	Ct		Auflösung EUR	Ct
73	Rücklagen nach§6ci.V.m.§6bEStG,R6.6EStR	187			120		
74	Übertragung von stillen Reserven nach§6ci.V.m.§6bEStG,R6.6EStR	170					
75	Ausgleichsposten nach § 4g EStG	191			125		
76	Gesamtsumme	190	0,00		124	0,00	
			(Übertrag in Zeile 46)			(Übertrag in Zeile 19)	

Entnahmen und Einlagen i. S. d. § 4 Abs. 4a EStG
99 | 29

				EUR	Ct
77	Entnahmen einschl. Sach-, Leistungs- und Nutzungsentnahmen	122			
78	Einlagen einschl. Sach-, Leistungs- und Nutzungseinlagen	123			

5   Das Verzeichnis der Anlagegüter

5.1   Führung des Verzeichnisses

Im Kapitel 4.2.1 „Betriebseinnahmen/Betriebsausgaben" wurde bereits darauf hingewiesen, dass langlebige Wirtschaftsgüter (Gebrauchsgüter) nicht sofort als Betriebsausgaben geltend gemacht werden können. Sie müssen über die geschätzte Nutzungszeit verteilt abgeschrieben werden. Hierfür ist es notwendig, ein Anlageverzeichnis zu führen (siehe Kapitel 5.2.4 „Das Verzeichnis der Anlagegüter der Anna Dolmetsch"), aus dem der Zeitpunkt der Anschaffung, die Anschaffungskosten, die geschätzte Nutzungsdauer, die jährliche Abschreibung und der Restbuchwert per 31.12. des jeweiligen Wirtschaftsjahres hervorgehen. Sofern, wie in unserem Beispiel, Anna Dolmetsch als Unternehmerin nicht umsatzsteuerpflichtig ist, sind die Anschaffungskosten brutto maßgeblich. Bei umsatzsteuerpflichtigen Unternehmern ist die Umsatzsteuer als sofort abzugsfähige Betriebsausgabe zu verbuchen und der Nettobetrag des Gebrauchsgutes wird als Anschaffungskosten in das Verzeichnis der Anlagegüter übernommen. Die Abschreibung beginnt mit dem Monat der Anschaffung. Maßgeblich ist hier der im Lieferschein angegebene Zeitpunkt der Lieferung und nicht der Zeitpunkt der Zahlung.

Wirtschaftsgüter, die vorzeitig aus dem Verzeichnis der Anlagegüter ausscheiden, sind mit dem Restbuchwert zum Zeitpunkt des Ausscheidens aus dem Verzeichnis der Anlagegüter auszubuchen. Ist der tatsächliche Zeitwert höher oder auch niedriger, ist er in der Einnahmenüberschussrechnung gewinnerhöhend bzw. gewinnmindernd zu berücksichtigen (siehe Verzeichnis der Anlagegüter).

5.2   Begriff und Bedeutung der Abschreibung

Als Abschreibung (Absetzung für Abnutzung) bezeichnet man die Wertminderung eines betrieblichen Vermögensgegenstandes, die über die geschätzte Nutzungsdauer des Wirtschaftsgutes aufgeteilt werden soll. Die Abschreibungstabellen beruhen auf Erfahrungswerten aus Betriebsprüfungen und gelten als Richtwerte für neu angeschaffte Wirtschaftsgüter. Hier die wichtigsten Abschreibungssätze für Anlagevermögensgegenstände bei Dolmetschern und Übersetzern:

Wirtschaftsgut	Nutzungsdauer	Jährliche Abschreibung
Personenwagen	6 Jahre	16,7%
Computer, Laptop, Bildschirm u. ä.	3 Jahre	33,3%
Kopiergeräte	7 Jahre	14,3%
Büromöbel	13 Jahre	7,7%

5.2.1   Wirtschaftsgüter

Wir unterteilen Wirtschaftsgüter in unbewegliche Wirtschaftsgüter (z. B. Grundstück, Gebäude), bewegliche Wirtschaftsgüter (z. B. Fahrzeuge, Laptop, Büromöbel) und immaterielle Wirtschaftsgüter (z. B. Patente, Rechte, Lizenzen, Software, immaterieller Firmenwert). Die Wirtschaftsgüter können Gebrauchs- oder Verbrauchsgüter sein (Beispiel: Büroschrank = Gebrauchsgut; Bleistift = Verbrauchsgut). Für Zwecke der Abschreibung kommen somit die Wirtschaftsgüter in Frage, die **Gebrauchs**güter sind. Beispiel für unbewegliche Wirtschaftsgüter im Betriebsvermögen kann beim Dolmetscher/Übersetzer sein: das im eigenen Haus genutzte Büro; der anteilige Grundstückswert ist nicht abschreibungsfähig, der anteilige Gebäudewert wird mit 2 % pro Jahr abgeschrieben.

Beispiele für immaterielle Wirtschaftsgüter beim Dolmetscher/Übersetzer sind z. B. Software und erworbener, immaterieller Kundenstamm. Die immateriellen Wirtschaftsgüter werden ebenfalls über die geschätzte Nutzungsdauer abgeschrieben. Bei Software geht man im allgemeinen von einer Nutzungsdauer von 3–4 Jahren aus, sofern sie danach durch eine neue Software ersetzt werden muss. Unterjährige Updates, die zur Verbesserung der bestehenden Software führen, können sofort als Betriebsausgabe geltend gemacht werden. Übernimmt der Dolmetscher/Übersetzer von einem Kollegen den Kundenstamm gegen Entgelt, so kann dieses Entgelt auf ca. 8–10 Jahre verteilt abgeschrieben werden.

Die nachfolgenden Fallbeispiele Nr. 20, 21 und 22 sollen die Darstellung der Abschreibungsmethoden der einzelnen Gebrauchsgüter vertiefen.

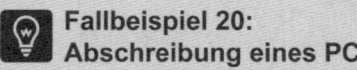

Fallbeispiel 20:
Abschreibung eines PC

Anna Dolmetsch kauft am 01.08.2013 einen PC (Kosten brutto: 2.400 €). Sie schätzt die Nutzungsdauer auf 3 Jahre (Abschreibung pro Jahr: 800 €). Die Abschreibung ermittelt sich wie folgt:

Kaufpreis (brutto)	2.400,00 €
Abschreibung 2013 (01.08.–31.12. = 5 Monate = 5/12 x 800 €)	- 333,34 €
Abschreibung 2014	- 800,00 €
Abschreibung 2015	- 800,00 €
Abschreibung 2016 (01.07.–31.07. = 7 Monate = 7/12 x 800 €)	- 466,66 €
Restbuchwert	**0 €**

Die Finanzverwaltung wird grundsätzlich eine längere Abschreibungsdauer akzeptieren (siehe Verzeichnis der Anlagegüter). Kürzere Abschreibungszeiträume als sie in den amtlichen Abschreibungstabellen angegeben sind, müssen genau begründet sein.

Fallbeispiel 21:
Abschreibung einer PC-Anlage (Sachgesamtheit)

Anna Dolmetsch hat am 10.01.2008 eine PC-Anlage im Gesamtwert von 6.665 € gekauft. Hierzu gehörten Drucker, Rechner, Monitor sowie die Grundausstattung Software. In diesem Fall handelt es sich um eine Sachgesamtheit, die als Einheit anzusehen ist.

Die Nutzungsdauer wurde damals auf 5 Jahre geschätzt, die Abschreibung beträgt pro Jahr 1.333 €. Nach Ende der Abschreibung kann noch ein Buchwert von 1 € als Erinnerungswert beibehalten werden, bis die Anlage aus dem Betriebsvermögen ausscheidet. Wird sie verkauft, so ist der Verkaufserlös eine Betriebseinnahme. Anna D. schreibt die Anlage voll ab, so dass kein Restbuchwert bleibt.

Des Weiteren hat Anna D. 2012 zwei neue Kopierer gekauft (à 266,50 € = 533 €). Hier handelt es sich um geringwertige Wirtschaftsgüter, die im gleichen Jahr vollständig abgeschrieben werden können.

Fallbeispiel 22:
Veräußerung von Anlagevermögen

Anna Dolmetsch kauft in 2013 einen neuen Schreibtischsessel und gibt den alten mit 100 € in Zahlung. Die 100 € sind Betriebseinnahme. Der neue Sessel ist mit den Anschaffungskosten in das Verzeichnis der Anlagegüter aufzunehmen.

Würde der alte Sessel per 31.12.2012 mit einem Restbuchwert von 1 € im Anlageverzeichnis stehen, wäre dieser Restbuchwert bei Inzahlungnahme für den neuen Sessel als Betriebsausgabe mit 1 € zu buchen.

5.2.2 Außerplanmäßige Abschreibungen

Außerplanmäßige Abschreibungen können vorgenommen werden, wenn das Wirtschaftsgut beschädigt ist und Wertverlust vorliegt oder es ganz unbrauchbar wird und entsorgt werden muss. In diesem Fall ist der Restbuchwert sofort als Betriebsausgabe abzugsfähig.

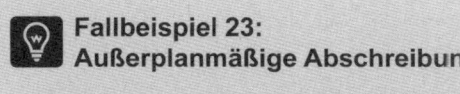

Fallbeispiel 23:
Außerplanmäßige Abschreibung

Im Anlagevermögen von Anna Dolmetsch ist ein Laptop, der in den Vorjahren gekauft wurde und mit 200 € pro Jahr abgeschrieben wird. Per 01.01.2012 hat er noch einen Buchwert von 400 €. Am 01.07.2012 wird der Laptop zerstört.

Buchwert 01.01.2012	400 €
Abschreibung 01.01.-30.06.2012	-100 €
Außerordentliche Abschreibung	-300 €
Restbuchwert	**0 €**

5.2.3 Geringwertige Wirtschaftsgüter

Gebrauchsgüter, deren Wert netto ohne Umsatzsteuer bis 150 € beträgt, können im Jahr der Anschaffung sofort als Betriebsausgabe geltend gemacht werden.

Geringwertige Wirtschaftsgüter, deren Anschaffungskosten bis 410 € betragen, können im Jahr der Anschaffung sofort abgeschrieben werden. Voraussetzung ist hierbei, dass jedes einzelne Wirtschaftsgut auf einem Kontenblatt mit Datum und Betrag gebucht wird oder jedes einzelne Wirtschaftsgut mit Datum und Betrag im Verzeichnis der Anlagegüter ausgewiesen ist.

Seit 2010 besteht für Wirtschaftsgüter, deren Wert zwischen 150 € und 1.000 € liegt, ein Wahlrecht. Diese können im Jahr der Anschaffung und den nachfolgenden 4 Jahren mit je 20 % abgeschrieben werden.

 **Fallbeispiel 24:**
Geringwertige Wirtschaftsgüter

Anna Dolmetsch hat in 2012 zwei Kopierer à 266,50 € = 533,00 € angeschafft (siehe Kapitel 5.2.4 „Verzeichnis der Anlagegüter"). Da dies geringwertige Wirtschaftsgüter sind, entscheidet sie sich für die Sofortabschreibung, die im Jahr 2012 zu einer höheren Gewinnminderung (533,00 €) führt. Sie könnte hier die Kopierer über 5 Jahre abschreiben.

 Praxis-Tipp:
Sofortabschreibung oder Verteilung über 5 Jahre

Anna Dolmetsch kann durch die Wahl zwischen Sofortabschreibung oder Verteilung über 5 Jahre den Gewinn des jeweiligen Wirtschaftsjahres beeinflussen. Anna D. hat laut Einnahmenüberschussrechnung 2012 einen Gewinn von 14.020,40 €. Verteilt sie die Abschreibung der Kopierer auf 5 Jahre wäre der Gewinn um 426,40 € höher:

Gewinn 2012 (inkl. Sofortabschreibung für die beiden Kopierer)	**14.020,40 €**
Betrag Sofortabschreibung	533,00 €
Abschreibung 2012 (533,00 € : 5 Jahre)	- 106,60 €
Gewinn 2012 (bei Abschreibung der beiden Kopierer über 5 Jahre)	**14.446,80 €**
Differenz (= Restbuchwert der beiden Kopierer zum 31.12.2012)	426,40 €

Im Beispiel wird davon ausgegangen, dass die Kopierer am 01.01.2012 angeschafft worden sind.

5.2.4   Das Verzeichnis der Anlagegüter der Anna Dolmetsch

Siehe Folgeseite.

Verzeichnis der Anlagegüter zum 31.12.2012
der Dolmetscherin Anna Dolmetsch

Konto-Nr.	Gegenstand	Anschaffungs-jahr	Anschaffungs-kosten	Buchwert 01.01.2012	Zugang (+) Abgang (-)	Abschreibung		Buchwert 31.12.2012	Bemerkung
410	PC-Anlage (Nutzungsdauer 5 Jahre)	10.01.2008	6.665,00 €	1.333,00 €	0,00 €	20 %	1.333,00 €	0,00 €	
480	2 Kopierer	15.02.2012	533,00 €	0,00 €	533,00 €	100 %	533,00 €	0,00 €	Geringw. Wirtschaftsgut
				1.333,00 €	533,00 €		1.866,00 €	0,00 €	

6   Abgrenzung Einkünfte aus Gewerbebetrieb/Einkünfte aus selbständiger Arbeit

Der Begriff des Gewerbebetriebes wird sowohl im Einkommensteuergesetz als auch im Gewerbesteuergesetz nicht exakt definiert, sondern beschrieben. Die einzelnen Tatbestände des Begriffes „Gewerbebetrieb" sind:

1. Selbständigkeit
2. Nachhaltigkeit
3. Beteiligung am allgemeinen wirtschaftlichen Verkehr
4. Gewinnerzielungsabsicht
5. keine landwirtschaftliche Tätigkeit
6. keine freiberufliche Tätigkeit

Sofern diese Tatbestandsmerkmale zutreffen, erzielt der Steuerpflichtige Einkünfte aus Gewerbebetrieb; der daraus erzielte Gewinn ist einkommen- und gewerbesteuerpflichtig. Die Gewerbesteuer wird erhoben, sobald der Gewinn den Freibetrag von 24.500 € übersteigt.

Einkünfte aus selbständiger Arbeit erzielen u. a. die Steuerpflichtigen, die selbständig wissenschaftlich, künstlerisch, schriftstellerisch, unterrichtend oder erzieherisch tätig sind. Hierbei ist der Beruf des Dolmetschers und Übersetzers ausdrücklich in § 18 EStG (Einkünfte aus selbständiger Arbeit) aufgeführt. Folglich sind Dolmetscher und Übersetzer grundsätzlich Freiberufler und somit auch nicht gewerbesteuerpflichtig.

Die freiberufliche Tätigkeit setzt voraus, dass der Dolmetscher/Übersetzer die entsprechenden Fachkenntnisse erworben hat, die ihn befähigen, leitend und eigenverantwortlich in seinem Beruf tätig zu sein. Als Nachweis gilt z. B. der Hochschulabschluss oder in Ausnahmefällen ähnliche Qualifikationsnachweise. Die freiberufliche Tätigkeit setzt somit die persönlichen Fachkenntnisse des Dolmetschers/Übersetzers voraus. Dadurch ist er befähigt, leitend und eigenverantwortlich tätig zu sein.

Der Freiberufler kann fachlich vorgebildete Arbeitskräfte angestellt haben. Voraussetzung ist hierbei aber, dass er auf Grund seiner Fachkenntnisse die Arbeit der angestellten Mitarbeiter leitend und kontrollierend eigenverantwortlich überwacht.

6.1   Die Abfärbetheorie des Bundesfinanzhofes

Der Bundesfinanzhof hat durch Einzelurteile festgestellt, wo die freiberufliche Tätigkeit nicht mehr gegeben ist und somit ein Gewerbebetrieb vorliegt.

Typische Beispiele für gewerbliche Tätigkeiten sind beim selbständigen Unternehmer gegeben, wenn er die Fachkenntnisse nicht erworben hat, und auch dann, wenn er gewerbliche und freiberufliche Tätigkeiten nicht in zwei getrennten Buchhaltungen ausweist. Als Beispiele dienen hierfür:

• Neben Übersetzungsarbeiten werden auch Schreibarbeiten selbständig übernommen.

• Neben den eigenen Sprachen, die der Übersetzer beherrscht, werden auch Aufträge in anderen Sprachen angenommen. Diese Aufträge werden an andere Kollegen zur Bearbeitung weitergeleitet.

• Übersetzungsbüros erzielen grundsätzlich Einkünfte aus Gewerbebetrieb.

• Konferenzdolmetscher übernehmen für den Auftraggeber die ganze Konferenzorganisation und die Auswahl der Kollegen in den verschiedenen Sprachen.

Aufgrund der Vermischung von freiberuflicher und gewerblicher Arbeit wird in diesen Fällen die Arbeit des selbständigen Unternehmers zur Einkunftsart Gewerbebetrieb umqualifiziert.

Materiell wichtige Auswirkungen hat diese höchstrichterliche Rechtsprechung (die sog. Abfärbetheorie) da, wo der Gewinn den Gewerbesteuerfreibetrag von 24.500 € übersteigt. Die folgenden Fallbeispiele dienen zur Erläuterung, wann es sich im Einzelfall noch um selbständige Arbeit oder um eine gewerbliche Tätigkeit handelt.

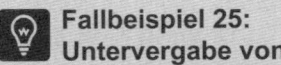

Fallbeispiel 25:
Untervergabe von Aufträgen

Marc Übersetzer ist Übersetzer für Spanisch und Englisch. Er kann in diesem Jahr zwei Aufträge (Übersetzungen vom Deutschen in die englische Sprache), die er übernommen hat, nicht selbst erledigen. Er bittet seinen Kollegen, die Arbeiten anzufertigen und ihm zuzusenden, damit er sie auf die Richtigkeit hin überprüfen kann. Nach Prüfung der Arbeit leitet Mark Ü. sie an den Kunden zusammen mit seiner Rechnung weiter. Der Kollege hat ihm seine Rechnung für die beiden Aufträge zugeschickt und Mark Ü. hat die Rechnungen beglichen.

Es bleibt hier bei Einnahmen aus selbständiger Tätigkeit. Mark Ü. hat vor der Weiterleitung an den Kunden die Aufträge überprüft. Er darf sich anderer vorgebildeter Fachkräfte bedienen (angestellt oder freiberuflich).

Fallbeispiel 26: Gewerblicher Auftrag
von Konferenzdolmetschern

Anna Dolmetsch erhält von der Firma Industrie AG den Auftrag, eine Großkonferenz zu organisieren. Der Auftraggeber möchte, dass sie die Dolmetscherkollegen aussucht, Kabinen und Material besorgt und mit dem Auftraggeber alles in einer Rechnung abrechnet. Anna D. ist einverstanden und übernimmt die Auswahl der Kollegen (acht verschiedene Sprachen, von denen Anna D. zwei beherrscht), und die Organisation.

Hier sind die Kriterien der selbständigen Arbeit nicht mehr gegeben; dieser Auftrag führt zu Einkünften aus Gewerbebetrieb. Die Organisation einer Konferenz ist eindeutig eine gewerbliche Tätigkeit. Bei der Auswahl und dem Einsatz von Dolmetschern in acht verschiedenen Sprachen kann Anna D. nicht beurteilen und kontrollieren, ob bei allen Kollegen die entsprechenden fachlichen Qualifikationen vorliegen, da sie selbst nur zwei Sprachen beherrscht, die restlichen sechs jedoch nicht.

Würde der Jahresgewinn von Anna D. 66.000 € betragen, wäre dies ein Gewinn aus Gewerbebetrieb. Neben der Einkommensteuer müsste dann nach Abzug des Gewerbesteuerfreibetrages in Höhe von 24.500 € von dem verbleibenden Gewinn von 41.500 € (66.000 € ./. 24.500 €) auch Gewerbesteuer bezahlt werden.

6.2 Aufteilung der Einkünfte: Einkünfte aus Gewerbebetrieb und Einkünfte aus selbständiger Arbeit

Sofern der Freiberufler durch zwei getrennte Buchhaltungen (siehe Kapitel 7 „Buchhaltungspflichten"), die zu zwei Einkunftsarten führen, seine Gewinne aus freiberuflicher Tätigkeit und gewerblicher Tätigkeit getrennt ermittelt, kann er die Problematik dieser Abfärbetheorie umgehen. Die nachfolgenden Beispiele sollen diese Vorgehensweise verdeutlichen.

 Fallbeispiel 27:
Gewerbliche Übersetzertätigkeit

Marc Übersetzer macht sich selbständig. Er hat an der Universität sein Diplom als Übersetzer für Englisch und Spanisch erworben. Er entschließt sich, auch Aufträge mit anderen Sprachen zu übernehmen, die er dann an selbständige Kollegen weiterleitet, die für ihn als Subunternehmer arbeiten.

Im Jahr 2012 erzielt er einen Gewinn von 23.000 €. Da er Aufträge in Sprachen vermittelt, die er selber nicht beherrscht, führt dieser Gewinn nicht zu Einkünften aus selbständiger Tätigkeit, sondern zu Einkünften aus Gewerbebetrieb. Sein Gewinn liegt unter dem Gewerbesteuerfreibetrag von 24.500 €. Es ergeben sich zunächst materiell keine weiteren steuerlichen Konsequenzen.

Bei einem Gespräch mit seinem Steuerberater wird Marc Ü. darauf aufmerksam gemacht, dass diese Gewinnermittlung bei steigendem Gewinn schädlich sein kann. Der Steuerberater empfiehlt, statt einer Buchhaltung zwei Buchhaltungen anzulegen, die dann auch zu zwei Einnahmenüberschussrechnungen führen, einer gewerblichen und einer freiberuflichen und somit auch zu den Einkunftsarten Gewinn aus Gewerbebetrieb und Gewinn aus selbständiger Arbeit.

Die Aufträge in Englisch und Spanisch sind eindeutig Einnahmen aus freiberuflicher Tätigkeit, selbst wenn Marc Ü. einen Teil der Aufträge an Kollegen weiterleitet. Kriterium ist hierbei die Eigenverantwortlichkeit von Marc Ü. und die Kontrollmöglichkeit, da er diese Sprachen nachweislich beherrscht.

Die Aufträge in anderen Sprachen führen zur gewerblichen Tätigkeit und lösen bei einem Gewinn über 24.500 € Gewerbesteuer aus.

Voraussetzung für eine Trennung der Buchhaltung für die freiberufliche Tätigkeit und die gewerbliche Tätigkeit ist eine sachgerechte Aufteilung der Betriebseinnahmen und der Betriebsausgaben. Empfehlenswert wären hier auch zwei Bankkonten, um eindeutig die gewerbliche von der freiberuflichen Tätigkeit zu trennen.

Die Betriebseinnahmen lassen sich relativ einfach aufteilen. Da Marc Ü. Englisch und Spanisch beherrscht, führen Übersetzungen in und aus diesen Sprachen zu Erlösen aus freiberuflicher Tätigkeit. Die Betriebseinnahmen aus Übersetzungen in den anderen Sprachen sind Einnahmen aus gewerblicher Tätigkeit.

Schwieriger ist die Aufteilung bei den Betriebsausgaben. Sofern diese Betriebsausgaben in unmittelbarem Zusammenhang mit den gewerblichen Betriebseinnahmen stehen, sind sie komplett der gewerblichen Einnahmenüberschussrechnung zuzuordnen.

Die Betriebsausgaben, die sowohl bei der freiberuflichen als auch bei der gewerblichen Tätigkeit anfallen, müssen durch einen sachgerechten Schlüssel auf beide Einkunftsarten aufgeteilt werden. Als sachgerechter Schlüssel bietet sich der Gesamtumsatz im Verhältnis zu dem Umsatz aus freiberuflicher Tätigkeit und Umsatz aus Gewerbebetrieb an.

💡 Fallbeispiel 28: Aufteilung von Betriebseinnahmen und Betriebsausgaben auf Einkünfte aus selbständiger Arbeit und Einkünfte aus Gewerbebetrieb

Marc Übersetzer hat folgende Betriebseinnahmen im Jahr 2012:

Übersetzungen in Englisch und Spanisch	90.000 €
Übersetzungen in anderen Sprachen	40.000 €
Betriebseinnahmen	**130.000 €**

Die Betriebsausgaben setzen sich zusammen aus:

Fremdleistungen Spanisch und Englisch	5.000 €
Fremdleistungen andere Sprachen	20.000 €
Raumkosten	12.000 €
Abschreibung	3.000 €
Telefon und Internet	2.000 €
Verschiedene Kosten	5.000 €
Betriebsausgaben	**47.000 €**
Gewinn (130.000 € ./. 47.000 €)	**83.000 €**

Nach Abzug des Gewerbesteuerfreibetrages von 24.500 € verbleibt ein gewerbesteuerlicher Gewinn von 58.500 €, der je nach Hebesatz der Gemeinde zu einer Gewerbesteuer von 6.000 € bis 10.000 € führen kann.

Gewerbesteuerlicher Gewinn (83.000 € ./. 24.500 €)	**58.500 €**

Mark Ü. richtet nun für dieses und die folgenden Jahre zwei Buchhaltungen ein; die eine führt zur Einnahmenüberschussrechnung aus freiberuflicher Tätigkeit, die andere zur Einnahmenüberschussrechnung aus gewerblicher Tätigkeit. Die Aufteilung der nicht direkt zuordenbaren Betriebsausgaben macht er im Verhältnis Gesamtumsatz zu Umsatz freiberuflich und Umsatz gewerblich.

Aufteilung

Gesamtumsatz (130.000 €)	100 %
Umsatz freiberuflich (90.000 € = 69,23 %) gerundet	70 %
Umsatz gewerblich (40.000 € = 30,77 %) gerundet	30 %

Die nicht direkt zuordenbaren Betriebsausgaben sind:

Kostenart	Gesamtkosten	freiberuflicher Anteil	gewerblicher Anteil
Raumkosten	12.000 €	8.400 €	3.600 €
Abschreibung	3.000 €	2.100 €	900 €
Telefon/Internet	2.000 €	1.400 €	600 €
Versch. Kosten	5.000 €	3.500 €	1.500 €
Summen	**22.000 €**	**15.400 €**	**6.600 €**

...

...

Der freiberufliche Anteil an den Betriebsausgaben beträgt 15.400 € (= 70 %), der gewerbliche Anteil beträgt 6.600 € (= 30 %).

Die **Einnahmenüberschussrechnung für den Freiberufler** Marc Ü. ergibt sich somit wie folgt:

Betriebseinnahmen freiberuflich	90.000 €
Fremdleistungen Spanisch und Englisch	5.000 €
Betriebsausgaben freiberuflich (s. o.)	-15.400 €
Gewinn	**69.600 €**

Die **Einnahmenüberschussrechnung für die gewerbliche Auftragsvermittlung** ergibt sich somit wie folgt:

Betriebseinnahmen gewerblich	40.000 €
Fremdleistungen andere Sprachen	-20.000 €
Betriebsausgaben gewerblich (s. o.)	-6.600 €
Gewinn	**13.400 €**

Dieser Gewinn ist unter dem Gewerbesteuerfreibetrag, so dass Mark Ü. nicht gewerbesteuerpflichtig ist. Es bleibt bei der Einkommensteuerpflicht. Die Einkünfte betragen:

Einkünfte gewerblich	13.400 €
Einkünfte freiberuflich	69.600 €
Gesamtbetrag der Einkünfte	**83.000 €**

6.3 Gewerbesteueranrechnung

Die zu zahlende Gewerbesteuer wird zwar mittlerweile auf die Einkommensteuerschuld angerechnet. Da die Gewerbesteuer jedoch keine abzugsfähige Betriebsausgabe ist und bei einem hohen Hebesatz der Gemeinde die Anrechnung auf die Einkommensteuer nicht komplett erfolgt, ergibt sich insgesamt eine höhere Steuerbelastung, die durch Aufteilung der Einkunftsarten – wie dargestellt – vermieden werden kann.

7   Buchhaltungspflichten

Der Freiberufler, der seinen Gewinn durch Einnahmenüberschussrechnung ermittelt, ist nicht verpflichtet, eine laufende Buchhaltung einzurichten und die
Einnahmen und Ausgaben nach Buchungskreisen zu ordnen (z. B. Buchungskreise Kasse (= Bargeschäfte), Bank, Debitoren-, Kreditorenbuchhaltung). Die
Abgabenordnung besagt, dass die Buchführung so beschaffen sein muss, dass sie
einem sachverständigen Dritten innerhalb angemessener Zeit einen Überblick
über die Geschäftsvorfälle und über die Lage des Unternehmens vermitteln kann.
Die Geschäftsvorfälle müssen sich in ihrer Entstehung und Abwicklung verfol-
gen lassen. Aufzeichnungen sind so vorzunehmen, dass der Zweck, den sie für
die Buchführung erfüllen sollen, erreicht wird.

7.1   Vereinnahmung/Verausgabung

Da bei der Einnahmenüberschussrechnung die Zeitpunkte Betriebseinnah-
me – Betriebsausgabe maßgeblich sind, können die Aufzeichnungen hierüber
z. B. auch in Tabellen erfasst werden, die chronologisch nach Einnahmen und
Ausgaben gegliedert sind und das Ergebnis der betrieblichen Einzahlungs- bzw.
Auszahlungsströme wiedergeben. Die dazu gehörenden Belege (Rechnungen,
Quittungen, Barbelege) sollten in Aktenordnern, gegliedert nach Einnahme- und
Ausgabearten, in zeitlicher Reihenfolge abgeheftet sein. Erfüllt diese Systematik
die Anforderung, dass ein „sachverständiger Dritter" sich einen Überblick ver-
schaffen kann über die Richtigkeit der Belegaufbereitung und letztendlich fest-
stellt, dass diese Systematik zur richtigen Gewinnermittlung führt, ist sie auch
von der Finanzverwaltung zu akzeptieren. Empfehlenswert ist dies jedoch nur
dann, wenn das Belegwesen überschaubar und gewährleistet ist, dass alle Betriebseinnahmen und -ausgaben erfasst sind.

7.2 Doppelte Buchführung

Sollte das Belegwesen umfangreich sein, empfiehlt es sich, die Unterlagen nach Buchungskreisen zu ordnen und buchungstechnisch zu erfassen. Buchungskreise sind hierbei Kasse und Bank. Debitoren und Kreditoren zu buchen empfiehlt sich hier nicht, da bei der Gewinnermittlung die Einzahlungen und Auszahlungen maßgeblich sind. Bei Einrichtung dieser Buchungskreise sollte ein betriebliches Bankkonto eingerichtet werden, die Belege für die Ein- und Auszahlung könnten direkt hinter dem Bankauszug abgelegt werden. Das Gleiche gilt für das Kassenbuch. Durch Kontrolle der Endsalden bei Bank und Kasse mit dem entsprechenden Buchhaltungskonto ist gewährleistet, dass alle Geschäftsvorfälle erfasst sind, da zum jeweiligen Stichtag (Monatsende oder 31.12.) die Konten bei dem Bankauszug und bei dem Buchungskonto Bank gleich sein müssen.

Praxis-Tipp:
Betriebliches Bankkonto

Eröffnen Sie bei Beginn Ihrer selbständigen Tätigkeit ein betriebliches Bankkonto.

7.3 Aufzeichnungspflichten für umsatzsteuerpflichtige Unternehmer

Die bisher genannten Aufzeichnungspflichten gelten für den Dolmetscher/Übersetzer, der nicht umsatzsteuerpflichtig ist. Die weiteren Aufzeichnungsvorschriften des Umsatzsteuergesetzes werden in Kapitel 12 „Formvorschriften für die Rechnungserstellung" erläutert.

8   Weitere Fallbeispiele zur Einkommensteuer

8.1   Häusliches Arbeitszimmer

Viele Freiberufler arbeiten in ihrer eigenen Wohnung und möchten natürlich auch die damit verbundenen Raum- und Raumnebenkosten geltend machen. Der Gesetzestext (§ 4 Abs. 5 Ziff. 6 b EStG) besagt:

„Die folgenden Betriebsausgaben dürfen den Gewinn nicht mindern:
• Aufwendungen für ein häusliches Arbeitszimmer sowie die Kosten der Ausstattung.

• Dies gilt nicht, wenn für die betriebliche oder berufliche Tätigkeit kein anderer Arbeitsplatz zur Verfügung steht. In diesem Fall wird die Höhe der abziehbaren Aufwendungen auf 1.250 € pro Jahr begrenzt.

• Die Beschränkung der Höhe nach gilt nicht, wenn das Arbeitszimmer den Mittelpunkt der gesamten betrieblichen und beruflichen Tätigkeit bildet."

Zu unterscheiden sind somit 3 Fallgestaltungen:

1. Steht dem Steuerpflichtigen ein Arbeitsplatz anderweitig zur Verfügung, kann er ein häusliches Arbeitszimmer nicht als Betriebsausgabe geltend machen. Auch die Kosten der Ausstattung kann er nicht als Betriebsausgabe geltend machen. Hierunter versteht man z. B. Deckenlampe, Tapeten, Teppiche, Vorhänge und Gardinen.

2. Steht dem Steuerpflichtigen für die berufliche Tätigkeit kein anderer Arbeitsplatz zur Verfügung, kann er pro Jahr nachgewiesene Betriebsausgaben bis 1.250 € geltend machen. Darüber hinausgehende Kosten sind nicht abzugsfähig. Z. B. Unterrichtsvorbereitungen eines Lehrers, Übungsstunden eines Musikers im häuslichen Arbeitszimmer. Dieser Höchstbetrag von 1.250 € ist personenbezogen. Bei Nutzung des Arbeitszimmers von zwei Personen ist unter den o. a. Voraussetzungen für jeden Steuerpflichtigen der Höchstbetrag statthaft.

3. Der Abzug der Betriebsausgaben ist dann in voller Höhe zulässig, wenn dieser Raum Mittelpunkt der **gesamten betrieblichen oder beruflichen** Betätigung ist.

Fallbeispiel 29a: Häusliches Arbeitszimmer (Angestellte Übersetzer)

Der angestellte Übersetzer Ü. hat von seinem Arbeitgeber im Betrieb einen Arbeitsplatz zur Verfügung gestellt bekommen. Er hat in seinem Haus ein Arbeitszimmer eingerichtet, um schwierige Übersetzungen dort in Ruhe anfertigen zu können. Das Arbeitszimmer kann er steuerlich nicht geltend machen, weil ihm ein Arbeitsplatz im Betrieb zur Verfügung gestellt wird.

 Fallbeispiel 29b: Häusliches Arbeitszimmer (Konferenzdolmetscher)

Die Konferenzdolmetscherin K. hat in ihrer angemieteten Wohnung einen Raum als Arbeitszimmer eingerichtet. Sie kann die Kosten hierfür bis zu 1.250 € pro Jahr geltend machen. Die Wohnung hat 100 qm, davon nutzt sie ein Zimmer mit 25 qm für berufliche Zwecke. An Miete und Nebenkosten für die Wohnung zahlt sie 7 200 €. Die Stromkosten betragen pro Jahr 600 €:

Miete/Nebenkosten pro Jahr	7.200 €
Stromkosten pro Jahr	600 €
Gesamtkosten pro Jahr	**7.800 €**
25 % (25/100 qm) der Gesamtkosten (7.800 €)	1.950 €

Demnach könnte K. 1.950 € als Betriebsausgaben geltend machen, jedoch maximal 1.250 €. Somit sind 700 € der Raumkosten nicht abzugsfähig:

Gesamtkostenanteil des Arbeitszimmers	1.950 €
Abzugsfähiger Höchstbetrag	**1.250 €**
Nicht abzugsfähige Raumkosten	700 €

 Fallbeispiel 29c: Häusliches Arbeitszimmer (Übersetzer/Mietwohnung)

Der Übersetzer Marc Übersetzer hat zu Beginn seiner freiberuflichen Tätigkeit in den Jahren 2011 und 2012 in seiner Mietwohnung im Schlafzimmer einen Arbeitsplatz eingerichtet. Er geht von hier aus seiner beruflichen Tätigkeit nach. Zu Beginn des Jahres 2013 mietet er im gleichen Haus eine kleine Wohnung zusätzlich an, in der er jetzt ausschließlich seiner beruflichen Tätigkeit nachgeht. Das Schlafzimmer wird ab dem 01.01.2013 nur noch privat genutzt.

Marc Ü. kann in den Jahren 2011 und 2012 keine Betriebsausgaben für die Arbeitsecke geltend machen; Voraussetzung hierfür wäre ein in sich abgeschlossener Raum, der nur für berufliche Zwecke verwendet wird. Natürlich kann er Arbeitsmittel, die für ...

... seine Übersetzungen erforderlich sind, als Betriebsausgaben berücksichtigen (z. B. PC, Schreibtisch, Bürostuhl, Aktenschrank u. a.).

Ab dem Jahr 2013 kann er die Mietwohnung voll als Betriebsausgabe geltend machen. Hier handelt es sich nicht um ein häusliches Arbeitszimmer, sondern um ein angemietetes Büro, das für freiberufliche Zwecke genutzt wird.

 Fallbeispiel 29d: Häusliches Arbeitszimmer (Eigentumswohnung)

Marcs Kollegin, ebenfalls Übersetzerin, arbeitet zu Hause in ihrer Eigentumswohnung. Der Verkehrswert der Wohnung beträgt 100.000 €. Sie nutzt einen Raum als häusliches Arbeitszimmer.

Die Wohnnutzfläche beträgt 100 qm, darin nutzt sie einen in sich abgeschlossenen Raum von 15 qm als Arbeitszimmer. Folgende Kosten kann sie zu 15 % als Betriebsausgaben geltend machen:

Hausverwaltungskosten incl. Nebenkosten für	
Gas, Wasser, Allgemeinstrom pro Jahr	3.000 €
Grundsteuer	500 €
Schuldzinsen für ein Hausdarlehen	3.000 €
Abschreibung auf den Gebäudewert	2.500 €
Gesamtkosten	**9.000 €**
Betriebsausgaben (15 % von 9.000 €)	1.350 €

Vorsicht: Betriebsvermögensfalle

Bei dem eigengenutzten Arbeitszimmer des selbständigen Freiberuflers im eigenen Haus oder in der eigengenutzten Eigentumswohnung ist jedoch auch Vorsicht geboten. Das häusliche Arbeitszimmer wird durch die betriebliche Nutzung zum Betriebsvermögen gerechnet, sobald der Verkehrswert hierfür 20.500 € übersteigt oder sein Anteil an der gesamten Nutzfläche des Hauses mehr als 20 % beträgt. Der Verkehrswert bezieht sich auf den Anteil Grund und Boden und Gebäudeanteil.

Bei Aufgabe der beruflichen Tätigkeit könnte die Differenz zwischen Buchwert für Grund und Boden und Gebäude und dem Zeitwert zu einer ungewollten Einkommensteuernachzahlung führen. Zwar steht dann dem Steuerpflichtigen ab dem 55. Lebensjahr ein Freibetrag von 45.000 € bei Aufgabe seines Betriebes zu, dieser gilt jedoch für den gesamten Aufgabegewinn, den der Steuerpflichtige erzielt. Bei Veräußerung der Immobilie könnte die Differenz zwischen Buch- und Zeitwert für das häusliche Arbeitszimmer ebenfalls zu einer ungewollten

Einkommensteuererhöhung führen. Sie sollten deswegen darauf achten, dass die Wertgrenzen 20 % der Nutzfläche bzw. maximal 20.500 € Wertanteil Grund und Boden und Gebäude nicht überschritten werden. Im Fallbeispiel Nr. 28d ist dies gegeben. Der anteilige Verkehrswert ist 15 % von 100.000 € = 15.000 €. Der prozentuale Anteil der Wohnnutzfläche beträgt 15 %.

⚠ In allen dargestellten Fällen wird vorausgesetzt, dass es sich bei dem häuslichen Arbeitszimmer um einen in sich abgeschlossenen Raum handelt, der ausschließlich für berufliche Zwecke genutzt wird und nicht für Privatzwecke.

8.2   Private Telefonnutzung

Wird das Telefon sowohl für berufliche als auch für private Zwecke genutzt, so können die Gebühren und die Umsatzsteuer komplett als Betriebsausgaben gebucht werden. Im Wege einer sachgerechten Schätzung muss der Privatanteil als private Telefonnutzung einkommensteuerlich wie eine Einnahme den Betriebseinnahmen hinzugerechnet werden. Besteht Umsatzsteuerpflicht, müssen auf diesen privaten Nutzungsanteil 19 % Umsatzsteuer hinzugerechnet werden und an das Finanzamt mit der nächsten Umsatzsteuer-Voranmeldung, spätestens aber mit der Umsatzsteuerjahreserklärung, abgeführt werden (siehe Fallbeispiel Kapitel 21.1 „Anlage zur Einnahmenüberschussrechnung 2012").

8.3   Private Kfz-Nutzung

Aufwendungen für ein betrieblich genutztes Fahrzeug sind Betriebsausgaben. Voraussetzung hierfür ist, dass das Fahrzeug zu mehr als 50 % für betriebliche Zwecke genutzt wird. Auf Verlangen des Finanzamtes hat der Steuerpflichtige dies nachzuweisen. Als Nachweis sollte über einen Zeitraum von drei Monaten ein Fahrtenbuch geführt werden, um die betrieblichen Fahrten mit mehr als 50 % zu dokumentieren. Da dieses Fahrzeug auch privat genutzt werden kann, hat der Steuerpflichtige als Entgelt für die private Nutzung 1 % monatlich vom Bruttoneupreis des Fahrzeugs als geldwerten Vorteil zu versteuern.

💡 Fallbeispiel 30a: Private Kfz-Nutzung (1-%-Regelung)

Anna Dolmetsch hat ihr Fahrzeug (Neupreis brutto: 28.000,00 €) im Betriebsvermögen. Sie macht sämtliche Ausgaben inkl. Abschreibung als Betriebsausgaben geltend. Dies sind:

Lfd. Kfz-Kosten	4.600,00 €
Steuer	200,00 €
Versicherung	500,00 €
Reparaturen	700,00 €
Sonstige Kosten (Parken, Waschen u. ä.)	200,00 €
Betriebsausgaben	**6.200,00 €**

Bei Anwendung der 1-%-Regelung ergibt sich ein Korrekturposten für die private Nutzung wie folgt:

1 % vom Neupreis (brutto) = 280 € x 12 Monate	3.360,00 €
./. 20 % Privatnutzung (umsatzsteuerfrei)	-672,00 €
Zwischensumme	2.688,00 €
zzgl. 19 % USt	510,72 €
Zwischensumme	3.198,72 €
zzgl. Privatnutzung (umsatzsteuerfrei)	672,00 €
Gesamte private Kfz-Nutzung	**3.870,72 €**

Da die laufenden Kosten für einen betrieblich genutzten PKW aus umsatzsteuerpflichtigen und umsatzsteuerfreien Betriebsausgaben bestehen (Kfz-Steuer, Kfz-Versicherung), berücksichtigt der Gesetzgeber dies durch Aufteilung in 20 % umsatzsteuerfreien und 80 % umsatzsteuerpflichtigen Nutzungsanteil zur Ermittlung der privaten Kfz-Nutzung.

Die 1-%-Regelung ist die gesetzlich vorgeschriebene Methode, um im Schätzwege (1 % vom Bruttoneupreis pro Monat) die private Kfz-Nutzung zu ermitteln. Sie führt in vielen Fällen zu einer hohen Versteuerung, insbesondere, wenn das Fahrzeug nicht oft für Privatfahrten zur Verfügung steht. Deshalb hat der Gesetzgeber dem Steuerpflichtigen gestattet, nach der Fahrtenbuchmethode die private Kfz-Nutzung zu ermitteln. Dies setzt jedoch voraus, dass der Steuerpflichtige ein Fahrtenbuch führt und darin sehr exakt die Aufzeichnungen festhält, um die gefahrenen Kilometer jedes Jahr in beruflich veranlasste Fahrten und Privatfahrten aufzuteilen. Sofern Sie sich für diese Fahrtenbuchmethode entscheiden, verweisen wir auf die im Anhang ausgedruckte Verwaltungsanweisung des Bundesfinanzministeriums. Im Abschnitt III dieses Schreibens sind die unbedingt einzuhaltenden Voraussetzungen für die Anerkennung dieser Methode genau dargestellt. Wenn die Führung des Fahrtenbuchs nicht ordnungsgemäß ist, dann greift die 1-%-Regelung.

 Fallbeispiel 30b: Private Kfz-Nutzung (Fahrtenbuchmethode)

Anna Dolmetsch will statt der 1-%-Regelung die private Kfz-Nutzung nach der Fahrtenbuchmethode ermitteln. Laut korrekt geführtem Fahrtenbuch ist sie im Jahr 2012 insgesamt gefahren:

Gesamtfahrstrecke: 15.000 km		100 %
davon beruflich: 12.000 km		80 %
Privater Anteil: 3.000 km		**20 %**

Die gesamten Kfz-Kosten betragen 6.200 €, davon sind 700,00 € umsatzsteuerfrei und 5.500 € umsatzsteuerpflichtig:

	USt.-frei	USt.-pflichtig
Steuern	200,00 €	
Versicherung	500,00 €	
Lfd. Kfz-Kosten		4.600,00 €
Reparaturen		700,00 €
Sonstige Kosten (Parken, Waschen u. ä.)		200,00 €
Aufteilung Kfz-Kosten	**700,00 €**	**5.500,00 €**
Umsatzsteuerfreier Anteil Kfz-Kosten		700,00 €
davon 20 % Privatanteil		**140,00 €**
Umsatzsteuerpflichtiger Anteil Kfz-Kosten		5.500,00 €
zzgl. 19 % USt		1.045,00 €
Umsatzsteuerpflichtiger Anteil Kfz-Kosten (brutto)		6.545,00 €
davon 20 % Privatanteil		**1.309,00 €**

Die gesamte private Kfz-Nutzung nach der Fahrtenbuchmethode beträgt 1.449,00 €.

Vergleich Fahrtenbuchmethode/1-%-Regelung:

Anna D. steht sich nach der Fahrtenbuchmethode um einen Betrag von 2.421,72 € günstiger als bei der 1-%-Regelung:

Nach der Fahrtenbuchmethode hat Anna D zu versteuern	1.449,00 €
Nach der 1 %-Regelung beträgt die zu versteuernde private Kfz-Nutzung	3.870,72 €
Differenz	**-2.421,72 €**

Bei einer beruflichen Kfz-Nutzung von 55 % und Privatnutzung von 45 % ergäbe sich der private Nutzungsanteil wie folgt:

Umsatzsteuerfrei: 700 € (davon 45 %)	315,00 €
Umsatzsteuerplichtig: 2.475,00 € (45 % von 5.500 €) zzgl. 19 % USt	2.945,25 €
Private Kfz-Nutzung gesamt	**3.260,25 €**

Auch in diesem Fall führt die Fahrtenbuchmethode zu einem günstigeren Ergebnis.

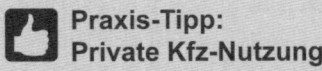

**Praxis-Tipp:
Private Kfz-Nutzung**

Die Fahrtenbuchmethode ist zwar aufwändiger, führt aber bei hohen beruflich veranlassten Fahrten zu einer günstigeren Privatnutzung als die 1-%-Regelung.

8.4 Privatentnahmen/Privateinlagen

Entnimmt der Steuerpflichtige Gegenstände aus dem Betriebsvermögen, so sind diese als Entnahmetatbestand einkommensteuerpflichtig und umsatzsteuerpflichtig.

**Fallbeispiel 31:
Entnahme von Betriebsvermögen**

Marc Übersetzer kauft sich eine neue Büroeinrichtung. Den alten Schreibtisch und den dazu gehörigen Stuhl, die beide im Anlagevermögen noch mit einem Erinnerungswert von je 1 € stehen, braucht er nicht mehr. Da der Stuhl kaputt ist, entsorgt er ihn auf dem Bauhof der Gemeinde. Für den Schreibtisch findet er im Internet einen Käufer, der bereit ist, 50 € zu zahlen. Da aber sein Freund gerade einen Schreibtisch braucht, verschenkt er ihn an diesen.

Erläuterung: Da der Schreibtisch tatsächlich noch einen Wert von 50 € hat, liegt hier ein einkommensteuerpflichtiger Entnahmetatbestand vor.

Marc Ü. tätigt eine Entnahme in Höhe von 50 € und kann den Restbuchwert aus dem Anlagevermögen in Höhe von 1 € als Betriebsausgabe geltend machen. Gewinnerhöhend als Entnahme ist der Schreibtisch: 50 € (als Einnahme zu buchen). Der Erinnerungswert von 1 € (Schreibtisch) ist Betriebsausgabe.

Sofern Marc umsatzsteuerpflichtig ist, hat er aus dem Wert von 50 € die Umsatzsteuer von 19 % = 7,99 € herauszurechnen und mit der nächsten Voranmeldung an das Finanzamt abzuführen (Umsatzsteuerberechnung in diesem Fall: 50,00 € x 19/119 = 7,99 €). Der Erinnerungswert für den Stuhl (1 €) ist als Betriebsausgabe nach dessen Entsorgung auf dem Bauhof zu buchen.

Legt der Steuerpflichtige Vermögensgegenstände aus seinem Privatvermögen ein, so werden diese mit dem Zeitwert eingelegt und können dann als Betriebsausgabe geltend gemacht werden.

Praxis-Tipp für Berufsanfänger: Einlage von Vermögens-gegenständen bei Unternehmensgründung:

Sie haben sich während Ihres Studiums einen Laptop und Fachliteratur gekauft und benutzen jetzt beides für Ihre selbständige Tätigkeit als Übersetzer. Sie können sowohl den Laptop als auch die Fachliteratur zum geschätzten Zeitwert in das Betriebsvermögen als Privateinlage einbringen und im Gründungsjahr als Betriebsausgabe geltend machen. Der Laptop kann über die geschätzte Restnutzungsdauer auf ca. 2 Jahre abgeschrieben werden. Die ursprünglich gezahlte Umsatzsteuer kann nicht als Vorsteuer in Abzug gebracht werden.

8.5   Reisekosten anlässlich Geschäfts- oder Dienstreisen

Als Reisekosten können für den Dolmetscher/Übersetzer anfallen:

• Fahrtkosten,

• Verpflegungsmehraufwendungen,

• Übernachtungskosten,

• Reisenebenkosten,

sofern diese Kosten beruflich durch eine Auswärtstätigkeit entstanden sind.

8.5.1   Fahrtkosten

Als Fahrtkosten kommen in Frage die Aufwendungen für die persönliche Benutzung eines Beförderungsmittels, z. B. Bahnticket. Benutzt der Steuerpflichtige ein eigenes Fahrzeug, das sich im Betriebsvermögen befindet, können keine zusätzlichen Fahrtkosten geltend gemacht werden, da die Kfz-Kosten bereits als Betriebsausgaben steuerlich geltend macht werden können. Benutzt der Steuerpflichtige seinen privaten PKW für die beruflich bedingte Fahrt, kann er pro tatsächlich gefahrenem Kilometer 0,30 € geltend machen. Er hat den Nachweis zu führen, dass die jeweilige Fahrt beruflich veranlasst ist.

8.5.2   Verpflegungsmehraufwendungen

Siehe Kapitel 3.9 „Verpflegungsmehraufwendungen bei beruflich veranlassten Reisen" und Anhang „Tabelle Reisekosten Ausland".

8.5.3   Übernachtungskosten

Übernachtungskosten können bei beruflicher Veranlassung lt. Hotelrechnung geltend gemacht werden. Kann aus der Gesamtrechnung der Preis für Unterkunft und Verpflegung nicht festgestellt werden, so ist der Gesamtpreis des Verpflegungspauschbetrages um 20 % für ein Frühstück und je 40 % für Mittag- und Abendessen zu kürzen, wodurch im Ergebnis der Pauschbetrag für Verpflegung auf Null reduziert würde.

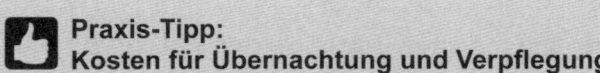

Praxis-Tipp:
Kosten für Übernachtung und Verpflegung

Achten Sie darauf, dass bei Übernachtungen entweder zwei getrennte Rechnungen für Übernachtung und Verpflegung ausgestellt werden, oder aus einer Gesamtrechnung die Kosten aufgeteilt für Übernachtung und Verpflegung einschließlich der Umsatzsteuer ersichtlich sind.

8.5.4   Reisenebenkosten

Reisenebenkosten können steuerlich als Betriebsausgaben geltend gemacht werden, z. B. für die Beförderung und Aufbewahrung von Gepäck und, sofern auf der beruflich veranlassten Fahrt ein Verkehrsunfall entstanden ist, die Unfallfolgekosten. Der Nachweis der Kosten ist durch Quittungen und Rechnungen zu erbringen. Bei einem Unfallschaden sollte als Nachweis neben der Reparaturrechnung auch möglichst ein Polizeiprotokoll vorliegen, damit die beruflich veranlasste Fahrt nicht angezweifelt wird. Eine eventuelle Vesicherungserstattung ist von den Unfallkosten abzuziehen.

Weitere Reisenebenkosten wie Straßenbenutzung und Parkplatzgebühren dürfen als Betriebsausgabe geltend gemacht werden.

9   Umsatzsteuer

Der Umsatzsteuer unterliegen insbesondere Lieferungen und sonstige Leistungen, die ein Unternehmer im Inland gegen Entgelt im Rahmen seines Unternehmens ausführt.

Sie sind als selbständiger Dolmetscher/Übersetzer Unternehmer und verpflichtet, auf ihre Leistung Umsatzsteuer zu erheben sowie die vereinnahmte Umsatzsteuer an das Finanzamt abzuführen.

Im Gegenzug können Sie die Umsatzsteuer aus Ihren Eingangsrechnungen als Vorsteuer beim Finanzamt geltend machen, wenn Sie die mit Umsatzsteuer belasteten Leistungen für Ihre unternehmerischen Zwecke einsetzen. Mit dem Vorsteuerabzug wird Ihnen diese Umsatzsteuer zurück gezahlt. Hierfür ist monatlich oder quartalsweise eine Umsatzsteuer-Voranmeldung beim Finanzamt einzureichen und die Umsatzsteuer abzüglich der Vorsteuer an das Finanzamt zu zahlen.

Die Umsatzsteuer wird auf die sonstige Leistung in Ihrem Falle die Dolmetscher-/Übersetzerdienstleistung erhoben und beträgt 19 % (Regelsteuersatz). In wenigen Ausnahmen kommt der ermäßigte Steuersatz in Höhe von 7 % zum Ansatz (siehe Kapitel 11.2 „Der ermäßigte Steuersatz"). Bemessungsgrundlage für die Umsatzsteuer ist das für die Leistung vereinnahmte Entgelt.

Von der Umsatzsteuer können Kleinunternehmer befreit werden. Näheres dazu finden Sie im Kapitel 10 „Kleinunternehmer-Regelung".

9.1   Umsatzsteuerliche Grundbegriffe

9.1.1   Unternehmer, Unternehmen

Nach den Bestimmungen des Umsatzsteuergesetzes ist Unternehmer, wer eine gewerbliche oder berufliche Tätigkeit selbstständig ausübt.

Das Unternehmen umfasst die gesamte gewerbliche oder berufliche Tätigkeit des Unternehmers. Gewerblich oder beruflich ist jede nachhaltige Tätigkeit zur Erzielung von Einnahmen, auch wenn die Absicht, Gewinn zu erzielen, fehlt.

Auch ein Arbeitnehmer kann neben seiner abhängigen Beschäftigung als Unternehmer tätig sein.

Die Unternehmereigenschaft ist für die Erhebung der Umsatzsteuer von Bedeutung, da ausschließlich Unternehmer ihre Umsätze dieser Besteuerung unterwerfen müssen. Hiervon können Sie sich nur befreien, wenn Sie Kleinunternehmer sind und nicht zur Umsatzsteuer optieren wollen (siehe Kapitel 10 „Kleinunternehmer-Regelung").

9.1.2   Steuerbare Umsätze

Als Dolmetscher/Übersetzer erbringen sie eine Dienstleistung, die im Umsatzsteuergesetz als sonstige Leistung definiert ist.

Steuerbare Umsätze sind Ihre Dienstleistungen, die Sie als Dolmetscher/Übersetzer im Inland gegen Entgelt im Rahmen Ihrer unternehmerischen Tätigkeit erbringen.

Darüber hinaus sind auch Leistungen an Privatkunden innerhalb der EU steuerbar. Ebenso wie Dienstleistungen an juristische Personen öffentlichen Rechts, die keine Unternehmen sind, wie z. B. Bund, Länder und Berufskammern.

Ihre Dienstleistungen an Unternehmer im EU-Ausland gelten als am Ort des Leistungsempfängers erbracht und sind in Deutschland nicht steuerbare Umsätze. Dabei kommt es zur Umkehr der Steuerschuldnerschaft, so dass nicht Sie als im Inland ansässiger Unternehmer die Steuer schulden, sondern der Leistungsempfänger.

Dies hat zur Folge, dass der Leistungsempfänger (das Unternehmen im EU Ausland) die Steuer berechnen und anmelden muss. Die angemeldete Steuer kann er allerdings in der Regel gleichzeitig als Vorsteuer ziehen.

Trotz fehlender Steuerbarkeit ist die Angabe der Umsätze in Ihrer Umsatzsteuer-Voranmeldung notwendig. Die Angaben sind für den Monat zu machen, in dem diese Umsätze ausgeführt wurden und nicht erst bei Zahlungseingang. Dies gilt auch für Dienstleistungen an alle Empfänger in Nicht-EU-Ländern, die ebenfalls nicht steuerbar sind.

9.1.3 Umsatzsteuerbefreiungen

Umsätze, die steuerbar sind, können steuerbefreit sein.

Dies sind zum Beispiel Leistungen an Nato-Streitkräfte, an die in einem anderen Mitgliedstaat ansässigen ständigen diplomatischen Missionen und berufskonsularischen Vertretungen sowie deren Mitglieder und an die in dem Gebiet eines anderen Mitgliedstaates ansässigen zwischenstaatlichen Einrichtungen und deren Mitglieder.

Werden Umsätze getätigt, die steuerfrei sind, bleibt der Vorsteuerabzug für diese Umsätze unter bestimmten Voraussetzungen versagt.

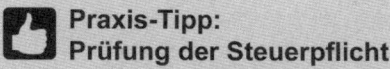

Praxis-Tipp:
Prüfung der Steuerpflicht

Zur Prüfung der Steuerpflicht sollten Sie in diesen Fällen Ihren Steuerberater zu Rate ziehen.

9.1.4 Sonstige Leistungen

Sonstige Leistungen im Sinne des Umsatzsteuergesetzes sind Leistungen, die keine Lieferungen sind. Sie können auch in einem Unterlassen oder im Dulden einer Handlung oder eines Zustandes bestehen.

Zu den sonstigen Leistungen zählen:
• Dienstleistungen,
• Gebrauchs- und Nutzungsüberlassungen,
• Reiseleistungen,
• Einräumung, Übertragung und Wahrnehmung von Rechten (z. B. Urheberrechte, Patentrechte).

Liegt eine gemischte Leistung vor, die aus einer Lieferung und aus sonstigen Leistungen besteht, ist zu untersuchen, welche Leistungselemente überwiegen.

9.1.5   Ort der sonstigen Leistung

Sonstige Leistungen werden grundsätzlich an dem Ort ausgeführt, an dem der Unternehmer sein Unternehmen betreibt.

 Fallbeispiel 32:
Ort der sonstigen Leistung

Anna Dolmetsch mit Sitz in München führt eine Leistung für die deutsche X-AG mit Sitz in Deutschland aus.
Der Ort der sonstigen Leistung ist München und die Leistung steuerbar und steuerpflichtig.

9.1.5.1   ~ innerhalb der EG

Für die umsatzsteuerliche Behandlung im EU-Ausland gilt, dass auf Basis der Europäischen Mehrwertsteuersystem-Richtlinie in allen Mitgliedstaaten der EU beim Bezug von Leistungen, die der genannten Grundregel unterfallen, die sogenannte Steuerschuldumkehr (Reverse-Charge-Regelung) angewendet wird.

Danach berechnet der Leistungsempfänger auf der Grundlage des anzuwendenden Steuersatzes seines Landes die Steuer selbst, deklariert den Betrag gegenüber seinem Finanzamt und zieht ihn, soweit die Leistung für sein Unternehmen erbracht wurde, als Vorsteuer ab.

Der Ausweis ausländischer Umsatzsteuer beziehungsweise die umsatzsteuerliche Registrierung des deutschen Dienstleisters im Ausland ist daher nicht erforderlich.

 Fallbeispiel 33: Ort der sonstigen Leistung
(Auftraggeber innerhalb der EG)

Marc Übersetzer mit Sitz in München erbringt eine Übersetzungsleistung für die Y-AG mit Sitz in Paris.
Der Ort der sonstigen Leistung ist Paris – dort wo der Leistungsempfänger seinen Sitz hat. Marc Ü. stellt unter Angabe seiner Umsatzsteuer-Id-Nummer eine Nettorechnung aus. Die Y-AG hat die Umsatzsteuer in Frankreich zu berechnen und abzuführen.

9.1.5.2 ~ im Drittland (Nicht-EG-Länder)

Als Drittlandsgebiet wird das ausländische Gebiet bezeichnet, das nicht zur Europäischen Gemeinschaft gehört. Somit gilt das gesamte Ausland mit Ausnahme des Gemeinschaftsgebietes als Drittlandsgebiet.

Sitzt der Leistungsempfänger im Drittland, ist die Beurteilung der Situation schwieriger, weil es anders als in der EU keine einheitliche Rechtsgrundlage gibt.

Die Umsatzsteuersysteme der Drittlandstaaten unterscheiden sich insoweit wesentlich. Teilweise wird jedoch eine vom Verfahren her der Reverse-Charge-Regelung ähnliche Praxis auch von manchen Drittländern angewandt.

So ist zum Beispiel auch in der Schweiz der Dienstleistungsempfänger Steuerschuldner für die an ihn von ausländischen Unternehmern erbrachten sonstigen Leistungen.

Allerdings kann nur ein Blick ins jeweilige nationale Recht Sicherheit über die Behandlung der jeweiligen Leistung im Drittland geben. Ansprechpartner hierfür können die deutschen Auslandshandelskammern vor Ort sein.

 Fallbeispiel 34: Ort der sonstigen Leistung (Auftraggeber Drittland)

Marc Übersetzer erbringt eine Übersetzungsleistung an die Z-AG mit Sitz in der Schweiz.

Der Ort der sonstigen Leistung ist in der Schweiz – dort wo der Leistungsempfänger seinen Sitz hat. Marc Ü. stellt eine Nettorechnung aus. Die Y-AG hat die Umsatzsteuer in der Schweiz zu berechnen und abzuführen.

Auch wenn es sich bei der Schweiz um ein Nicht-EG-Land handelt, wird die Reverse-Charge-Regelung angewendet.

9.2 Prüfsystematik der Umsatzsteuerpflicht bei Dolmetschern und Übersetzern

Folgende Prüfsystematik wird bei der Prüfung der Umsatzsteuerpflicht angewendet:

• Liegt die Unternehmereigenschaft vor?

• Ist steuerbarer Umsatz gegeben?

• Wo ist der Ort der sonstigen Leistung?

• Wo ist der Sitz des Empfängers?

9.3 Steuerpflichtige Sonstige Leistungen

Sämtliche steuerbaren Umsätze, die nicht befreit sind (siehe Kapitel 9.1.3 „Umsatzsteuerbefreiungen"), sind steuerpflichtig.

9.3.1 Bemessungsgrundlage Entgelt

Die Umsatzsteuer bemisst sich durch Anwendung des jeweiligen Steuersatzes (7 %, 19 %) auf die Bemessungsgrundlage. Bemessungsgrundlage für die Umsatzsteuer ist das für die Leistung vereinnahmte Entgelt.

9.3.2 Durchlaufende Posten

Durchlaufende Posten sind im Namen und für Rechnung eines Anderen vereinnahmte oder verausgabte Beträge.

Es müssen bereits bei Vereinnahmung bzw. Verausgabung des Betrages die Verpflichtung und der Wille bestehen, das Geld weiterzuleiten.

Durchlaufende Posten sind zum Beispiel die von Rechtsanwälten und Notaren verauslagten Gebühren, die an den Mandanten weiterberechnet werden.

Wird der Gewinn nach der Einnahmenüberschussrechnung ermittelt, kommen durchlaufende Posten nicht als Betriebsausgaben oder Betriebseinnahmen zum Ansatz.

Fallbeispiel 35:
Durchlaufende Posten

Anna Dolmetsch nimmt folgenden Auftrag an: Tagessatz 750 € zzgl. Umsatzsteuer. Übernachtungs- sowie Fahrtkosten werden im Namen und auf Rechnung des Auftraggebers im Hotel und bei der Deutschen Bahn gebucht. Die Zahlung übernimmt Anna D. vor Ort und lässt sich im Anschluss an den Auftrag bei Vorlage der Originalbelege die Kosten vom Auftraggeber erstatten.

Da die Kosten im Namen und auf Rechnung des Auftraggebers entstanden sind, handelt es sich bei den Kosten um durchlaufende Posten, die nicht der Umsatzsteuer zu unterwerfen sind und nicht auf der Rechnung auszuweisen sind.

Die Umsatzsteuerbemessungsgrundlage beträgt 750 €. Korrespondierend dazu darf Anna D. die Vorsteuer aus den Kosten nicht geltend machen.

Vom Auftragnehmer vorfinanzierte Aufwendungen, die im eigenen Namen und auf eigene Rechnung entstehen und zu einem späteren Zeitpunkt dem Auftraggeber in Rechnung gestellt werden, sind keine durchlaufenden Posten und stellen ein umsatzsteuerpflichtiges Entgelt dar. **Reisekosten werden als steuerpflichtige Nebenleistung in Rechnung gestellt.**

In der Praxis ist vielfach zu beobachten, dass die Reisekosten, die in unmittelbarem Zusammenhang mit der Dolmetscherleistung (die dem Regelsteuersatz in Höhe von 19 % unterliegt) stehen, in der Rechnung mit dem ermäßigten Steuersatz von 7 % weiterberechnet werden.

Im Umsatzsteuerrecht gilt der Grundsatz, dass die Nebenleistung das Schicksal der Hauptleistung teilt.

Reisekosten (z.B. Fahrtkosten oder Übernachtungskosten) sind umsatzsteuerlich gesehen – soweit sie im direkten Zusammenhang mit der erbrachten, dem Regelsteuersatz unterliegenden Dolmetscherleistung entstehen – als Nebenleistungen zu beurteilen und unterliegen ebenso wie die Hauptleistung dem Steuersatz von 19 %.

Dies gilt unabhängig davon, ob diese zusammen in einer Rechnung mit der Hauptleistung ausgewiesen werden oder in einer eigenständigen Rechnung dem Auftraggeber berechnet werden.

Fallbeispiel 36:
Reisekosten als typische Nebenleistung

Anna Dolmetsch hat einen Auftrag für zwei Tage angenommen. Die Konditionen stellen sich wie folgt dar:

2 Tagessätze à 750,00 € netto	1.500,00 €
Erstattung der gesamten Reisekosten:	
· Fahrtkosten (0,30 Cent pro gefahrenen Kilometer)	
150 km (hin und zurück) x 0,30 €	45,00 €
· Übernachtungskosten netto (1 Übernachtung)	70,00 €
zzgl. 7% USt auf die Übernachtungskosten	4,90 €

Trotz der ausgewiesenen 7-%-igen Umsatzsteuer bei den Übernachtungskosten und der fehlenden Umsatzsteuer bei der Fahrtkostenpauschale sind auf die Nebenkosten aufgrund des Grundsatzes, dass die Nebenleistung (Reise) das Schicksal der Hauptleistung (Dolmetscherleistung) teilen muss, 19 % Umsatzsteuer aufzuschlagen. Die Rechnung hat wie folgt auszusehen:

2 Tagessätze á 750 €	1.500,00 €
Entstandene Reisekosten:	
· Übernachtungskosten	70,00 €
· Fahrtkosten	45,00 €
Rechnungsbetrag netto	1.615,00 €
zzgl. 19% Umsatzsteuer	306,85 €
Rechnungsbetrag brutto	**1.921,85 €**

 Praxis-Tipp:
Reisekostenpauschale

Sie können statt der aufwendigen Abrechnung der Reisekosten unter Vorlage von Rechnungskopien beim Auftraggeber eine Reisekostenpauschale vereinbaren, die alle Kosten im Zusammenhang mit dem Auftrag abdeckt.

Diese sollten Sie allerdings anhand der tatsächlichen Kosten großzügig kalkulieren, um keine selbstfinanzierten Reisekosten zu haben die zu Lasten Ihres Gewinns gehen.

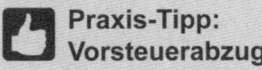 **Praxis-Tipp:**
Vorsteuerabzug

Da Sie die Reisekosten weiterberechnen und diese damit als Einnahmen erfassen müssen, können Sie korrespondierend dazu die Reisekostenrechnungen als Betriebsausgaben berücksichtigen und die gesamte Vorsteuer ziehen.

Damit der Vorsteuerabzug gewährleistet ist, sollten Sie stets die Originale behalten und - falls dies gewünscht ist - dem Auftraggeber Kopien der Rechnungen beilegen.

10 Kleinunternehmer-Regelung

Unternehmer, die nur geringe Umsätze tätigen, werden als Kleinunternehmer gesehen. Als Kleinunternehmer gelten Sie, wenn Ihr Umsatz im vorangegangenen Jahr einen Betrag von 17.500 € nicht überstiegen hat und Ihr Umsatz im laufenden Jahr 50.000 € voraussichtlich nicht übersteigen wird.

Bei Existenzgründern ist der voraussichtliche Umsatz im Kalenderjahr zu schätzen. Übersteigt dieser voraussichtlich nicht die Umsatzgrenze von 17.500 €, gelten Sie als Kleinunternehmer. Die Tatsache, dass der tatsächliche Umsatz im Erstjahr eventuell höher ausfällt, ist unschädlich.

Nehmen Sie die Kleinunternehmer-Regelung in Anspruch, müssen Sie auf Ihre Umsätze keine Umsatzsteuer berechnen und abführen.

Für Kleinunternehmer entfällt neben dem Vorsteuerabzug der Ausweis der Umsatzsteuer sowie der Umsatzsteuer-Identifikationsnummer auf der Rechnung. Neben der Ausweisung der Umsatzsteuer in den Rechnungen entfallen auch Umsatzsteuer-Voranmeldungen. Zudem wird die Buchhaltung einfacher, weil die Umsatzsteuer nicht extra erfasst werden muss und auch jährlich statt zu Beginn monatlich erstellt werden kann.

Sie haben allerdings auch die Möglichkeit auf die Kleinunternehmer-Regelung zu verzichten. In diesem Fall können Sie auch die Vorsteuer aus den Eingangsrechnungen gegenüber dem Finanzamt geltend machen.

Es kann sich eine freiwillige Umsatzsteuerveranlagung, die den Vorsteuerabzug ermöglicht lohnen, wenn die Vorsteuer aus den Eingangsrechnungen höher ist als die zu vereinnahmende Umsatzsteuer.

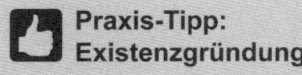

**Praxis-Tipp:
Existenzgründung**

Im Falle einer Existenzgründung können Sie beim Erwerb Ihrer Geschäftsausstattung die bezahlte Umsatzsteuer aus Eingangsrechnungen als Vorsteuer von der Umsatzsteuerschuld abziehen. Bei geringen Einnahmen und hohen Ausgaben bekommen Sie dadurch Vorsteuer von dem Finanzamt erstattet. Als Kleinunternehmer müssten Sie die Umsatzsteuer aus den Investitionen dagegen selbst tragen.

Der Verzicht lohnt sich aus unserer Sicht immer, wenn die Auftraggeber umsatz-steuerpflichtige Umsätze ausführen und die Umsatzsteuer, die sie in Rechnung gestellt bekommen, als Vorsteuer geltend machen können. In diesem Fall hat Ihr Auftraggeber keinen Mehraufwand, da er die Steuer vom Finanzamt zurück erstattet bekommt und Sie erhalten den Vorsteuerabzug aus Ihren Investitionen und Kostenrechnungen.

Auf den Rechnungen Umsatzsteuer auszuweisen kann sich auch aus Image-Grün-den lohnen. Geschäftspartner können dann nicht auf die Größe des Unterneh-mens schließen – was ein Vorteil für den Gründer sein kann. Für den Fall, dass Sie auf die Kleinunternehmer-Regelung verzichten, müssen Sie dies gegenüber dem Finanzamt erklären. Die Entscheidung ist dann für 5 Jahre bindend (siehe Anhang „Fragebogen zur steuerlichen Erfassung", TZ 7.3, Zeilen 156 und 157).

 Fallbeispiel 37:
Kleinunternehmer-Regelung

Anna Dolmetsch ist zunächst nebenberuflich selbständig tätig. Als Kunden hat sie Unternehmer, die vorsteuerabzugsberechtigt sind. Im Erstjahr hatte sie Einnahmen in Höhe von 5.000 € netto zzgl. Umsatzsteuer von 950 € und Investitionen wie An-schaffung der Hard- und Software, Homepage-Erstellung und viele weitere in Höhe von 8.000 € netto und darauf Vorsteuer i. H. v. 1.520 €.

Variante 1: Anna D. verzichtet von Beginn an auf die Kleinunternehmer-Regelung um die Vorsteuer aus Ihren Investitionen geltend machen zu können. Variante 2: Sie nimmt die Kleinunternehmer-Regelung in Anspruch. Die Umsatzsteuerberechnung stellt sich wie folgt dar:

	Variante 1 (umsatzsteuerpflichtig)	Variante 2 (KU-Regelung)
Umsatzsteuer-Zahlung an das Finanzamt	-950 €	0 €
Vorsteuer-Vergütung aus den Investitionen	1.520 €	0 €
Umsatzsteuer-Erstattung	**570 €**	**0 €**

Aufgrund der hohen Investitionen hat Anna D. im Falle, dass sie auf die Kleinunter-nehmer-Regelung verzichtet, einen finanziellen Vorteil in Höhe von 1.520 €, da sie nicht nur den Vorsteuervergütungsanspruch in Höhe von 570 € hat, sondern auch die Umsatzsteuer in Höhe von 950 € von Ihrem Auftraggeber vergütet bekommt.

Ihre Auftraggeber haben keine finanziellen Nachteile durch den Ausweis der Umsatz-steuer, weil sie Unternehmer sind und die Vorsteuer vom Finanzamt zurück erhalten.

11 Steuersatz

11.1 Grundsatz Regelsteuersatz 19 %

Bei der Besteuerung der Dolmetscher- und Übersetzerleistungen ist grundsätzlich der Regelsteuersatz in Höhe von 19 % anzuwenden. Der Ansatz des ermäßigten Steuersatzes kommt nur in ganz wenigen Ausnahmen zum Tragen.

11.2 Der ermäßigte Steuersatz

Ausnahmsweise kommt der ermäßigte Steuersatz in Höhe von 7 % zum Ansatz
bei Leistungen im Zusammenhang mit Einräumung, Übertragung und Wahrnehmung von Rechten, die sich aus dem Urheberrechtsgesetz ergeben.

Dies kann z. B. der Fall bei Leistungen sein, die Dolmetscher/Übersetzer für Ver-
lage erbringen. Sie sind nur dann begünstigt, wenn die Rechte vom Dolmetscher/
Übersetzer an den Verlag abgetreten sind.

 Fallbeispiel 38:
Der ermäßigte Steuersatz

Marc Übersetzer erhält den Auftrag, ein Buch, das in englischer Sprache geschrie-
ben wurde, in die deutsche Sprache zu übersetzen. Das Werk ist urheberrechtlich
geschützt. Marc Ü. räumt einem deutschen Verlag das Nutzungsrecht zur Vervielfälti-
gung und zur Veröffentlichung des Buches ein.

Ausnahmsweise kommt der ermäßigte Steuersatz in Höhe von 7 % zum Ansatz.

12   Formvorschriften für die Rechnungserstellung

12.1 Ausstellen von Rechnungen

Durch das Steueränderungsgesetz 2003 sind die Vorschriften zur umsatzsteuerlichen Rechnungsstellung neu gefasst worden. Zugleich wurde durch eine Neufassung der Vorschriften zum Vorsteuerabzug im Umsatzsteuergesetz klargestellt, dass nur noch solche Rechnungen zum Vorsteuerabzug berechtigen, die den neuen Rechnungslegungsvorschriften entsprechen.

Auf diese Vorschriften möchten wir in den nachfolgenden Kapiteln näher eingehen.

12.2 Definition Rechnung

Eine Rechnung ist ein Dokument, in dem Sie Ihrem Kunden eine Geldforderung stellen. Sie listet detailliert erbrachte Dienstleistungen auf. Des Weiteren ist die in den Preisen enthaltene Umsatzsteuer ausgewiesen.

In der Regel werden in der Rechnung auch Details zur Zahlungsweise, Kontaktpersonen sowie Rechnungs- und Kundennummer mitgeteilt.

12.3 Der Inhalt von Rechnungen und Gutschriften

Da Sie als Unternehmer sonstige Leistungen ausführen, müssen Sie für umsatzsteuerliche Zwecke eine Rechnung mit nachfolgenden Angaben erstellen:
• Name und Anschrift des leistenden Unternehmers,
• Name und Anschrift des Leistungsempfängers,
• Umfang der sonstigen Leistung,
• Zeitpunkt der sonstigen Leistung,
• Entgelt für die sonstige Leistung,

- auf das Entgelt entfallender Steuerbetrag, der gesondert auszuweisen ist (bei Steuerbefreiung ist ein Hinweis nötig),

- erteilte Steuernummer oder Umsatzsteuer-Id-Nr. (nur Id-Nr. ausreichend!),

- Ausstellungsdatum der Rechnung,

- fortlaufende Nummer

- Steuersatz,

- bei Zahlung vor Erbringung der Leistung der Zeitpunkt der Vereinnahmung des vereinbarten Entgelts.

Enthält eine Rechnung nicht alle Angaben, so kann sie berichtigt werden.

Eine elektronische Rechnung berechtigt zum Vorsteuerabzug, wenn die Echtheit der Herkunft und die Unversehrtheit des Inhalts gewährleistet sind.

Dies ist bei Rechnungen der Fall, die

- als digitale E-Mail mit PDF- oder Textdatei- oder Bilddateianhängen,

- als Computer-Telefax oder Fax-Server,

- als Web-Download,

- als DE-Mail,

- als E-Post,

- mittels qualifizierter elektronischer Signatur oder

- durch Datenträgeraustausch

übermittelt werden.

Werden mit einer Rechnung Leistungen abgerechnet, die verschiedenen Steuersätzen unterliegen, sind die Leistungsentgelte sowie die zugehörigen Steuersätze getrennt auszuweisen.

Die Verpflichtung zur Rechnungslegung besteht auch bei der Ausführung von steuerfreien Leistungen und wenn eine Leistung für eine nicht steuerpflichtige Person erbracht wird.

Eine Ausführung der ausgestellten Rechnung müssen Sie aufbewahren. Die Aufbewahrungsfrist beginnt mit Ablauf des Kalenderjahres, in dem die Rechnung ausgestellt wurde und beträgt zehn Jahre. Zudem sind Sie verpflichtet, alle Eingangsrechnungen aufzubewahren.

12.3.1   Rechnungen in die EU

Wer über eine Leistung abrechnet, die aufgrund der Grundregel im EU-Ausland steuerbar ist, hat die im Europäischen Recht verankerte Regelung zu beachten, dass er folgende Angaben zusätzlich in die Rechnung aufnimmt:

• Umsatzsteueridentifikationsnummer des Leistenden, sofern diese nicht bereits generell an Stelle der nationalen Steuernummer angegeben wird,

• Umsatzsteueridentifikationsnummer des Leistungsempfängers,

• Hinweis auf Umkehr der Steuerschuld, z. B. *„Steuerschuldnerschaft des Leistungsempfängers"*.

12.3.2   Rechnungen ins Drittland

Werden entsprechende Leistungen an einen im Drittland ansässigen Kunden berechnet, richtet sich die Rechnungsstellung formal aufgrund der Steuerbarkeit im Drittland nach den betreffenden Drittlandsregelungen.

Aus deutscher Sicht bestehen insoweit keine verpflichtenden Sonderangaben. Es empfiehlt sich in diesen Fällen jedoch ein Hinweis, dass es sich um einen nicht im Inland steuerbaren Umsatz handelt, zum Beispiel *„nicht im Inland steuerbare Leistung"*.

12.3.3   Nachweis der Unternehmereigenschaft

Soweit es sich bei Ihrem Kunden um ein Unternehmen im EU-Ausland handelt benötigen Sie einen Nachweis über seine Unternehmereigenschaft. Den Nachweis erbringt der Unternehmer durch Angabe seiner Umsatzsteueridentifikationsnummer (Ust-Id-Nr.).

Allerdings ist die Angabe der Umsatzsteueridentifikationsnummer alleine nicht ausreichend. Sie müssen diese bei Auftragsannahme selbst prüfen und die Überprüfung zu Ihren Akten nehmen. Neben der Möglichkeit der Online-Bestätigungsanfrage können Sie die Anfrage auch postalisch, telefonisch, per Telefax oder E-Mail an das Bundeszentralamt für Steuern richten.

Durch den Nachweis der Unternehmereigenschaft des Leistungsempfängers wird die Verlagerung der Steuerschuldnerschaft auf den Leistungsempfänger möglich.

Soweit es sich bei Ihrem Kunden um ein Unternehmen im Drittland handelt, benötigen Sie keinen Nachweis über seine Unternehmereigenschaft, da für Ihre Leistung, die als eine Katalogleistung im Sinne des Umsatzsteuergesetzes gilt, eine Ausnahme besteht.

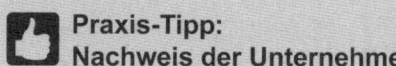 **Praxis-Tipp:**
Nachweis der Unternehmereigenschaft

Lassen Sie sich bereits bei Auftragsannahme die Umsatzsteueridentifikationsnummer geben und beantragen Sie den Nachweis über die Unternehmereigenschaft beim Bundeszentralamt für Steuern. Der Nachweis ist zur Dokumentation aufzubewahren.

12.4 Aufbewahrung von elektronischen Rechnungen

Elektronische Rechnungen unterliegen strengen Aufbewahrungs- und Archivierungspflichten. Viele wissen nicht, dass elektronische Rechnungen auch **zwingend** elektronisch abgelegt werden müssen – ebenfalls E-Mails mit Rechnungsanhang.

Bei der Aufbewahrung elektronischer Belege müssen folgende – bislang schon bekannte – Grundsätze beachtet werden:
• Ordnungsmäßigkeit der Buchführung
• Datenzugriff
• Prüfbarkeit digitaler Belege

Dabei schreibt der Gesetzgeber Datei-Format und Speichermedium vor.
• Elektronische Rechnungen müssen zwingend in dem Format archiviert werden, in dem sie eingegangen sind. Die elektronischen Belege müssen zudem jederzeit lesbar und maschinell auswertbar sein.
• Das Aufbewahrungsmedium kann für steuerlich aufzubewahrende Dokumente nicht frei gewählt werden. Elektronische Rechnungen und Belege müssen zwingend elektronisch archiviert werden.

 Es genügt nicht, die Unterlagen auszudrucken und in Papierform aufzubewahren!

Praxis-Tipp:
Elektronische Archivierung

Die elektronische Archivierung muss auf einem Datenträger erfolgen, der eine Änderung nicht mehr zulässt. Gegenwärtig eignen sich hierfür beispielsweise die markt-
gängigen einmal beschreibbaren Speichermedien. Wenn Rechnungen als Anhang zu
einer E-Mail gesendet werden (z. B. als PDF-Datei) müssen sowohl der Anhang als
auch die dazugehörige E-Mail archiviert werden!

12.5 Kleinbetragsrechnungen

Rechnungen, deren Gesamtbetrag 150 € nicht übersteigt, müssen die umfang-
reichen Angaben, die im Umsatzsteuerrecht gefordert werden, nicht enthalten.

Vielmehr genügen folgende Angaben:

• Name und Anschrift des leistenden Unternehmers;

• Art und Umfang der sonstigen Leistung;

• Entgelt und der Steuerbetrag für die sonstige Leistung in einer Summe;

• Steuersatz für die Umsatzsteuer oder Hinweis auf Steuerbefreiung;

• Ausstellungsdatum der Rechnung

Ein gesonderter Umsatzsteuerausweis muss damit nicht erfolgen. Auch der Zeitpunkt der Leistung und Angaben über den Leistungsempfänger sind nicht notwendig.

Keine Kleinbetragsrechnung liegt vor, wenn das leistende Unternehmen für eine
Leistung mehrere Rechnungen erstellt, die jeweils unter 150 € betragen.

 Praxis-Tipp: Ausweis des Umsatzsteuerbetrages
auf allen Ausgangsrechnungen

Zur besseren Übersicht und für eine einheitliche Vorgehensweise bei der Rechnungsschreibung ist aus unserer Sicht bei Ihren Ausgangsrechnungen eine Rechnung mit
Ausweis des Umsatzsteuerbetrages ratsam. Unterschiedliche Rechnungsstellungen
bringen bei der Rechnungsschreibung einen höheren Verwaltungsaufwand mit sich.

12.6 Fahrausweise

Wer viel geschäftlich mit dem öffentlichen Personen- Nahverkehr oder mit der Bahn fährt und die Kosten in seiner Buchhaltung erfassen möchte, steht oft vor dem Problem, dass auf den Fahrausweisen kein Umsatzsteuersatz, der im Normalfall für den Vorsteuerabzug erforderlich ist, ausgewiesen ist.

Bei Fahrausweisen sind Sonderregelungen zu beachten. Der Steuersatz muss auf diesen Fahrausweisen nur ausgewiesen sein, wenn sie der 19-%-igen Umsatzsteuer unterliegen. Ist kein Steuersatz ausgewiesen, so müssen Sie den Steuerbetrag nach dem ermäßigten Steuersatz von 7 % ermitteln.

Für Fahrausweise gelten die Erleichterungen für Kleinbetragsrechnungen. Aus diesem Grund muss z. B. die Steuernummer nicht aufgedruckt sein, ebenso wenig wie eine Rechnungsnummer oder Ihre Anschrift als Unternehmer.

Die Regeln sind je nach Art des genutzten Verkehrsmittels unterschiedlich und stellen sich folgt dar:

Bus/Bahn
Anstelle des Steuersatzes kann bei Eisenbahnen, die dem öffentlichen Verkehr dienen, auch die Tarifentfernung angegeben werden. Eine Tarifentfernung bis zu einschließlich 50 km entspricht dem Steuersatz von 7%. Bei einer größeren Tarifentfernung ist der allgemeine Steuersatz maßgebend.

⚠️ Bei grenzüberschreitenden Verbindungen muss die Umsatzsteuer anteilig auf die im Inland entfallende Fahrstrecke aus dem Gesamtpreis heraus gerechnet werden. Die ausländische Beförderungsstrecke unterliegt nicht der deutschen Umsatzsteuer und kann somit nicht zum Vorsteuerabzug führen.

Flugzeug
Hier kann der Vorsteuerabzug nur in Anspruch genommen werden, wenn der allgemeine Steuersatz ausgewiesen ist.

Schiffsverkehr
Aus Fahrausweisen im Schiffsverkehr kann ein als Vorsteuer abziehbarer Steuerbetrag nicht ermittelt werden.

Taxi/Mietwagen

Die Belege für ein Taxi oder einen Mietwagen sind keine Fahrausweise. Für diese Quittungen gelten die allgemeinen Regeln der Rechnungsstellung und gegebenenfalls die Erleichterungen für Kleinbetragsrechnungen.

**Praxis-Tipp:
Reisekostenabrechnung**

Bitte achten Sie darauf, Fahrten anhand einer Reisekostenabrechnung festzuhalten, damit die Kosten als Betriebsausgaben dokumentiert werden können und bei einer evtl. Betriebsprüfung nicht als private Kosten herausfallen.

12.7 Aufbewahrungsfristen

Die Aufbewahrungspflicht ist ein Bestandteil der Buchführungs- und Aufzeichnungspflicht.

Auch wenn bei Ihnen als freiberuflich tätiger Unternehmer keine Buchführungspflicht besteht, entnimmt dem Gesamtkontext der Buchführungsvorschriften in der Abgabenordnung die herrschende Meinung (Finanzverwaltung und Rechtsprechung) eine Aufbewahrungspflicht für sämtliche Belege.

Die folgenden Unterlagen sind geordnet aufzubewahren:

- Bücher und Aufzeichnungen, Inventare, Jahresabschlüsse, Lageberichte, die Eröffnungsbilanz sowie die zu ihrem Verständnis erforderlichen Arbeitsanweisungen und sonstigen Organisationsunterlagen,
- die empfangenen Handels- oder Geschäftsbriefe,
- Wiedergaben der abgesandten Handels- oder Geschäftsbriefe,
- Buchungsbelege,
- sonstige Unterlagen, soweit sie für die Besteuerung von Bedeutung sind.

Die Aufbewahrungsfrist beträgt 10 Jahre z.B. für Ihre Einnahmenüberschussrechnungen, Buchungsbelege wie Kontenblätter, Ein- und Ausgangsrechnungen, sechs Jahre für andere Geschäftsunterlagen.

Wenn Sie private und betriebliche Geschäftsvorfälle nicht über getrennte Konten, sondern über Ihr privates Bankkonto laufen lassen, müssen Sie alle Bankbelege zehn Jahre lang aufbewahren. Online-Kontoauszüge reichen nicht.

Auch E-Mails, die die Abwicklung eines Geschäfts belegen, müssen sechs Jahre lang aufbewahrt werden, und E-Mails mit Rechnungen zehn Jahre.

Unter bestimmten Voraussetzungen kann sich die Aufbewahrungsfrist auch verlängern. Nach einem Schreiben des Bundesfinanzministeriums sind Unterlagen nach Ablauf der Aufbewahrungsfristen nur dann noch länger aufzubewahren, wenn und soweit sie für folgende Sachverhalte von Bedeutung sind:

• für eine begonnene Außenprüfung

• für eine vorläufige Steuerfestsetzung

• für anhängige steuerstraf- oder bußgeldrechtliche Ermittlungen

• für ein schwebendes oder aufgrund einer Außenprüfung zu erwartendes Rechtsbehelfsverfahren

• zur Begründung von Anträgen des Steuerpflichtigen

Die Aufbewahrung muss im Original, gesichert und geordnet erfolgen. Die Aufbewahrung des Originals kann auch aus Gründen der Beweiserheblichkeit im Gerichtsverfahren notwendig sein.

Insbesondere muss auch gewährleistet sein, dass die Schrift auf dem verwendeten Papier nicht verblasst. Die geordnete Aufbewahrung erfordert, dass ein sachverständiger Dritter die Unterlagen in angemessener Zeit prüfen können muss.

Sie sollten vor Vernichtung der Originalunterlagen stets Ihren steuerlichen Berater zu Rate ziehen und klären ob eine Aufbewahrung notwendig ist. Insbesondere gilt dies für Rechnungen, die zur Geltendmachung des Vorsteuerabzugs notwendig sind. Für den Vorsteuerabzug muss die Rechnung nämlich entweder in Papierform vorliegen oder – wenn sie als elektronische Abrechnung vorliegt – elektronisch (siehe Kapitel 12.1.3 „Aufbewahrung von elektronischen Rechnungen"). Nur diese beiden Varianten erfüllen den Tatbestand einer ordnungsgemäßen Rechnung.

Praxis-Tipp:
Belege auf Thermopapier

Bitte beachten Sie, dass Thermobelege (z. B. Tankstellenrechnungen) mit der Zeit verblassen und nach einem längeren Zeitraum nicht mehr lesbar sind. Wir empfehlen Ihnen, Thermobelege stets zu kopieren und die Kopie mit dem Original zusammen zu heften.

12.8 Aufbewahrungsort

Eine gesicherte Aufbewahrung bedeutet, dass der Raum oder das Gebäude, in dem die Unterlagen aufbewahrt werden, vor Einwirkungen wie Feuer, Wasser und Feuchtigkeit geschützt sind.

Zur Aufbewahrung elektronischer Rechnungen lesen Sie bitte das Kapitel 12.1.3 „Aufbewahrung von elektronischen Rechnungen".

13 Unrichtiger und unberechtigter Steuerausweis

13.1 Unrichtiger Steuerausweis

Weist ein Unternehmer in einer Rechnung über eine Lieferung oder sonstige Leistung einen höheren Steuerbetrag aus, als er ihn nach dem Umsatzsteuergesetz schuldet, schuldet er auch den Mehrbetrag.

Vom unrichtigen Steuerausweis werden folgende Rechnungen mit gesondertem Umsatzsteuer-Ausweis erfasst:

Rechnungen für

- steuerpflichtige Leistungen, wenn eine höhere als die dafür geschuldete Steuer ausgewiesen wurde,
- steuerfreie Leistungen, bei denen Umsatzsteuer ausgewiesen ist,
- nicht steuerbare Leistungen (z. B. Leistungen im Ausland),
- nicht versteuerte steuerpflichtige Leistungen, wenn die Steuer für die Leistung wegen Ablaufs der Festsetzungsfrist nicht mehr erhoben werden kann,
- Kleinbeträge, wenn ein zu hoher Steuersatz angegeben ist,
- Fahrausweise, wenn ein zu hoher Steuersatz oder fälschlich eine Tarifentfernung von mehr als 50 km angegeben ist.

Dies gilt ebenfalls

- für Gutschriften, soweit der Gutschriftempfänger einem zu hohen Steuerbetrag nicht widerspricht und
- wenn der Steuerbetrag von einem zu hohen Entgelt berechnet wurde oder
- wenn für ein- und dieselbe Leistung mehrere Rechnungen ausgestellt worden sind.

13.2 Unberechtigter Steuerausweis

Zum Umsatzsteuerausweis in Rechnungen sind nur Unternehmer berechtigt. Dabei darf sich der Unternehmer nicht für die Kleinunternehmer-Regelung entschieden haben.

Die Kleinunternehmer-Regelung gestattet, auf Ihre Leistungen keine Umsatzsteuer zu erheben und damit umsatzsteuerfreie Umsätze auszuführen.

Wenn Sie dennoch eine Rechnung ausstellen, obwohl Sie nicht zum gesonderten Ausweis der Umsatzsteuer berechtigt sind, schulden Sie die ausgewiesene Umsatzsteuer.

In folgenden Fällen liegt ein unberechtigter Steuerausweis vor:

• ein Nichtunternehmer weist auf einer Rechnung einen Umsatzsteuerbetrag aus;

• ein Kleinunternehmer, der zur Umsatzsteuerbefreiung optiert hat, stellt Umsatzsteuer in Rechnung;

• ein Unternehmer liefert nicht den Gegenstand, sondern einen anderen, für den er die Rechnung mit gesondertem Steuerausweis ausgestellt hat;

• ein Unternehmer erbringt keine Lieferung oder sonstige Leistung, stellt jedoch eine Rechnung aus (z. B. Gefälligkeitsrechnung).

13.3 Berichtigungsmöglichkeiten

13.3.1 Berichtigungsmöglichkeit beim unrichtigen Steuerausweis

Sie haben die Möglichkeit den Steuerbetrag gegenüber dem Leistungsempfänger zu berichtigen. In diesem Fall muss der Leistungsempfänger eventuell zu hoch geltend gemachte Vorsteuerbeträge an das Finanzamt zurückzahlen.

Sie dürfen in den Fällen der Rückgängigmachung des Verzichts auf die Steuerbefreiung den dann insoweit unrichtigen Steuerausweis erst berichtigen, wenn die Gefährdung des Steueraufkommens beseitigt ist.

Die Gefährdung des Steueraufkommens gilt erst dann als beseitigt, wenn der Leistungsempfänger bereits geltend gemachte Vorsteuerbeträge an das Finanzamt zurückgezahlt hat. Sie müssen die Berichtigung des unrichtig ausgewiesenen Steuerbetrages beim Finanzamt gesondert schriftlich beantragen.

Nach Prüfung der Voraussetzungen durch das Finanzamt teilt dieses Ihnen mit, ob und für welchen Besteuerungszeitraum und ggf. in welcher Höhe Sie den unrichtig ausgewiesenen Steuerbetrag berichtigen dürfen.

13.3.2 Berichtigungsmöglichkeit beim unberechtigten Steuerausweis

Ein unberechtigter Steuerausweis kann berichtigt werden. Die Berichtigung ist schriftlich und gesondert beim Finanzamt zu beantragen.

14   Der Vorsteuerabzug für sonstige Leistungen

14.1 Wie und unter welchen Voraussetzungen ist der Vorsteuerabzug möglich

Sie können als Unternehmer die auf Eingangsleistungen (Lieferungen und Leistungen) entfallende Umsatzsteuer durch den Vorsteuerabzug vom Finanzamt zurückfordern.

Die Vorsteuer können Sie mit der zu zahlenden Umsatzsteuer im Rahmen Ihrer Umsatzsteuer-Voranmeldung oder Umsatzsteuererklärung verrechnen.

Folgende Vorsteuerbeträge können Sie abziehen:

• die in Rechnungen gesondert ausgewiesene Steuer für Lieferungen oder sonstige Leistungen,

• die von anderen Unternehmern für Ihr Unternehmen ausgeführt worden sind;

• die in Anzahlungen für Lieferungen oder Leistungen enthaltene anteilige Umsatzsteuer, wenn die Rechnung vorliegt und die Zahlung geleistet worden ist;

• die entrichtete Einfuhrumsatzsteuer für Gegenstände, die für Ihr Unternehmen in das Inland eingeführt worden sind (Gegenstände aus dem Drittland)

• die Steuer für den innergemeinschaftlichen Erwerb von Gegenständen für Ihr Unternehmen (Gegenstände aus der EU);

• die Steuer für Leistungen bei Steuerschuldumkehr, die für Ihr Unternehmen ausgeführt worden sind.

⚠ Bei Erwerb von Gegenständen sollten Sie beachten, dass der Vorsteuerabzug nur bei einer unternehmerischen Nutzung der erworbenen Gegenstände von mindestens 10 % möglich ist.

Vom Vorsteuerabzug ausgeschlossen sind des Weiteren:

- steuerfreie Umsätze,
- Umsätze im Ausland, die steuerfrei wären, wenn sie im Inland ausgeführt würden,
- unentgeltliche Lieferungen und sonstige Leistungen, die steuerfrei wären, wenn siegegen Entgelt ausgeführt würden.

14.2 Unternehmereigenschaft

Die Unternehmereigenschaft ist für die Erhebung der Umsatzsteuer von Bedeutung, da ausschließlich Unternehmer ihre Umsätze dieser Besteuerung unterwerfen müssen.

Hiervon können Sie sich als Unternehmer nur befreien, wenn Sie Kleinunternehmer sind und nicht zur Umsatzsteuer optieren wollen (Kleinunternehmer-Regelung). Eine Umsatzsteuerbefreiung kann sich zudem bei der Ausführung bestimmter Leistungen (siehe Kapitel 9.1.3 „Umsatzsteuerbefreiungen") ergeben.

14.3 Umsatz von einem anderen Unternehmen

Als Unternehmer können Sie die in (ordnungsgemäßen) Rechnungen gesondert ausgewiesene Umsatzsteuer für Lieferungen oder sonstige Leistungen, die Sie von anderen Unternehmen für Ihr Unternehmen beziehen, als Vorsteuer abziehen.

14.4 Gesetzlich geschuldete Umsatzsteuer

In der Praxis kommt es vor, dass Unternehmer einen überhöhten Steuerbetrag ausweisen.

Nach Auffassung des Bundesfinanzhofs steht dem Leistungsempfänger bei Ausweis eines überhöhten Steuerbetrags lediglich der darin enthaltene gesetzlich geschuldete Betrag als Vorsteuer zu.

Ein Vorsteuerabzug für unberechtigt oder unrichtig ausgewiesene Umsatzsteuer ist somit unzulässig.

**Praxis-Tipp: Überprüfung von Eingangs-
rechnungen auf formelle Richtigkeit**

Eingangsrechnungen sollten Sie stets sorgfältig auf formelle Richtigkeit prüfen, um spätere Streitigkeiten mit der Finanzbehörde bei Umsatzsteuerprüfungen zu vermeiden. Die Prüfer der Finanzverwaltung versagen den Vorsteuerabzug oft bereits bei kleineren formellen Mängeln.

 **Fallbeispiel 39:
Gesetzlich geschuldete Umsatzsteuer**

Anna Dolmetsch beauftragt eine Unterauftragnehmerin, die ihr im Anschluss an den Auftrag folgende (falsche) Rechnung stellt:

Tagessatz	750,00 €
zzgl. 19% Umsatzsteuer	150,00 €
Gesamtrechnungsbetrag	**900,00 €**

Die gesetzlich geschuldete Umsatzsteuer beträgt 19 % von 750,00 € und somit nur 142,50 €. Anna D. wurden 7,50 € zu viel in Rechnung gestellt und können trotz Zahlung nicht als Vorsteuer geltend gemacht werden. Anna D. kann lediglich 142,50 € als Vorsteuer berücksichtigen.

14.5 Besitz einer ordnungsgemäß ausgestellten Rechnung

Der Vorsteuerabzug ist nur möglich, wenn Ihnen eine ordnungsgemäße Rechnung vorliegt. Die vollständige Erbringung der Leistung sowie die Zahlung des geschuldeten Betrages alleine berechtigen nicht zum Vorsteuerabzug.

 Fallbeispiel 40: Besitz einer ordnungsgemäß ausgestellten Rechnung

Marc Übersetzer hat im Internethandel einen PC für seine unternehmerische Tätigkeit für 1000 € gekauft. Dieser wurde geliefert und von Marc Ü. bereits vor Lieferung bezahlt. Die Rechnung wurde mitgeschickt, der Umsatzsteuerbetrag auf der Rechnung wurde aber nicht ausgewiesen.

Marc Ü. darf die Vorsteuer nicht ziehen, da keine ordnungsgemäße Rechnung vorliegt.

Näheres zur ordnungsgemäßen Rechnung finden Sie im Kapitel 12 „Formvorschriften für die Rechnungserstellung".

14.6 Leistungen für das Unternehmen

Erbringen in einem anderen EU-Mitgliedstaat ansässige Unternehmer z. B. Ihre Unterauftragnehmer Leistungen an Sie, übernehmen Sie als deutscher Leistungsempfänger die Umsatzsteuerschuld des Unternehmers in Ihrer Umsatzsteuer-Voranmeldung bzw. Umsatzsteuererklärung (sog. *reverse charge*).

Der ausländische Unternehmer erteilt eine Netto-Rechnung und die Umsatzsteuer wird von Ihnen als Leistungsempfänger geschuldet und im Rahmen Ihrer Umsatzsteuer-Voranmeldung angemeldet. Bei Ihnen als regelbesteuerten Unternehmer ist diese Umsatzsteuer gleich wieder als Vorsteuer abzugsfähig.

 Praxis-Tipp: Rechnungen eines Unterauftragnehmers aus einem EU Mitgliedstaat

Ihr Unterauftragnehmer aus einem EU Mitgliedstaat schreibt Rechnungen netto ohne Umsatzsteuer. Sie schulden die Umsatzsteuer, die Sie berechnen und anmelden müssen – Sie können diese aber gleichzeitig als Vorsteuer geltend machen!

14.7 Einheitliche Gegenstände – Zuordnung bei gemischter Nutzung

Im Falle, dass Sie erworbene Gegenstände sowohl für unternehmerische Zwecke als auch für nichtunternehmerische Zwecke nutzen (gemischte Nutzung), haben Sie ein Zuordnungswahlrecht und können den Gegenstand:

• insgesamt Ihrem Unternehmen zuordnen,

• ihn in vollem Umfang in Ihrem Privatvermögen belassen oder

• ihn im Umfang der tatsächlichen unternehmerischen Verwendung Ihrem Unternehmensvermögen zuordnen.

Dies gilt unabhängig von der ertragsteuerlichen Zuordnung. Ertragsteuerlich ist es also möglich, den Gegenstand dem Unternehmen zuzuordnen und die PKW-Kosten anzusetzen und umsatzsteuerlich dem Privatvermögen zuzuordnen.

Die sofort bei Erwerb zu treffende Zuordnungsentscheidung müssen Sie zeitnah, d. h. spätestens im Rahmen der Jahressteuererklärung, dokumentieren.

Keine zeitnahe Dokumentation der Zuordnungsentscheidung liegt vor, wenn die Zuordnungsentscheidung dem Finanzamt erst nach Ablauf der gesetzlichen Abgabefrist von Steuererklärungen, dem 31. Mai des Folgejahres, mitgeteilt wird.

Wird diese Erklärung nicht vorgenommen, ist der Gegenstand umsatzsteuerrechtlich dem nichtunternehmerischen Bereich zuzuordnen und der Vorsteuerabzug wird nicht gewährt.

⚠ Ihrem Unternehmen können Sie allerdings nur solche Gegenstände zuordnen, die Sie zu mindestens 10 % unternehmerisch nutzen. Die Einschränkung gilt für alle gemischt genutzten Gegenstände wie Computer, Telefonanlagen, Faxgeräte usw.

14.8 Volle Zuordnung zum Unternehmensvermögen

Ordnen Sie den teils unternehmerisch und teils nichtunternehmerisch genutzten Gegenstand dem Unternehmen in vollem Umfang zu, können Sie die Vorsteuer aus der Anschaffung sowie die Vorsteuer aus den laufenden Kosten in voller Höhe abziehen.

Für den nichtunternehmerischen Teil ist eine unentgeltliche Wertabgabe zu versteuern.

Fallbeispiel 41:
Zuordnung zum Unternehmensvermögen

Anna Dolmetsch kauft einen PKW, den sie sowohl betrieblich als auch privat fahren wird. Die betriebliche Nutzung wird bei ca. 40% liegen. Sie ordnet den PKW *umsatzsteuerlich* in vollem Umfang ihrem Unternehmen zu. Ertragsteuerlich ist der PKW ebenfalls ihrem Unternehmen zugeordnet.

Die Vorsteuer kann auch bei gemischt betrieblich/privat genutzten Fahrzeugen hinsichtlich der Anschaffungskosten in voller Höhe geltend gemacht werden, sofern das Fahrzeug umsatzsteuerlich voll dem Betriebsvermögen zugerechnet wird. Voraussetzung für die Geltendmachung der Vorsteuer hinsichtlich der Anschaffungskosten ist, dass das Fahrzeug mindestens 10 % betrieblich genutzt wird.

Da Anna D. den PKW ihrem Unternehmen zugeordnet hat, kann Sie die Vorsteuer aus den Anschaffungskosten in vollem Umfang abziehen.

Im Falle eines Verkaufs oder der Entnahme würde Umsatzsteuer anfallen. Bezüglich der Privatnutzung liegt eine steuerpflichtige unentgeltliche Wertabgabe vor.

14.9 Volle Zuordnung zum nicht unternehmerischen Bereich

Die Zuordnung zum nichtunternehmerischen Bereich führt dazu, dass der Vorsteuerabzug aus den Anschaffungskosten des erworbenen Gegenstandes entfällt.

 Fallbeispiel 42: Volle Zuordnung zum nicht unternehmerischen Bereich

Anna Dolmetsch kauft einen PKW, den sie sowohl betrieblich als auch privat fahren wird. Die betriebliche Nutzung wird bei ca. 40 % liegen. Sie ordnet den PKW *umsatzsteuerlich* in vollem Umfang ihrem Privatvermögen zu. Ertragsteuerlich ist der PKW Ihrem Unternehmen zugeordnet.

Aufgrund der umsatzsteuerlichen Zuordnung zum Privatvermögen kann Anna D. keine Vorsteuer aus den Anschaffungskosten geltend machen.

Unabhängig von der umsatzsteuerlichen Zuordnungsentscheidung des PKWs kann sie die *Vorsteuer aus den laufenden PKW-Kosten*, in Höhe von 40 % der gesamten Vorsteuer (Anteil, der auf die betriebliche Nutzung entfällt) ziehen.

Im Falle eines Verkaufs des PKW's fällt keine Umsatzsteuer an. Eine unentgeltliche Wertabgabe ist nicht zu versteuern.

14.10 Aufteilung entsprechend der unternehmerischen und nicht unternehmerischen Nutzung

Für den Fall, dass Sie einen Gegenstand nur hinsichtlich des unternehmerisch genutzten Teils Ihrem Unternehmen zuordnen wollen, dürfen Sie aus der Anschaffung oder Herstellung nur die auf diesen Teil entfallende Vorsteuer abziehen.

 Fallbeispiel 43: Aufteilung unternehmerische und nicht unternehmerische Nutzung

Anna Dolmetsch kauft einen PKW, den sie sowohl betrieblich als auch privat fahren
wird. Die betriebliche Nutzung wird bei ca. 40 % liegen. Der PKW soll nur entsprechend seines betrieblichen Nutzungsanteils *umsatzsteuerlich* ihrem Unternehmen
zugeordnet werden.

**Aufgrund der anteiligen Zuordnung zum Unternehmen darf Anna D. aus den
Anschaffungskosten nur die auf diesen Anteil entfallende Vorsteuer geltend machen – somit lediglich 40 % der Vorsteuer aus den Anschaffungskosten. Zudem
kann sie 40 % aus den laufenden Kosten als Vorsteuer berücksichtigen.**

Es erfolgt keine Besteuerung der privaten Nutzung, die Veräußerung ist zu 40 % um-
satzsteuerbar und steuerpflichtig.

15 Zeitpunkt des Vorsteuerabzugs

15.1 Grundsatz

Die Vorsteuer ist grundsätzlich erst in dem Voranmeldungszeitraum abziehbar, in dem die Leistung erfolgt ist und zudem die ordnungsgemäße Rechnung vorliegt.

15.2 Anzahlungen

Rechnungserteilung für Vorauszahlung/Leistung der Anzahlung
Bei Vorauszahlungen gilt allerdings eine Ausnahme. In diesem Fall genügen das Vorliegen einer Rechnung und die Zahlung für die Geltendmachung der Vorsteuer.

 Fallbeispiel 44:
Rechnungserstellung bei Anzahlung

Um seinen Internetauftritt zu verbessern, beauftragt Marc Übersetzer eine Grafikerin, seine neue Homepage zu erstellen. Obwohl die Homepage noch nicht fertig gestellt ist, schickt die Grafikerin ihm eine Abschlagsrechnung und verlangt eine Zahlung, die Marc Ü. auch leistet. Eine ordnungsgemäße Rechnung mit Umsatzsteuerausweis lag ihm vor.

Die Leistung ist zum Zeitpunkt der Rechnungsstellung noch nicht erbracht, dennoch kann Marc Ü. die Vorsteuer abziehen, weil eine ordnungsgemäße Rechnung vorliegt und die Zahlung geleistet wurde.

15.3 Steuerfreie Leistungen – Steuerschuldumkehr

Erbringen Sie Leistungen an ein Unternehmen in einem anderen EU-Mitgliedstaat und ist das leistende Unternehmen in diesem EU-Mitgliedstaat ansässig, schuldet dieses als Leistungsempfänger die Umsatzsteuer, wenn es in diesem EU-Mitgliedstaat als Unternehmen für Umsatzsteuerzwecke erfasst ist oder eine nicht steuerpflichtige juristische Person mit Umsatzsteueridentifikationsnummer ist. In diesem Fall stellen Sie eine Nettorechnung ohne Umsatzsteuer aus.

15.4 Beschränkung des Vorsteuerabzugs

Vorsteuern bestimmter Kosten, die einkommensteuerrechtlich nicht als Betriebsausgaben berücksichtigt werden können, sind nicht abzugsfähig.

Dies sind insbesondere folgende Aufwendungen:

• Geschenke an Personen, die nicht Arbeitnehmer sind, wenn die Kosten insgesamt pro Person 35 € im Jahr übersteigen

• nicht angemessene und nicht nachgewiesene Bewirtungskosten (siehe Kapitel 3.7 „Bewirtungskosten im Einkommensteuerteil" und Formular „Bewirtungskosten" im Anhang)

• nicht abzugsfähige Aufwendungen für Gästehäuser, Jagd, Fischerei, Segel- oder Motorjachten, für unangemessene Aufwendungen sowie für Aufwendungen der privaten Lebensführung

15.4.1 Geschenke an Geschäftsfreunde

Die Umsatzsteuer für Aufwendungen für Geschenke an Geschäftsfreunde ist vom Vorsteuerabzug ausgeschlossen, wenn Kosten der Zuwendungen an einen Empfänger zusammengerechnet 35 € übersteigen. Die Freigrenze ist für Umsatzsteuerzwecke auf das Kalenderjahr zu beziehen. Bei der Prüfung der 35-€-Grenze sind Geldgeschenke einzubeziehen.

Der Vorsteuerausschluss und die Freigrenze gelten nicht nur für Sachgeschenke, sondern auch für Geschenke in Form anderer Vorteile wie z. B. Eintrittsberechtigungen zu kulturellen oder sportlichen Veranstaltungen.

15.4.2 Bewirtungskosten für Geschäftsfreunde/Abgrenzung Bewirtungskosten/Bewirtung bei Betriebsausflügen

Ertragsteuerrechtlich sind Bewirtungsaufwendungen für Geschäftsfreude mit 70 % der Kosten abzugsfähig. Die Finanzverwaltung hat in der Vergangenheit die Regelung auch auf den Vorsteuerabzug angewendet. Dies hielt der Bundesfinanzhof für einen Verstoß gegen eine europäische Richtlinie, so dass der Gesetzgeber den Vorsteuerabzug für Bewirtungskosten neu fassen musste.

Sie dürfen als bewirtender, zum Vorsteuerabzug berechtigter Unternehmer seit der Neufassung die in den Bewirtungsaufwendungen enthaltene Umsatzsteuer in voller Höhe als Vorsteuer abziehen und nicht nur 70 %. Die Voraussetzung für den Vorsteuerabzug ist allerdings, dass die Aufwendungen nach der allgemeinen Verkehrsauffassung als angemessen zu beurteilen sind und die Formvorschriften eingehalten sind (siehe Formular „Bewirtungskosten" im Anhang) .

Fallbeispiel 45:
Bewirtung

Anlässlich einer geschäftlichen Bewirtung hat Anna Dolmetsch im Restaurant folgende Bewirtungsrechnung erhalten:

Speisen und Getränke im Lokal	75,60 €
zzgl. 19 % Umsatzsteuer	14,36 €
Rechnungsbetrag	**89,96 €**
Trinkgeld	5,00 €

Obwohl Anna D. ertragsteuerlich lediglich 70 % der Bewirtungskosten als Betriebsausgaben geltend machen kann, ist ein Vorsteuerabzug in voller Höhe mit 14,36 € möglich.

Aus den gezahlten 5,00 € Trinkgeld hat Anna D. keinen Vorsteuerabzug, da dafür weder eine Rechnung ausgestellt wird noch die Umsatzsteuer offen ausgewiesen ist.

Praxis-Tipp:
Bewirtungsaufwendungen

Die einkommensteuerrechtliche Kürzung der Bewirtungsaufwendungen in Höhe von 30 % führt nicht zur Kürzung des Vorsteuerabzugs. Den Vorsteuerabzug können Sie in voller Höhe geltend machen!

Sie können als Unternehmer Aufwendungen bei Betriebsausflügen bis zu einem Betrag von 110 € je Arbeitnehmer als Betriebsausgabe geltend machen und die Vorsteuer aus den Aufwendungen ziehen.

Übersteigen Sie die Freigrenze von 110 €, ist von einer Mitveranlassung durch die Privatsphäre der Arbeitnehmer auszugehen, so dass in diesem Fall kein Anspruch auf Vorsteuerabzug besteht.

15.4.3   Unangemessene Aufwendungen für die Lebensführung

Ein unangemessener betrieblicher Aufwand zählt zu den Kosten der privaten Lebensführung.

Betriebsausgaben dürfen den Gewinn nicht mindern, soweit sie von der Finanzverwaltung und der Rechtsprechung als unangemessen anzusehen sind. Insoweit liegt eine unentgeltliche Wertabgabe vor, die der Umsatzsteuer unterliegt. Das gilt insbesondere für die Unterhaltung von hochpreisigen Fahrzeugen. Dabei fällt für die Gewinnermittlung nicht der Kaufpreis unter die Unangemessenheit, sondern erst die hieraus resultierenden Abschreibungen.

Das Fahrzeug wird mit den vollen Anschaffungskosten in der Einnahmenüberschussrechnung ausgewiesen und ist auch in der üblichen Weise abzuschreiben. Der Teil der Abschreibung, der als unangemessene Betriebsausgabe angesehen wird, ist in einem zweiten Schritt dem Gewinn wieder hinzuzurechnen.

Beschränkt ist nur die Höhe der Abschreibung. Die übrigen laufenden Betriebskosten werden hingegen in der Regel in voller Höhe abgesetzt.

Bei einem geleasten Fahrzeug wird mit den Raten wie bei der Abschreibung verfahren, der nicht angemessene Teil der Zahlungen wird dem Gewinn hinzugerechnet.

Die Umsatzbesteuerung erfolgt erst in einem zweiten Schritt, indem neben der privaten Nutzungsentnahme durch die 1-Prozent-Regel oder der Fahrtenbuchmethode der Wert der unangemessenen Abschreibung oder Leasingraten als unentgeltliche Wertabgabe zum Ansatz gebracht wird.

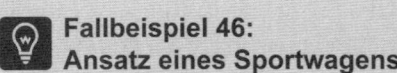

Fallbeispiel 46:
Ansatz eines Sportwagens

Marc Übersetzer erwirbt einen Sportwagen für 180.000 €. Laut Auffassung des Finanzamtes ist nur die Hälfte angemessen. An laufenden Kosten fallen jährlich 10.000 € an. Der volle Kaufpreis wird ins Anlageverzeichnis eingestellt. Hierauf ergibt sich über die Nutzungsdauer von 6 Jahren eine jährliche Abschreibung von 30.000 €. Insgesamt fallen an Betriebsausgaben für das Fahrzeug also 40.000 € an, wovon die Abschreibung zur Hälfte in Höhe von 15.000 € dem Gewinn hinzuzurechnen ist und als unentgeltliche Wertabgabe der Umsatzsteuer zu unterwerfen ist.

15.4.4 Vorsteuerabzug bei gemischt genutzten Fahrzeugen

Betrieblich genutztes Fahrzeug

Voraussetzung für die Zuordnung eines Fahrzeugs zum Unternehmen ist, dass das Fahrzeug zu mindestens 10 % für das Unternehmen genutzt wird. Maßgebend ist das Verhältnis der Kilometer unternehmerischer Fahrten zu den Jahreskilometern des Fahrzeugs.

Wenn danach die 10-%-ige Mindestnutzung für unternehmerische Zwecke nicht erreicht wird, kann das Fahrzeug nicht dem Unternehmen zugeordnet werden und kein Vorsteuerabzug aus den Anschaffungskosten des Fahrzeugs vorgenommen werden. Anteilige Vorsteuer steht Ihnen allerdings aus den laufenden Kosten zu (für die betrieblichen Fahrten).

Wollen Sie sich den Abzug der Vorsteuer aus den Anschaffungskosten sichern, müssen Sie die mindestens 10-%-ige betriebliche Nutzung des Pkws nachweisen.

In Zweifelsfällen müssen Sie dem Finanzamt die mindestens 10-%-ige unternehmerische Nutzung durch Aufzeichnung der Jahreskilometer des betreffenden Fahrzeugs und der unternehmerischen Fahrten glaubhaft machen.

Im Falle der Zuordnung zum Betriebsvermögen können Sie sich die beim Kauf des Fahrzeugs ausgewiesene Vorsteuer sowie die Vorsteuer aus den laufenden Fahrzeugkosten zu 100 % vom Finanzamt erstatten lassen. Ihre private PKW-Nutzung ist dann aber der Umsatzsteuer zu unterwerfen.

Als umsatzsteuerliche Bemessungsgrundlage für die Versteuerung des Privatanteils sind lediglich Kosten, bei denen Sie Vorsteuer abziehen konnten, zu berücksichtigen – wie z. B. Benzin, Wartung, Reparaturen usw.

Für die Ermittlung der umsatzsteuerlichen Bemessungsgrundlage für die Besteuerung des PKW-Eigenverbrauchs gibt es drei unterschiedliche Methoden:

Fahrtenbuchmethode

Sie zeichnen die betrieblich gefahrenen Kilometer inkl. Fahrten zwischen Wohnung und Betrieb auf und ermitteln den genauen Privatanteil in Prozent. Mit diesem Prozentsatz unterliegen dann die vorsteuerbelasteten Kfz-Kosten der Umsatzsteuer von 19 %.

Die Fahrtenbuchmethode lohnt sich, wenn Sie Ihren Betriebs-Pkw deutlich weniger als 50 % privat nutzen.

Im Einkommensteuerteil finden Sie zu der Fahrtenbuchmethode ein ausführliches Beispiel mit entsprechender Behandlung in der Umsatzsteuer (siehe auch die Verwaltungsanweisung im Anhang und Kapitel 8.3 „Private Kfz-Nutzung").

1-%-Bruttolistenpreis-Methode

Für den Fall, dass Sie kein Fahrtenbuch geführt haben, können Sie, wenn Sie Ihr Fahrzeug über 50 % betrieblich nutzen, die Bruttolistenpreis-Methode anwenden.

Voraussetzung für die Anwendung ist, dass Sie über einen repräsentativen Zeitraum von mindestens drei Monaten durch Aufzeichnungen oder Geschäftsunterlagen nachweisen, dass Sie Ihr Fahrzeug über 50 % betrieblich nutzen. Dabei sind Fahrten zwischen Wohnung und Betrieb einzurechnen.

Der mit dieser Methode ermittelte Privatanteil unterliegt dann zu 80 % der Umsatzsteuer, 20 % bleiben pauschal für nicht vorsteuerbelastete Kosten umsatzsteuerfrei.

Im Einkommensteuerteil finden Sie zu der 1-%-Bruttolistenpreis-Methode ein ausführliches Beispiel mit entsprechender Behandlung in der Umsatzsteuer (Kapitel 8.3 „Private Kfz-Nutzung").

Schätzmethode

Nehmen Sie die 1-%-Regelung nicht in Anspruch und liegen die Voraussetzungen der Fahrtenbuchmethode nicht vor z. B. weil kein ordnungsgemäßes Fahrtenbuch geführt wird, ist der private Nutzungsanteil anhand geeigneter Unterlagen im Wege einer sachgerechten Schätzung zu ermitteln.

Liegen geeignete Unterlagen für eine Schätzung nicht vor, wird das Finanzamt den privaten Nutzungsanteil mit mindestens 50 % der Kosten schätzen.

Beispiele zum Thema „Besteuerung des PKW-Eigenverbrauchs" finden Sie im Kapitel 8.3 „Private Kfz-Nutzung".

16 Berichtigung des Vorsteuerabzugs

Erwerben Sie als Unternehmer einen Gegenstand zur mehrjährigen Nutzung, so müssen Sie wissen, dass die erstattete Vorsteuer nicht in jedem Fall in vollem Umfang erhalten bleibt. Ob und inwieweit Sie das Recht auf Vorsteuerabzug haben, entscheidet sich nach den Nutzungsverhältnissen im Zeitpunkt der erstmaligen Verwendung des Gegenstands.

Eine Vorsteuerberichtigung kann dann in Frage kommen, wenn sich die Nutzungsverhältnisse in den der Erstnutzung folgenden Jahren ändern. Diese Nutzungsänderungen können zu einer zeitanteiligen Vorsteuerberichtigung führen – und zwar sowohl zu Ihren Gunsten als auch zu Ihren Ungunsten.

16.1 Nachträgliche Änderung der Verhältnisse

Eine Berichtigung der Vorsteuer nehmen Sie nur dann vor, wenn sich die Verhältnisse hinsichtlich der geltend gemachten Vorsteuer geändert haben. Bei dieser Prüfung müssen Sie die aktuellen Verhältnisse mit denen zum Zeitpunkt der Erstnutzung vergleichen.

Eine Änderung der Verhältnisse liegt insbesondere vor, wenn sich auf Grund der tatsächlichen Verwendung ein höherer oder niedrigerer Vorsteuerabzug im Vergleich zum ursprünglichen Vorsteuerabzug ergibt. Jede Änderung in der Verwendung eines Gegenstandes kann eine Vorsteuerberichtigung erforderlich machen.

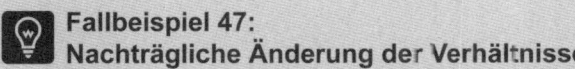

Fallbeispiel 47:
Nachträgliche Änderung der Verhältnisse

Sie erzielen sowohl steuerpflichtige als auch steuerbefreite Umsätze. Der Anteil der steuerpflichtigen Umsätze, für die Sie den Gegenstand verwenden, ist höher oder niedriger als im Jahr der Erstnutzung (als im Jahr des Vorsteuerabzugs).

Auch der Verkauf oder die Entnahme eines Wirtschaftsguts kann eine Vorsteuerberichtigung erforderlich machen.

💡 Fallbeispiel 48:
Nachträgliche Änderung der Verhältnisse

Das Fahrzeug nutzen Sie beim Kauf zu 50 % zur Ausführung von Umsätzen, die den Vorsteuerabzug ausschließen (steuerfreie Umsätze). Die Vorsteuer aus dem Kauf ist nur zu 50 % abzugsfähig.

Das Fahrzeug wird nach zwei Jahren verkauft oder ins Privatvermögen entnommen. Der Verkauf bzw. die Entnahme ist steuerpflichtig. Die Vorsteuer ist zu berichtigen.

16.2 Berichtigungsverfahren, Berichtigungszeitraum

Die Vorsteuerberichtigung ist nur dann vorzunehmen, wenn sich ab dem Zeitpunkt der erstmaligen Verwendung die für den ursprünglichen Vorsteuerabzug maßgebenden Verhältnisse eines Wirtschaftsguts innerhalb von 5 Jahren ändern.

Die Vorsteuer ist für jedes Kalenderjahr zu berichtigen. Dabei sind die Vorsteuerbeträge zu berichtigen, die auf die Anschaffungs- oder Herstellungskosten entfallen. Einzubeziehen sind hierin die nachträglichen Anschaffungs- oder Herstellungskosten.

Bei Grundstücken, Erbbaurechten und bei Gebäuden auf fremdem Grund und Boden verlängert sich der Berichtigungszeitraum auf 10 Jahre.

Ebenfalls zu berichtigen ist, wenn Sie das Wirtschafsgut innerhalb dieses Zeitraums veräußern oder einer anderen Verwendung zuführen.

17 Entstehung der Steuer, Steuerschuldner und Haftungsschuldner

17.1 Besteuerung nach vereinbarten Entgelten

Zu Beginn einer selbstständigen oder gewerblichen Tätigkeit ist in der Regel der Fragebogen zur steuerlichen Erfassung auszufüllen, so dass Sie mit der Frage der Berechnung Ihrer Umsatzsteuer bereits zu Beginn der Tätigkeit konfrontiert werden.

⚠ Zu entscheiden ist zwischen der Berechnung nach *vereinbarten Entgelten*, der „Sollversteuerung" und *vereinnahmten Entgelten*, der sogenannten „Istversteuerung".

17.1.1 Entstehung der Steuer

Bei der Besteuerung nach vereinbarten Entgelten entsteht die Steuer grundsätzlich mit Ablauf des Voranmeldungszeitraums, in dem die Leistung ausgeführt wurde. Sie ist also in der für diesen Zeitraum zu erstellenden Voranmeldung zu erfassen.

Im Falle der Zahlung vor Ausführung der Leistung entsteht die Steuer mit Ablauf des Voranmeldungszeitraums, in dem die Zahlung erfolgt ist. Sie ist ebenfalls in der Voranmeldung für diesen Zeitraum zu erfassen.

17.2 Besteuerung nach vereinnahmten Entgelten

Durch die Angabe im „Fragebogen zur steuerlichen Erfassung" kann bereits bei Beginn der Tätigkeit der Antrag gestellt werden, aber auch zu einem späteren Zeitpunkt.

Der Antrag ist möglich, soweit:

- Der Unternehmer im vorangegangenen Jahr nicht mehr als 250.000 € Gesamtumsatz hatte.
- Der Unternehmer freiberufliche Tätigkeiten ausübt, also gesetzlich nicht buchführungspflichtig ist.
- Das Finanzamt bewilligt hat, dass der Unternehmer von der Verpflichtung, Bücher zu führen und regelmäßig Abschlüsse zu machen, befreit ist.

17.2.1 Entstehung der Steuer

Bei der Besteuerung nach vereinnahmten Entgelten entsteht die Steuer grundsätzlich erst mit Ablauf des Voranmeldungszeitraums, in dem die Zahlung des Kunden eingegangen ist. Die Steuer ist in der Voranmeldung zu erfassen, die für den Zeitraum erstellt wird, in dem die Zahlung erfolgt ist.

 Praxis-Tipp:
Fragebogen zur steuerlichen Erfassung

Aufgrund Ihrer freiberuflichen Tätigkeit als Dolmetscher oder Übersetzer ist es sinnvoll, gleich zu Beginn Ihrer Tätigkeit über den steuerlichen Erfassungsbogen die Istversteuerung zu beantragen (siehe „Fragebogen zur steuerlichen Erfassung" im Anhang, Textziffer 7.8, Zeile 172).

17.3 Entstehung der Steuer in besonderen Fällen

Für einige Ausnahmefälle ist bei Entstehung der Umsatzsteuer vom Grundsatz abzuweichen.

So entsteht die Umsatzsteuer auf Entnahmen mit Ablauf des Voranmeldungszeitraums, in dem die Entnahmen ausgeführt wurden – im Falle eines unrichtigen oder unberechtigten Ausweises der Umsatzsteuer in der Rechnung spätestens im Zeitpunkt der Ausgabe der Rechnung und im Falle von Änderungen der Bemessungsgrundlage mit Ablauf des Voranmeldungszeitraumes, in dem die Änderung der Bemessungsgrundlage eingetreten ist.

18   Steuerschuldner

18.1   Steuerschuldner

⚠ Grundsatz: Steuerschuldner für Lieferungen und sonstige Leistungen ist der Unternehmer. Steuerschuldner ist, wer auf eigene Rechnung oder auf Rechnung eines Fremden die Steuern zu entrichten hat.

So schulden Sie zum Beispiel als Selbständiger die Einkommensteuer auf eigene Rechnung, der Arbeitgeber schuldet hingegen die Lohnsteuer für seine Arbeitnehmer auf fremde Rechnung. Wird die Steuer von einer dritten Person wie im Falle der Lohnsteuer an das Finanzamt abgeführt, fallen Steuerschuldner und Steuerträger auseinander. Steuerträger ist die Person, die letztendlich die Steuer zahlt. Bei der Lohnsteuer ist zum Beispiel der Arbeitnehmer der Steuerträger.

Auch bei der Umsatzsteuer fallen Steuerträger und Steuerschuldner auseinander. Steuerschuldner der Umsatzsteuer sind Sie als Unternehmer, Steuerträger hingegen der Endverbraucher der Ware bzw. Dienstleistung.

18.2   Schuldner bei zu hoch ausgewiesener Steuer

Die zu hoch ausgewiesene Steuer wird vom Unternehmer geschuldet, wobei der Leistungsempfänger diese Steuer nicht als Vorsteuer abziehen kann.

Nach dem Gesetzeswortlaut kommt ein Vorsteuerabzug nur insoweit in Betracht, als die Umsatzsteuer für die Leistung gesetzlich geschuldet wird.

Hat der Leistungsempfänger einen höheren Betrag als die für die sonstige Leistung gesetzlich geschuldete Steuer als Vorsteuer geltend gemacht, hat er den Mehrbetrag an das Finanzamt zurückzuzahlen. Die Rückzahlung ist für den Besteuerungszeitraum vorzunehmen, für den der Mehrbetrag als Vorsteuer abgezogen wurde.

Ein teilweiser Vorsteuerabzug ist möglich, wenn eine Steuer für den Umsatz geschuldet, jedoch eine höhere als die geschuldete Steuer ausgewiesen wird.

18.3   Leistungsempfänger als Steuerschuldner

18.3.1   Umsatzsteuer, für die der Leistungsempfänger die Steuer schuldet

Aufgrund EU-rechtlicher Vorgaben verlagert sich in bestimmten Fällen die Steuerschuld durch das so genannte *Reverse-Charge-Verfahren* auf den Leistungsempfänger mit der Folge, dass der Leistungserbringer eine Rechnung ohne Umsatzsteuer ausstellt und auf die Steuerschuld des Leistungsempfängers in seiner Rechnung hinweisen muss.

18.3.1.1   Sonstige Leistungen eines im übrigen Gemeinschaftsgebiet ansässigen Unternehmers

Grundsätzlich schuldet der Unternehmer, der eine Lieferung oder eine sonstige Leistung erbringt, die gesetzliche Umsatzsteuer.

Hiervon gibt es die Ausnahme, dass der Leistungsempfänger die gesetzliche Umsatzsteuer an das Finanzamt abzuführen hat, wenn ein in der EU ansässiges Unternehmen gegenüber einem anderen – im anderen EU Staat ansässigen – Unternehmen eine Leistung erbringt.

Wenn Sie für Unternehmen im EU-Ausland Leistungen erbringen, gilt somit die Umkehr der Steuerschulderschaft. Das ausländische Unternehmen mit Sitz im EU-Ausland schuldet dort die Umsatzsteuer, hat diese zu berechnen und abzuführen. Das Unternehmen kann, soweit es die Leistungen für das Unternehmen bezogen hat und vorsteuerabzugsberechtigt ist, diese Umsatzsteuer auch selbst wieder als Vorsteuer geltend machen.

Diese Regelung wurde eingeführt, um in grenzüberschreitenden Fällen dem leistenden Unternehmen Verwaltungsaufwand zu ersparen, da es sich sonst im Ausland steuerlich registrieren müsste. Zudem wurde die Regelung als Sicherungsmaßnahme gegen Umsatzsteuerhinterziehungen eingeführt.

18.3.2 Fallbeispiel „Reverse-Charge-Verfahren" (Steuerschuldumkehr)

 Fallbeispiel 49: Leistungen an ein im EU-Ausland ansässiges Unternehmen

Marc Übersetzer nimmt einen Auftrag eines Unternehmers mit Firmensitz in Spanien an. Der Leistungsort ist Spanien, da sich der Firmensitz des Leistungsempfängers in Spanien befindet. Marc Ü. schreibt eine Nettorechnung mit dem Hinweis „Steuerschuldnerschaft des Leistungsempfängers" sowie dem Ausweis der Umsatzsteueridentifikationsnummer des Auftraggebers.

Das spanische Unternehmen ist damit Steuerschuldner und hat die Umsatzsteuer in Spanien zu berechnen und abzuführen. Den Nachweis über die Unternehmereigenschaft des spanischen Unternehmens hat Marc Ü. beim Bundeszentralamt für Steuern einzuholen und in den Unterlagen aufzubewahren.

 Fallbeispiel 50: Leistung eines im EU-Ausland ansässigen Unternehmens

Dolmetscherin F. (ansässig in Frankreich), nimmt von Anna Dolmetsch mit Firmensitz in Deutschland einen Unterauftrag an.

Der Leistungsort ist in Deutschland, weil sich der Sitz von Anna D. als Leistungsempfängerin in Deutschland befindet. Dolmetscherin F. hat nachzuweisen, dass Anna D. Unternehmerin ist, die die sonstige Leistung für den unternehmerischen Bereich bezieht. Sie ist verpflichtet, von Anna D. die Umsatzsteueridentifikationsnummer anzufordern und bei in Frankreich zuständiger Behörde prüfen zu lassen (siehe Kapitel 12.1.2 „Der Inhalt von Rechnungen und Gutschriften" – dort Nachweis der Unternehmereigenschaft).

Anna D. ist für die Leistung der Dolmetscherin F. aus Frankreich Steuerschuldnerin. Die Steuer entsteht mit Ablauf des Voranmeldungszeitraums, in dem die Leistung ausgeführt worden ist.

18.4 Rechnungserteilung in den Fällen der Steuerschuldumkehr

Neben den allgemeinen Angaben in der Rechnung (siehe Kapitel 12 „Formvorschriften für die Rechnungserstellung") ist in den Fällen der Steuerschuldumkehr eine Nettorechnung auszustellen und ein Hinweis erforderlich.

 Ab 2013 ist hierfür folgende Formulierung vorgeschrieben: *„Steuerschuldnerschaft des Leistungsempfängers "*.

Darüber hinaus ist in der Rechnung stets die Umsatzsteueridentifikationsnummer des Rechnungsempfängers aufzunehmen.

18.5 Entstehung der Steuerschuld mit Ablauf des Voranmeldezeitraumes, in dem die Leistung ausgeführt worden ist

In Falle der Steuerschuldumkehr entsteht die Steuer – auch wenn Sie die Besteuerung nach vereinnahmten Entgelten gewählt haben – bereits dann, wenn die Leistung ausgeführt worden ist.

Die Angaben in der Umsatzsteuer-Voranmeldung sind für den Anmeldungszeitraum zu machen, in dem diese Umsätze ausgeführt wurden.

19 Das Besteuerungsverfahren

Die Umsatzsteuer ist zwar eine Jahressteuer, soll aber über das Jahr verteilt bezahlt werden. Damit dies erfolgt, müssen Sie als Unternehmer die Steuer monatlich oder vierteljährlich anmelden und an das Finanzamt abführen. Auf diese Weise minimiert das Finanzamt das Risiko, dass es keine Zahlung bekommt, während Sie die ganze Summe nicht auf einmal überweisen müssen.

 Bei der Erhebung der Umsatzsteuer ist zwischen der Umsatzsteuer-Voranmeldung und der Umsatzsteuerjahreserklärung zu unterscheiden.

Die Umsatzsteuerjahreserklärung ist nach dem Ende eines jeden Kalenderjahrs beim Finanzamt einzureichen. Sie enthält alle Umsätze, die zu zahlende Umsatzsteuer, alle Vorsteuern sowie die unterjährig geleisteten Umsatzsteuervorauszahlungen für das entsprechende Kalenderjahr. Zu deklarieren sind zudem alle steuerbaren aber steuerfreien Umsätze.

19.1 Umsatzsteuerjahreserklärung

Neben der Verpflichtung zur unterjährigen Abgabe von Umsatzsteuer-Voranmeldungen ist nach Ablauf eines Kalenderjahres bis spätestens 31.05. des Folgejahres eine Umsatzsteuerjahreserklärung bei Ihrem Finanzamt einzureichen. Sind Sie steuerlich vertreten, haben Sie eine verlängerte Frist bis 31.12. des Folgejahres. Die Abgabe hat ebenso wie die der Umsatzsteuer-Voranmeldung auf den von der Finanzbehörde zur Verfügung gestellten Vordrucken zu erfolgen. Darüber hinaus müssen Sie die Umsatzsteuerjahreserklärung – wie im übrigen alle anderen Erklärungen – auf dem elektronischen Weg beim Finanzamt einreichen.

Hat sich bei Ihrer Berechnung der Umsatzsteuer für das Kalenderjahr abweichend von den eingereichten Umsatzsteuer-Voranmeldungen ein höherer Betrag ergeben, entsteht dadurch eine Nachzahlung. Diese ist innerhalb eines Monats nach der Abgabe der Erklärung beim Finanzamt zu entrichten. Anders als bei der Einkommensteuer muss dies ohne Aufforderung durch das Finanzamt geschehen.

Erstattungen erfolgen nach der Bearbeitung der Erklärung durch das Finanzamt und bedürfen einer Zustimmung Ihres Finanzamtes. Für jedes Kalenderjahr erhalten Sie von Ihrem Finanzamt eine Umsatzsteuerabrechnung, aus der die festgesetzte Jahressteuer ersichtlich ist.

19.2 Umsatzsteuer-Voranmeldung

Im unterjährigen Voranmeldeverfahren müssen Sie als Unternehmer die Steuer selbst berechnen und auf dem amtlich vorgeschriebenen Vordruck jeweils am 10. Tag nach Ablauf des Voranmeldezeitraums auf elektronischem Wege an das Finanzamt übermitteln.

 Verspätete Anmeldungen können die Festsetzung von Verspätungszuschlägen nach sich ziehen.

Ergibt sich eine Zahlungspflicht, so ist dieser Betrag ebenfalls am 10. Tag nach Ablauf des Voranmeldezeitraums an das Finanzamt zu zahlen. Ein Vorsteuerüberschuss wird vom Finanzamt wenige Tage nach Abgabe der Voranmeldung erstattet.

Fallbeispiel 51: Erstellen der Umsatzsteuer-Voranmeldung

Anna Dolmetsch hat Ihre Dolmetschleistungen wie folgt abgerechnet und die Zahlung bereits erhalten (Betriebseinnahmen):

Dienstleistung netto	7.050,00 €
zzgl. 19 % Umsatzsteuer	1.339,50 €
Bruttorechnungsbetrag Dienstleistung	**8.389,50 €**

Im selben Monat zahlt sie folgende Eingangsrechnungen (Betriebsausgaben):

Reisekosten netto	122,50 €
zzgl. 19 % Umsatzsteuer	23,28 €
Bruttorechnungsbetrag Reisekosten	**145,78 €**
Telefonkosten netto	55,30 €
zzgl. 19 % Umsatzsteuer	10,51 €
Bruttorechnungsbetrag Telefonkosten	**65,81 €**
Fremdleistungen netto	1.500,00 €
zzgl. 19 % Umsatzsteuer	285,00 €
Bruttorechnungsbetrag Fremdleistungen	**1.785,00 €**
Porto (enthält keine Umsatzsteuer)	**17,20 €**

Die eingenommene Umsatzsteuer beträgt 1.339,50 €, die bezahlte Vorsteuer beträgt insgesamt 318,79 €. Anna D. berechnet die Umsatzsteuer für das Finanzamt wie folgt:

Umsatzsteuer (eingenommene Umsatzsteuer)	1.339,50 €
./. Vorsteuer (bezahlte Vorsteuer)	-318,79 €
Umsatzsteuer-Zahllast	**1.020,71 €**

Die daraus resultierende Umsatzsteuerschuld wird als Zahllast bezeichnet. Die Zahllast wird binnen 10 Tagen nach Abgabe der Umsatzsteuer-Voranmeldung fällig.

Bei der Umsatzsteuer-Voranmeldung besteht die Möglichkeit zur Verlängerung der Abgabefrist um jeweils einen Monat. Die sogenannte Dauerfristverlängerung ist jährlich zu beantragen. Um das Steueraufkommen sicherzustellen, müssen Sie dann 1/11 der erwarteten Jahressteuer bei Antragstellung vorauszahlen (Sondervorauszahlung).

> **Praxis-Tipp:**
> **Berichtigte Umsatzsteuer-Voranmeldung**
>
> Entstehen zwischen der unterjährigen Anmeldung und der jährlichen Steuererklärung größere Differenzen, besteht seitens des Finanzamtes der Verdacht, dass die Zahlungen vorsätzlich verschoben wurden. Im Falle eines Fehlers wird empfohlen, ihn so schnell wie möglich im Rahmen einer berichtigten Umsatzsteuer-Voranmeldung zu korrigieren und nicht bis zur Abgabe der Jahresumsatzsteuererklärung zu warten.

19.3 Umsatzsteuer-Voranmeldung bei Unternehmensgründung

Unternehmer, die ihre berufliche oder gewerbliche Tätigkeit aufnehmen und nicht Kleinunternehmer sind, haben im Jahr der Tätigkeitsaufnahme und im Folgejahr die Umsatzsteuer-Voranmeldung monatlich abzugeben.

Die Erstattung von Vorsteuerüberhängen kann die Finanzverwaltung von einer Sicherheitsleistung abhängig machen.

> **Fallbeispiel 52: Umsatzsteuer-Voranmeldung**
> **bei Unternehmensgründung**
>
> Marc Übersetzer gründet sein Unternehmen im Januar 2013. Anna Dolmetsch gründet ihr Unternehmen im Dezember 2013.
>
> Beide sind zur monatlichen Umsatzsteuer-Voranmeldung bis einschließlich Dezember 2014 verpflichtet.

19.4 Voranmeldungszeitraum

Welcher Voranmeldezeitraum – Kalendervierteljahr oder Kalendermonat – gilt, richtet sich nach der Höhe der Steuerschuld.

Bei einer Steuerschuld des vorangegangenen Kalenderjahres über 7.500 € muss die Umsatzsteuer-Voranmeldung monatlich angegeben werden. Zu einer vierteljährlichen Abgabe kommt es, wenn die Steuerschuld im vorangegangenen Kalenderjahr zwischen 7.500 € und 1.000 € betragen hat.

Hat die Steuerschuld weniger als 1.000 € betragen, kann das Finanzamt Sie von der Verpflichtung zur Voranmeldung der Umsatzsteuer und zur Entrichtung einer Vorauszahlung für das laufende Kalenderjahr befreien. Die Steuer ist dann nur jährlich im Rahmen der Jahreserklärung zu entrichten.

Umsatzsteuer-Zahllast im vorangegangenen Kalenderjahr		
weniger als 1.000 €	**1.000 € bis 7.500 €**	**mehr als 7.500 €**
Das FA kann den Unternehmer von der Verpflichtung zur Abgabe der Voranmeldungen und Entrichtung der Vorauszahlungen befreien, wenn es sich nicht um einen Neugründungsfall handelt.	Voranmeldungszeitraum ist das Kalendervierteljahr.	Voranmeldungszeitraum ist der Kalendermonat.

19.5 Elektronische Form der Voranmeldung

Die Umsatzsteuer-Voranmeldung ist schon seit Jahren elektronisch mit Hilfe einer Software der Finanzverwaltung namens „ELSTER" abzugeben. Bei Nutzung von Buchhaltungsprogrammen ist die Einreichung einfach. Die meisten Programme haben eine Schnittstelle zu ELSTER.

In bestimmten Fällen, in denen eine elektronische Abgabe der Umsatzsteuer-Voranmeldung nicht möglich ist, lässt das Finanzamt auch die Einreichung in Papierform zu. Diese Ausnahme muss allerdings bei Ihrem Finanzamt beantragt und ausreichend begründet werden (z. B. keine Internetverbindung o. Ä.).

Fallbeispiel 53:
Voranmeldungszeitraum

Die Umsatzsteuer-Zahllast von Marc Übersetzer betrug im Kalenderjahr 2012 7.500 €. Der Voranmeldungszeitraum im Jahr 2013 ist das Kalendervierteljahr, da die Steuer für das vorangegangene Kalenderjahr nicht mehr als 7.500 € betragen hat. Die Umsatzsteuer-Zahllast von Anna Dolmetsch betrug dagegen 8.000 € im Kalenderjahr 2012. Der Voranmeldungszeitraum ist der Kalendermonat, da die Steuer im vorangegangenen Kalenderjahr 7.500 € überstiegen hat.

Seit Anfang 2013 wurde eine Authentifizierung bei der Abgabe der Umsatzsteuer-Voranmeldung eingeführt, die den Vorgang sicherer machen soll. Dazu ist eine Registrierung bei ELSTER-Online (siehe Anhang „Internet-Adressen") erforderlich. Da die Registrierung aus mehreren Schritten besteht, kann das Verfahren bis zu 14 Tage dauern.

19.6 Fälligkeit der Vorauszahlung

Mit der Fälligkeit einer Steuer ist Ihr Finanzamt berechtigt, die Geldleistung einzufordern. Ab dem Tag der Fälligkeit sind Sie als Steuerschuldner zur Zahlung verpflichtet. Der Fälligkeitszeitpunkt richtet sich stets nach der Art der Steuer.

Bei der Umsatzsteuer-Vorauszahlung ist der Fälligkeitszeitpunkt 10 Tage nach Ablauf eines Voranmeldezeitraums. Fällt der 10. auf einen Samstag, Sonntag oder Feiertag, endet die Frist an dem nächsten darauffolgenden Werktag. Bei Vorliegen einer Dauerfristverlängerung verlängert sich die Zahlungsfrist automatisch um einen Monat.

Die Termine beruhen auf gesetzlichen Grundlagen, daher ist die pünktliche Zahlung zwingend erforderlich. Werden die Zahlungen an das Finanzamt nicht fristgerecht geleistet, entstehen automatisch Säumniszuschläge in Höhe von 1 % der Steuer pro angebrochenem Monat über der Fälligkeit.

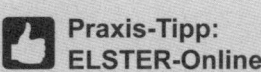

Praxis-Tipp:
ELSTER-Online

Lassen Sie sich rechtzeitig über ELSTER-Online (siehe Anhang „Internet-Adressen") registrieren – die Registrierung kann einige Tage dauern. Werden Ihre Anmeldungen von Ihrem Steuerberater erstellt und übermittelt, ist eine Registrierung Ihrer Person nicht erforderlich.

19.7 Dauerfristverlängerung

Für die Abgabe der Umsatzsteuer-Voranmeldung kann ein Antrag auf Fristverlängerung (Dauerfristverlängerung) gestellt werden. Wird diese gewährt, kann die Umsatzsteuer-Voranmeldung einen Monat nach der gesetzlichen Abgabefrist eingereicht werden.

Bei Gewährung einer Dauerfristverlängerung müssen Sie eine Sondervorauszahlung leisten – allerdings nur, wenn Sie zur monatlichen Abgabe der Umsatzsteuer-Voranmeldung verpflichtet sind. Die Höhe der Sondervorauszahlung richtet sich nach der Summe der Vorauszahlungen des Vorjahres und beträgt 1/11 davon.

 Fallbeispiel 54:
Dauerfristverlängerung

Anna Dolmetsch hatte im Jahr 2012 eine Umsatzsteuerschuld von 11.000 €. Die Sondervorauszahlung für das Jahr 2013 beträgt 1/11 von 11.000 €, also 1.000 €.

Die Sondervorauszahlung wird erst mit der letzten Umsatzsteuer-Voranmeldung des Unternehmens durch Abzug von der Umsatzsteuerschuld wieder zurück gezahlt.

 Fallbeispiel 55:
Sondervorauszahlung

Anna Dolmetsch gibt für den Monat Dezember die Umsatzsteuer-Voranmeldung ab. Hieraus ergibt sich eine Zahllast von 3.000 €. Nach Anrechnung der geleisteten Sondervorauszahlung von 1.000 € ergibt sich im Dezember 2013 ein Nachzahlungsbetrag von 2.000 €.

Für die Beantragung müssen Sie amtliche Vordrucke der Finanzverwaltung verwenden. Ab 2011 ist auch der Antrag auf Dauerfristverlängerung für die Umsatzsteuer-Voranmeldungen auf elektronischem Wege über „ELSTER" zu übermitteln.

19.8 Die Umsatzsteuer-Identifikationsnummer

Die Umsatzsteuer-Identifikationsnummer dient dem Datenaustausch zwischen den EU-Mitgliedsstaaten und soll die Versteuerung innergemeinschaftlicher Geschäfte sicher stellen. Diese sollten Sie, soweit Sie Auftraggeber im EU-Ausland haben, bereits zu Beginn Ihrer Tätigkeit beim Bundeszentralamt beantragen. Der Antrag kann auch online unter www.bzst.de gestellt werden.

Bei Geschäften mit Unternehmen im EU-Ausland ist nicht nur Ihre eigene, sondern auch die Umsatzsteuer-Identifikationsnummer Ihres Auftraggebers auf der Rechnung aufzuführen.

19.9 Die Zusammenfassende Meldung

Zur Abgabe von Zusammenfassenden Meldungen sind Sie nur verpflichtet, soweit Sie innergemeinschaftliche Leistungen erbringen. Die Zusammenfassende Meldung ist bis zum 25. Tag nach Ablauf jedes Meldezeitraumes dem Bundeszentralamt, Dienstsitz Saarlouis, auf elektronischem Weg zu übermitteln. Für die Übermittlung der Zusammenfassenden Meldung können Sie das ELSTER-Online-Portal nutzen.

Kleinunternehmer im Sinne des Umsatzsteuergesetzes (siehe Kapitel 10 „Kleinunternehmer-Regelung") sind zur Abgabe einer Zusammenfassenden Meldung nicht verpflichtet.

 Fallbeispiel 56:
Zusammenfassende Meldung

Marc Übersetzer erbringt eine Dolmetscherdienstleistung für einen österreichischen Unternehmer und rechnet diese mit 750 € netto ab (keine Umsatzsteuer, da Steuerschuldumkehr).

Diese Einnahme muss er neben der Angabe n der Umsatzsteuer-Voranmeldung auch in der Zusammenfassenden Meldung unter Angabe der Umsatzsteueridentifikationsnummer des Auftraggebers deklarieren.

Als Bemessungsgrundlage sind die vereinbarten und in Rechnung gestellten 750 € einzutragen (siehe „Zusammenfassende Meldung", Zeile 1, Spalte 2 im Anhang).

20   Rechtsformen der Zusammenarbeit von Dolmetschern und Übersetzern

20.1 Die Gesellschaft bürgerlichen Rechts (GbR)

In der Gesellschaft bürgerlichen Rechts (§§ 705–740 Bürgerliches Gesetzbuch) verpflichten sich die Gesellschafter gegenseitig, die Erreichung eines gemeinsamen Zweckes in der durch den Vertrag bestimmten Weise zu fördern, insbesondere die vereinbarten Beiträge zu erbringen. Diese Gesellschaftsform ist relativ einfach zu gründen und auch aufzulösen. Zu empfehlen ist in jedem Fall ein schriftlicher Gesellschaftsvertrag, der die Rechte und Pflichten der Gesellschafter untereinander im Innenverhältnis und die Rechte und Pflichten gegenüber Dritten (z. B. Kunden, Lieferanten u. a.) regelt.

Ebenfalls sollte im Gesellschaftsvertrag die Haftung im Innenverhältnis geregelt sein. Im Außenverhältnis haften die Gesellschafter zunächst Dritten gegenüber mit dem Gesellschaftsvermögen. Reicht dies nicht aus, hat der außenstehende Dritte (Kunde, Lieferant) ein Durchgriffsrecht und kann jeden Gesellschafter auch mit dem Privatvermögen in Anspruch nehmen.

Steuerlich ergeben sich zwei unterschiedliche Varianten bei der Ermittlung der Besteuerungsgrundlagen: je nachdem, ob es sich um eine *Innengesellschaft* handelt, oder um eine Gesellschaft, bei der die Gesellschafter in ihrer Eigenschaft als Geschäftsführer und gesetzliche Vertreter der Gesellschaft mit außenstehenden Dritten (Kunden, Lieferanten, Bank u. a.) Verträge abschließen – der *Außengesellschaft*.

20.2 Die Gesellschaft bürgerlichen Rechts mit Innenwirkung

Bei dieser Rechtsform entfaltet die Gesellschaft ihre Aktivitäten nur unter den beteiligten Gesellschaftern und ohne Außenwirkung auf fremde Dritte.

> **Fallbeispiel 57:**
> **GbR mit Innenwirkung**
>
> Marc Übersetzer und Anna Dolmetsch wollen sich zusammenschließen und ein Büro anmieten, dieses fachlich technisch ausstatten und im Bedarfsfalle wollen sie sich bei Urlaub und Krankheit gegenseitig vertreten. Sie haben sich von einem Anwalt und Steuerberater vor Gründung der Gesellschaft Rat eingeholt. Im Gesellschaftsvertrag wird vereinbart, dass jeder die Hälfte der entstehenden Kosten zu tragen hat. Sofern sie sich Kunden gegenüber gegenseitig vertreten, stellen sie sich gegenseitig auch Rechnungen. Verantwortlich für den Auftrag gegenüber dem Kunden ist der Auftragnehmer. Zivilrechtlich ist eine Gesellschaft bürgerlichen Rechts entstanden. Die zwei wichtigen Kriterien „Erreichung eines gemeinsamen Zwecks" und „Leistung der vereinbarten Beitragszahlungen" sind gegeben.
>
> Steuerrechtlich ergeben sich hierbei die gleichen Konsequenzen wie bei einzelnen selbständigen Dolmetschern und Übersetzern. Anna D. und Marc Ü. haben jeder für sich eine Umsatzsteuererklärung (bzw. Umsatzsteuer-Voranmeldung) und eine Einkommensteuererklärung mit Anlage EÜR und Verzeichnis der Anlagegüter dem Finanzamt einzureichen. Bei den gemeinsam gekauften Anlagevermögensgegenständen müssen sie sich einigen, so dass jeder in seinem Verzeichnis der Anlagegüter 50 % des Wirtschaftsgutes auf die entsprechende Nutzungsdauer abschreibt.
>
> Bei der „Innengesellschaft" oder „Bürogemeinschaft" kann auf dem Briefkopf der Gesellschaft die Innenwirkung ersichtlich gemacht werden, z. B. durch den Hinweis im Briefkopf „Anna Dolmetsch und Marc Übersetzer in Bürogemeinschaft". In jedem Fall muss die Rechnung an die Kunden den Namen des Auftragnehmers, dessen Steuer- oder Umsatzsteuer-Identifikationsnummer enthalten. Es dürfen hier nicht die Namen von beiden erscheinen; dies hätte eine nicht gewollte Außenwirkung zur Folge.

20.3 Die Gesellschaft bürgerlichen Rechts mit Außenwirkung

Auch hier sollten sich die Gesellschafter beraten lassen und in jedem Fall einen schriftlichen Vertrag abschließen. Da die Gesellschafter Dritten gegenüber als Vertreter der Gesellschaft auftreten, ergeben sich zivilrechtlich die gleichen Haftungskonsequenzen wie in Kapital 20.1 „Die Gesellschaft bürgerlichen Rechts (GbR)" geschildert.

Steuerlich ist diese Gesellschaft jedoch anders zu behandeln. Umsatzsteuerlich ist die Gesellschaft bürgerlichen Rechts Unternehmer. Umsatzsteuer-Voranmeldungen und Umsatzsteuererklärungen werden nicht für die einzelnen Gesellschafter erstellt, sondern für die Gesellschaft. Für die Gewinnermittlung der Gesellschaft ist der Jahresgewinn durch Einnahmenüberschussrechnung oder durch eine Bilanz und die dazugehörige Gewinn- und Verlustrechnung festzustellen. Der entstandene Gewinn ist dann entsprechend dem Gesellschaftsvertrag auf die Gesellschafter aufzuteilen. In der „einheitlich-gesonderten Erklärung" (hier aus selbständiger Arbeit) wird der Gewinn auf die Gesellschafter aufgeteilt. Umsatzsteuererklärung und einheitlich-gesonderte Erklärung werden dem Finanzamt eingereicht, das für den Sitz der GbR zuständig ist (Betriebsstättenfinanzamt). Das Betriebsstättenfinanzamt erteilt den Bescheid für die einheitlich-gesonderte Erklärung und sendet den Wohnsitzfinanzämtern der Gesellschafter „von Amts wegen" eine Mitteilung über die Gewinnanteile jedes einzelnen Gesellschafters. Dieser Gewinnanteil fließt in die Einkommensteuererklärung des Gesellschafters ein.

 Fallbeispiel 58:
GbR mit Außenwirkung

Anna Dolmetsch und Marc Übersetzer entscheiden sich für eine GbR mit Rechtswirkung zu Dritten (Außengesellschaft). Das Eigenkapital von Anna D. per 01.01.2012 beträgt 30.000 €, das Eigenkapital von Mark Ü. per 01.01.2012 beträgt 25.000 €. Im Jahr 2012 erwirtschaftet die GbR einen Gewinn von 120.000 €. Vorab erhält jeder Gesellschafter 5 % vom Anfangskapital per 01.01.2012, der Rest ist jeweils hälftig aufzuteilen. Lt. Gesellschaftsvertrag ist der Gewinn daher wie folgt aufzuteilen:

Gewinn	**120.000 €**
./. 5-%-Anteil Anna Dolmetsch (30.000 € x 0,05)	1.500 €
./. 5-%-Anteil Marc Übersetzer (25.000 € x 0,05)	1.250 €
Zwischensumme	**117.250 €**
davon 50 % (Gewinnanteil Anna Dolmetsch)	58.625 €
davon 50 % (Gewinnanteil Marc Übersetzer)	58.625 €
Rest	**0 €**
Gesamtgewinn Anna Dolmetsch	**60.125 €**
Gesamtgewinn Marc Übersetzer	**59.875 €**

Die Zinsen auf das eingesetzte Eigenkapital sind Einkünfte aus selbständiger Arbeit und nicht Einkünfte aus Kapitalvermögen.

Das Betriebsstättenfinanzamt prüft die abgegebene Erklärung und sendet den Bescheid an die Betriebsstätte der GbR. Das Wohnsitzfinanzamt von Anna D. erhält die Mitteilung vom Betriebsstättenfinanzamt, dass Anna D. Einkünfte aus selbständiger Arbeit im Jahr 2012 von der GbR in Höhe von 60.125 € hatte. Gleiches gilt für das Wohnsitzfinanzamt von Mark Ü; hier betragen die Einkünfte aus selbständiger Arbeit 59.875 €.

Zu empfehlen wäre bei dieser GbR, den Gewinn durch Betriebsvermögensvergleich (Bilanz und Gewinn- und Verlustrechnung) zu ermitteln, damit der Eigenkapitalkontenstand exakt bestimmt werden kann.

20.4 Die Partnerschaftsgesellschaft

Voraussetzung für die Gründung einer Partnerschaftsgesellschaft ist, dass alle Gesellschafter Freiberufler sind. Dolmetscher und Übersetzer sind in § 1 des PartGG (Partnerschaftsgesellschaftsgesetz) ausdrücklich genannt. Der Partnerschaftsgesellschaftsvertrag bedarf der Schriftform. Er muss Namen und Sitz der Partnerschaft, Namen und Vornamen, Beruf und Wohnort jedes Partners und Gegenstand der Partnerschaft enthalten. Zur Wirksamkeit dieser Partnerschaft bedarf es der Eintragung ins Partnerschaftsregister.

Im Unterschied zu der GbR mit Außenwirkung kann die Haftung für Verbindlichkeiten begrenzt werden, sofern die Partnerschaftsgesellschaft eine Berufshaftpflichtversicherung abgeschlossen hat und der Zusatz „mit beschränkter Berufshaftung" auf den Geschäftsbögen ersichtlich ist. Die steuerlichen Auswirkungen sind die gleichen wie bei der GbR mit Außenwirkung (vgl. Kapitel 20.3 „Die Gesellschaft bürgerlichen Rechts mit Außenwirkung").

 Aus haftungsrechtlichen Gründen wäre somit die Partnerschaftsgesellschaft der Gesellschaft bürgerlichen Rechts vorzuziehen.

20.5 Andere Rechtsformen der Zusammenarbeit (GmbH)

Hier käme die Gesellschaft mit beschränkter Haftung (GmbH) in Frage, da die GmbH zu jedem gesetzlich zulässigen Zweck durch eine oder mehrere Personen gegründet werden kann. Zur Gründung bedarf es der notariellen Beurkundung, der Anmeldung und Veröffentlichung der Eintragung im Handelsregister sowie eines Stammkapitals der Gesellschaft von mindestens 25.000 €. Die Haftung ist beschränkt auf das Gesellschaftsvermögen. Ein haftungsrechtlicher Durchgriff auf die Gesellschafter, bzw. Geschäftsführer, ist bei dieser Rechtsform grundsätzlich nicht möglich.

Steuerlich gesehen ist die GmbH zu einer Buchführung verpflichtet, die den Grundsätzen der ordnungsgemäßen Buchführung und Bilanzierung entspricht. Sie hat zum Ende des Wirtschaftsjahres die Bilanz und die Gewinn- und Verlustrechnung aufzustellen. Die Bilanz muss im „Zentralen Handelsregister" elektronisch eingereicht und veröffentlicht werden. An Steuererklärungen hat die GmbH dem zuständigen Betriebsstättenfinanzamt die

Körperschaftsteuererklärung, die Gewerbesteuererklärung und die Umsatzsteuererklärung zusammen mit der Bilanz und dem Gesellschafterprotokoll einzureichen sowie monatlich die Umsatzsteuer-Voranmeldungen und die Lohnsteueranmeldungen.

Da die Rechtsform der GmbH in der Gründung, der laufenden buchhalterischen und steuerlichen Jahresarbeit und auch in der Liquidation sehr aufwendig ist, kann sie dem Freiberufler nicht unbedingt empfohlen werden, zumal der Vorteil der Haftungsbeschränkung auch bei der Partnerschaftsgesellschaft gegeben ist.

20.6 Zusammenfassende Betrachtung der Rechtsformen

- Die *Innengesellschaft (Bürogemeinschaft)* bietet sich dann an, wenn die beteiligten Personen die allgemein anfallenden Kosten gemeinsam tragen wollen, jeder aber für sich selbst verantwortlich arbeiten und abrechnen will. Die Haftungsproblematik beschränkt sich dann auf die gemeinsam zu zahlenden Kosten im Innenverhältnis.

- Die *Gesellschaft bürgerlichen Rechts mit Außenwirkung* ist zwar leicht zu gründen, kann aber zur Folge haben, dass die Gesellschafter von Dritten wahlweise in Anspruch genommen werden.

- Die *Partnerschaftsgesellschaft* ist zwar in der Gründung etwas aufwändiger, hat aber den Vorteil, dass die Haftung für Verbindlichkeiten beschränkt werden kann.

- Die notwendigen Mehrkosten bei der *GmbH* gegenüber den anderen Rechtsformen sind zu bedenken. Sie führen dazu, dass in der Praxis bei Freiberuflern die GmbH nur im Ausnahmefall als Rechtsform gewählt wird.

21 Fallbeispiel Erstellung der Einkommensteuererklärung und Umsatzsteuererklärung 2012

21.1 Erstellung der Einkommensteuererklärung

Franz Freiberuf und seine Frau Frieda sind Sprachmittler. Franz arbeitet als selbständiger Dolmetscher und Übersetzer, seine Frau Frieda arbeitet als Angestellte in einer Fremdsprachenschule. Franz hat Einkünfte aus freiberuflicher Tätigkeit. Er ist umsatzsteuerpflichtig. Frieda hat Einkünfte aus nichtselbständiger Arbeit. Die beiden werden bei der Einkommensteuer zusammenveranlagt. Sie haben keine Kinder und sind nicht Mitglieder einer Kirche.

Daten für die Einkommensteuererklärung 2012

Frieda hat Spendenquittungen für gemeinnützige Vereine in Höhe von 432 €. Sie ist geh- und stehbehindert, der Grad der Behinderung beträgt 100 %. Ihr steht hierfür ein Pauschbetrag von 1.420 € zu. Sie ist Eigentümerin der Eigentumswohnung, in der sie beide wohnen und auch ein Arbeitszimmer haben, das sie beide gemeinsam nutzen. Die Hausverwaltung bescheinigt ihr im Jahr haushaltsnahe Dienstleistungen für Hausmeistertätigkeiten in Höhe von 658 € und für Handwerksleistungen (Arbeitsleistung und An- und Abfahrt, keine Materialkosten) in Höhe von 652 €, die anteilig für die Wohnung angefallen sind.

An Vorsorgeaufwendungen hat Franz Freiberuf folgende Versicherungen abgeschlossen:

• Privathaftpflichtversicherung: 93,40 €
• Lebensversicherung: 6.200,00 €
• Unfallversicherung: 280,00 €

Die Kfz-Haftpflichtversicherung, die er für sein Auto abgeschlossen hat, wird nicht als Sonderausgabe geltend gemacht. Sein Auto wird zu mehr als 50 % beruflich genutzt, somit sind die Kosten für diese Versicherung genauso wie die

Kosten für die Berufshaftpflichtversicherung Betriebsausgabe und werden bei der Einnahmenüberschussrechnung geltend gemacht.

Die Beiträge zur privaten Krankenversicherung (Basis-Krankenversicherung) betragen lt. Bescheinigung seiner Versicherung 3.279 €, die Beiträge zur Pflegeversicherung 250 €.

Frieda ist als Angestellte bei der AOK versichert. Lt. Lohnsteuerbescheinigung beträgt der Arbeitnehmeranteil und Arbeitgeberanteil

*   zur Krankenversicherung je 1.623,60 €,
*   zur Pflegeversicherung je 193,08 € und
*   für die Rentenversicherung je 1.970,16 €.

Der Beitrag zur Arbeitslosenversicherung beträgt 297 €. Frieda selbst hat sonst keine weiteren Versicherungen abgeschlossen, die als Vorsorgeaufwendungen zu berücksichtigen wären.

Die Spenden, haushaltsnahen Dienstleistungen, Handwerkerleistungen, der Behindertenpauschbetrag und die abzugsfähigen Versicherungen sind private Kosten, die als Sonderausgaben bzw. außergewöhnliche Belastungen abzugsfähig sind. Sie werden im privaten Teil der Einkommensteuererklärung deklariert.

Ermittlung der Einkünfte *aus selbständiger Arbeit* für Franz Freiberuf

Bei Franz ergeben sich folgende Zahlen aus der Buchhaltung, die als Betriebseinnahmen und Betriebsausgaben bei seiner **Einnahmenüberschussrechnung** zu berücksichtigen sind:

Betriebseinnahmen	**49.330,53 €**
• nicht steuerbare Einnahmen EU-Länder	3.572,21 €
• Erlöse 19 % USt	35.588,86 €
• Kfz-Nutzung 19 % USt	2.201,08 €
• Kfz-Nutzung ohne USt	550,28 €
• Telefonnutzung 19 % USt (Ermittlung siehe Anlage)	200,00 €
• Umsatzsteuer 19 %	7.218,10 €

Betriebsausgaben	**20.169,88 €**
• Abschreibung bewegliche Wirtschaftsgüter	1.171,50 €
• Raumkosten häusliches Arbeitszimmer	1.980,68 €
• Telefonkosten	1.350,00 €
• Fortbildung	65,05 €
• Rechts- und Steuerberatung	980,09 €
• Gezahlte Vorsteuerbeträge	1.725,93 €
• An das Finanzamt gezahlte Umsatzsteuer (USt-VA und USt-Erklärung)	4.606,03 €
• Abzugsfähige Geschenke	74,53 €
• Bewirtungsaufwendungen 70 %	90,90 €
• Verpflegungsmehraufwendungen	460,00 €
• Kfz-Kosten	7.411,23 €
• Übrige unbeschränkt abzugsfähige Betriebsausgaben (Summe)	253,94 €
◦ Versicherungen und Beiträge	
◦ Reisekosten	
◦ Porto	
◦ Bürobedarf	
◦ Verschiedene Kosten	

Summe der Betriebseinnahmen	49.330,53 €
Summe der Betriebsausgaben	-20.169,88 €
Einkünfte aus selbständiger Tätigkeit	**29.160,65 €**

Die Betriebseinnahmen und Betriebsausgaben erklärt Franz Freiberuf in der Anlage S und in der Anlage EÜR. Parallel dazu erstellt er eine Umsatzsteuererklärung für das Jahr 2012 und auf Grund der Zahlen der Anlage EÜR und den Umsatzsteuer-Voranmeldungen des gesamten Jahres 2012.

Ermittlung der Einkünfte *aus nichtselbständiger Arbeit* für Frieda Freiberuf

Seine Ehefrau ist Angestellte und erklärt ihre Einkünfte aus nichtselbständiger Tätigkeit in der Anlage N. Ihr Bruttogehalt lt. Lohnsteuerbescheinigung beträgt 19.800 €. An Werbungskosten macht sie geltend:

Werbungskosten	**2.000,00 €**
• Fahrten zwischen Wohnung und Arbeitsstätte	1.800,00 €
30 km x 200 Tage x 0,30 € = 1.800,00 €	
(einfache Entfernung: 30 km, Arbeitstage 2012: 200 Tage)	
• Kontogebühren	16,00 €
• Fachliteratur lt. Belegen	184,00 €

Bruttogehalt lt. Lohnsteuerbescheinigung	49.330,53 €
Summe der Werbungskosten	-2.000,00 €
Einkünfte aus nichtselbständiger Tätigkeit	**17.800,00 €**

Weitere steuerpflichtige Einkünfte hat das Ehepaar nicht.

Franz Freiberuf hat im Jahr 2012 Vorauszahlungen in Höhe von 2.500 € für die Einkommensteuer und 137,50 € für den Solidaritätszuschlag gezahlt.

Lt. Lohnsteuerbescheinigung von Frieda Freiberuf wurden 3.991,33 € Lohnsteuer und 219,46 € Solidaritätszuschlag einbehalten und an das Finanzamt abgeführt.

Lt. Einkommensteuerberechnung erwartet das Ehepaar eine Gesamterstattung von 1.744,87 €. Als der Bescheid kommt, ist die Erstattung niedriger. In der Anlage zum Bescheid finden die Eheleute den Hinweis, dass die Betriebsausgaben für das häusliche Arbeitszimmer nur bis zu einer Höhe von 1.250,00 € anerkannt wurden. Somit hat das Finanzamt die Differenz von 730,68 € als nicht abzugsfähige Betriebsausgabe bewertet.

⚠ In diesem Fall wäre ein Einspruch sinnvoll, wenn die Eheleute nachweisen können, dass beide das gesamte Arbeitszimmer für berufliche Zwecke nutzen. Hilfreich wäre es auch, wenn Frieda Freiberuf sich dies von ihrem Arbeitgeber in der Sprachschule bescheinigen ließe. Da die Abzugsbeschränkung in Höhe von 1.250 € *personen*bezogen ist, steht beiden Ehepartnern in diesem Fall der Freibetrag zu. Im folgenden Jahr sollten dann die Kosten des Arbeitszimmers insgesamt ermittelt werden und hälftig bei den Betriebsausgaben von Franz und hälftig als Werbungskosten bei Frieda berücksichtigt werden.

Anlage zur Einnahmenüberschussrechnung 2012

In der Anlage zu der Einnahmenüberschussrechnung erläutert Franz Freiberuf, wie die Betriebsausgaben für das Arbeitszimmer ermittelt wurden und wie die private Kfz-Nutzung nach der 1-%-Regelung und die private Telefonnutzung errechnet wurden.

Kosten für das Arbeitszimmer

Abschreibung (AfA) für Arbeitszimmer		
Gesamtwohnfläche (197 m²)	100 %	
davon Anteil Arbeitszimmer (24 m²)	12,2 %	
Anschaffungskosten	172.603,98 €	
davon Anteil Arbeitszimmer (172.603,98 € x 12,2 %)	21.057,69 €	
Abschreibung (AfA) für Arbeitszimmer (21.057,69 € x 2 %)	421,16 €	
Sonstige Kosten Arbeitszimmer	Bruttobetrag	USt
Hausverwaltung/Wohngeld	6.096,00 €	973,32 €
Grundsteuer	492,63 €	–
Versicherung	288,37 €	–
Bescheinigung Hausverwaltung	18,86 €	3,02 €
Strom	1.009,97 €	161,26 €
Zwischensumme	7.905,83 €	1.137,60 €
davon Anteil Arbeitszimmer (12,2 %)	964,52 €	138,79 € (= VSt)
Büroreinigung	595 00 €	95,00 €

Abschreibung (AfA) für Arbeitszimmer	421,16 €
Sonstige Kosten Arbeitszimmer	964,52 €
Büroreinigung 2012	595,00 €
Kosten für das Arbeitszimmer	**1.980,68 €**

Die anteiligen ermittelten Kosten für das Arbeitszimmer (421,16 € und 964,52 €) werden zusammen mit den Büroreinigungskosten (595,00 €) in der Anlage EÜR Zeile 51 als Betriebsausgaben geltend gemacht. Die anteilige Umsatzsteuer und die Umsatzsteuer aus den Büroreinigungskosten (138,79 € + 95,00 € = 233,79 €) werden in der Umsatzsteuerjahreserklärung als abzugsfähige Vorsteuer geltend

gemacht. Dieser Gesamtbetrag ist in der Umsatzsteuererklärung (Zeile 62 Vorsteuerbeträge) aus Rechnungen von anderen Unternehmern in der Summe von
1.725,93 € enthalten.

Privater Nutzungsanteil Telefon

Telefonkosten	
Telefonkosten (netto)	1.350,00 €
davon Privatanteil (geschätzt)	200,00 €
zzgl. 19 % USt	38,00 €
Summe	**238,00 €**

Privater Nutzungsanteil Telefon   **238,00 €**

Die Nettobeträge für die private Telefonnutzung von 200,00 € und die private
Kfz-Nutzung (550,28 € + 2.201,08 € = 2.751,36 €) sind in der Anlage EÜR in
den Zeilen 17 und 18 ausgewiesen.

Privater Nutzungsanteil PKW

Kfz-Nutzung	
Leasingfahrzeug „Renault Scenic Dynamic"	01.01.–31.12.
Bruttolistenpreis	22.928,00 €
1 % vom Bruttolistenpreis (22.928,00 € x 1 %) x 12 Monate	2.751,36 €
./. 20 % umsatzsteuerfrei	-550,28 €
Zwischensumme	**2.201,08 €**
zzgl. 19 % Umsatzsteuer	418,21 €
Summe	**2.619,29 €**

Kfz-Nutzung 19 % USt   **2.619,29 €**
Kfz-Nutzung umsatzsteuerfrei   **550,28 €**

Die Umsatzsteuer auf die private Telefonnutzung und die private Kfz-Nutzung
(38,00 € + 418,21 € = 456,21 €) sind in der Zeile 34 der Umsatzsteuererklärung
mit 456,19 € ausgewiesen. Die Differenz von 0,02 € ist als Rundungsdifferenz
entstanden.

21.2 Erstellung der Umsatzsteuererklärung 2012

Aus den Werten der Einnahmenüberschussrechnung 2012 und der Buchhaltung sind für die Umsatzsteuererklärung folgende Zahlen zu übernehmen:

Umsatzsteuer-Voranmeldungen		
I. Quartal 2012		1.430,00 €
II. Quartal 2012		1.510,00 €
III. Quartal 2012		1.680,00 €
IV. Quartal 2012		780,00 €
USt.-Vorauszahlungen I.–IV. Quartal		5.400,00 €
Umsatzsteuer	**Netto**	**USt 19 %**
Umsatzsteuerpflichtige Betriebseinnahmen	35.588,00 €	6.761,72 €
Kfz-Nutzung netto umsatzsteuerpflichtig	2.201,00 €	456,19 €
Telefon netto umsatzsteuerpflichtig	200,00 €	
Umsatzsteuerjahresschuld		7.217,91 €
Gezahlte Vorsteuerbeträge		-1.725,93 €
Jahressteuerschuld		5.491,98 €
./. USt.-Vorauszahlungen I.–IV. Quartal		-5.400,00 €
Schlusszahlung		91,98 €

Da in der Zeile 45 der Anlage EÜR alle Umsatzsteuerzahlungen an das Finanzamt enthalten sind, die Franz Freiberuf geleistet hat, muss das Voranmeldungssoll durch Aufzeichnung der für das Jahr 2012 abgegebenen Voranmeldungen ermittelt werden. Die Umsätze in Höhe von 3.572,21 € sind Rechnungen an andere Unternehmen innerhalb der EG, sie werden nachrichtlich in der Anlage UR aufgeführt.

Bei den Nettobeträgen der umsatzsteuerpflichtigen Einnahmen werden die Centbeträge nicht mit berücksichtigt.

21.3 Musterseiten und -formulare

Auf den folgenden Seiten finden Sie Musterseiten und -formulare zum Fallbeispiel von Frieda und Fritz Freiberuf.

2012

1	**X** Einkommensteuererklärung	☐ Antrag auf Festsetzung der Arbeitnehmer-Sparzulage
2	☐ Erklärung zur Festsetzung der Kirchensteuer auf Kapitalerträge	☐ Erklärung zur Feststellung des verbleibenden Verlustvortrags

Eingangsstempel

3	Steuernummer	02880530040

4	Identifikations- nummer (IdNr.)	Steuerpflichtige Person (stpfl. Person), bei Ehegatten: **Ehemann**	**Ehefrau**

An das Finanzamt

5 **Langen**

Bei **Wohnsitzwechsel**: bisheriges Finanzamt

6

Allgemeine Angaben

Telefonische Rückfragen tagsüber unter Nr.

7 Steuerpflichtige Person (stpfl. Person), bei Ehegatten: **Ehemann**

Name

8 **Freiberuf**

Geburtsdatum
16.04.1965

Vorname

9 **Franz**

Religionsschlüssel:
Evangelisch = EV
Römisch-Katholisch = RK
nicht kirchensteuerpflichtig = VD
Weitere siehe Anleitung

Straße und Hausnummer (derzeitige Anschrift)

10 **Unterer Steinberg 7**

Postleitzahl	Wohnort	
11 **63225**	**Langen**	Religion **VD**

Ausgeübter Beruf

12 **Dolmetscher/Übersetzer**

Verheiratet seit dem	Verwitwet seit dem	Geschieden seit dem	Dauernd getrennt lebend seit dem
13 **20.05.1988**			

bei Ehegatten: **Ehefrau**

Name

14 **Freiberuf**

Geburtsdatum
18.03.1965

Vorname

15 **Frieda**

Religionsschlüssel:
Evangelisch = EV
Römisch-Katholisch = RK
nicht kirchensteuerpflichtig = VD
Weitere siehe Anleitung

Straße und Hausnummer (falls von Zeile 10 abweichend)

16

Postleitzahl	Wohnort (falls von Zeile 11 abweichend)	
17		Religion

Ausgeübter Beruf

18 **Sprachlehrerin**

Nur von Ehegatten auszufüllen

19	**X** Zusammen- veranlagung	☐ Getrennte Veranlagung	☐ Besondere Veranlagung für das Jahr der Eheschließung	☐ Wir haben Güter- gemeinschaft vereinbart

Bankverbindung (entweder Kontonummer / Bankleitzahl oder IBAN / BIC) - Bitte stets angeben -

Kontonummer · Bankleitzahl

20

IBAN

21

BIC

22

Geldinstitut und Ort

23

24	**X** **Kontoinhaber** lt. Zeile 8 und 9	☐ lt. Zeile 14 und 15	oder:	Name (im Fall der Abtretung bitte amtlichen Abtretungsvordruck beifügen)

Der Steuerbescheid soll nicht mir / uns zugesandt werden, sondern:

Name

25

Vorname

26

Straße und Hausnummer oder Postfach

27

Postleitzahl	Wohnort
28	

2012ESt1A011

2012ESt1A011

Diese Steuererklärung ist mit einem Programm der DATEV erstellt. Das Programm erzeugt bei bestimmungsgemäßer Anwendung den Wortlaut des amtlichen Vordruckes.

DATEV

134

| Steuernummer 02880530040 | Freiberuf, Franz | 2012 |

Einkünfte im Kalenderjahr 2012 aus folgenden Einkunftsarten:

31	Land- und Forstwirtschaft		lt. **Anlage(n) L**		Anzahl	
32	Gewerbebetrieb		lt. **Anlage G**	für steuerpflichtige Person (bei Ehegatten: Ehemann)		lt. **Anlage G** für Ehefrau
33	Selbständige Arbeit	X	lt. **Anlage S**	für steuerpflichtige Person (bei Ehegatten: Ehemann)		lt. **Anlage S** für Ehefrau
34	Nichtselbständige Arbeit	X	lt. **Anlage N**	für steuerpflichtige Person (bei Ehegatten: Ehemann)	X	lt. **Anlage N** für Ehefrau
35	Kapitalvermögen		lt. **Anlage KAP**	für steuerpflichtige Person (bei Ehegatten: Ehemann)		lt. **Anlage KAP** für Ehefrau
36	Vermietung und Verpachtung		lt. **Anlage(n) V**		Anzahl	
37	Sonstige Einkünfte		**Renten** lt. **Anlage R**	für steuerpflichtige Person (bei Ehegatten: Ehemann)		**Renten** lt. **Anlage R** für Ehefrau
38			lt. **Anlage SO**			

Angaben zu Kindern / Ausländische Einkünfte und Steuern / Förderung des Wohneigentums

| 39 | lt. **Anlage(n) Kind** | | Anzahl | lt. **Anlage(n) AUS** | | Anzahl | lt. **Anlage(n) FW** | | Anzahl |

Sonderausgaben 52

| 40 | X | Für Angaben zu Vorsorgeaufwendungen ist die **Anlage Vorsorgeaufwand** beigefügt. | | Für Angaben zu Altersvorsorgebeiträgen ist die **Anlage AV** beigefügt. |

Gezahlte Versorgungsleistungen

						abziehbar			tatsächlich gezahlt EUR
41	Renten	Rechtsgrund, Datum des Vertrags			102		%	101	,—
42	Dauernde Lasten	Rechtsgrund, Datum des Vertrags						100	,—
43	Ausgleichszahlungen im Rahmen des schuldrechtlichen Versorgungsausgleichs	Rechtsgrund, Datum der erstmaligen Zahlung						121	,—
44	Unterhaltsleistungen an den geschiedenen / dauernd getrennt lebenden Ehegatten lt. **Anlage U**	IdNr. des geschiedenen / dauernd getrennt lebenden Ehegatten	117					116	,—
45	In Zeile 44 enthaltene Beiträge (abzgl. Erstattungen und Zuschüsse) zur Basis-Kranken- und gesetzlichen Pflegeversicherung	118		,—	Davon entfallen auf Kranken-versicherungsbeiträge mit Anspruch auf Krankengeld			119	,—
46	Kirchensteuer (soweit diese nicht als Zuschlag zur Abgeltung-steuer einbehalten oder gezahlt wurde)		2012 gezahlt 103	,—			2012 erstattet 104		,—

Aufwendungen für die eigene **Berufsausbildung der stpfl. Person / des Ehemannes**

| 47 | Bezeichnung der Ausbildung, Art und Höhe der Aufwendungen | | | 200 | ,— |

Aufwendungen für die eigene **Berufsausbildung der Ehefrau**

| 48 | Bezeichnung der Ausbildung, Art und Höhe der Aufwendungen | | | 201 | ,— |

Spenden und Mitgliedsbeiträge (ohne Beträge in den Zeilen 53 bis 56)

			lt. beigef. Bestätigungen EUR		lt. Nachweis Betriebsfinanzamt EUR
49	– zur Förderung steuerbegünstigter Zwecke	123	**432** ,—	124	,—
50	in Zeile 49 enthaltene Zuwendungen an Empfänger im EU- / EWR-Ausland	125	,—	126	,—
51	– an politische Parteien (§§ 34g, 10b EStG)	127	,—	128	,—
52	– an unabhängige Wählervereinigungen (§ 34g EStG)	129	,—	130	,—

Spenden in den Vermögensstock einer Stiftung

			stpfl. Person / Ehemann EUR		Ehefrau EUR
53	2012 geleistete Spenden (lt. beigefügten Bestätigungen / lt. Nachweis Betriebsfinanzamt)	208	,—	209	,—
54	in Zeile 53 enthaltene Spenden an Empfänger im EU- / EWR-Ausland	218	,—	219	,—
55	Von den Spenden in Zeile 53 sollen 2012 berücksichtigt werden	212	,—	213	,—
56	2012 zu berücksichtigende Spenden aus Vorjahren in den Vermögensstock einer Stiftung, die bisher noch nicht berücksichtigt wurden	214	,—	215	,—

Steuernummer	02880530040	Freiberuf, Franz	2012

Außergewöhnliche Belastungen　　53

Behinderte Menschen und Hinterbliebene

		Ausweis / Rentenbescheid / Bescheinigung ausgestellt am	gültig von	bis	unbefristet gültig		Grad der Behinderung	Nachweis ist beigefügt	hat bereits vorgelegen
61	stpfl. Person / Ehemann		12	14	18	1 = Ja	56		

62		hinterblieben 16	1 = Ja	blind / ständig hilflos 20	1 = Ja	geh- u. steh- behindert 22	· = Ja		

		Ausweis / Rentenbescheid / Bescheinigung ausgestellt am	gültig von	bis	unbefristet gültig		Grad der Behinderung	Nachweis ist beigefügt	hat bereits vorgelegen
63	Ehefrau	01.01.1995　13	01/95　15	12/20	19	1 = Ja	57　100		X

64		hinterblieben 17	1 = Ja	blind / ständig hilflos 21	1 = Ja	geh- u. steh- behindert 23	1 = Ja		

Pflege-Pauschbetrag wegen **unentgeltlicher** persönlicher Pflege
einer ständig hilflosen Person in ihrer oder in meiner Wohnung im Inland

Nachweis der Hilflosigkeit
ist beigefügt.　hat bereits vorgelegen.

65

66 Name, Anschrift und Verwandtschaftsverhältnis der hilflosen Person(en)　Name anderer Pflegeperson(en)

Unterhalt für bedürftige Personen

67 Für die geleisteten Aufwendungen wird ein Abzug lt. **Anlage Unterhalt** geltend gemacht.
Beigefügte **Anlage(n) Unterhalt**　　Anzahl

Andere außergewöhnliche Belastungen
(z. B. Ehescheidungskosten, Fahrtkosten behinderter Menschen, Krankheitskosten, Kurkosten, Pflegekosten)

	Art der Belastung	Aufwendungen EUR	Erhaltene / Anspruch auf zu erwartende Versicherungsleistungen, Beihilfen, Unterstützungen; Wert des Nachlasses usw. EUR
68		, —	, —
69		+ , —	+ , —
70	Summe der Zeilen 68 und 69　63	, — 64	, —

71 Für die - wegen Abzugs der zumutbaren Belastung - nicht abziehbaren Pflegeleistungen wird die Steuerermäßigung für haushaltsnahe Dienstleistungen beantragt. Die in den Zeilen 68 und 69 enthaltenen Aufwendungen für haushaltsnahe Pflegeleistungen betragen

Aufwendungen (abzüglich Erstattungen) EUR
77　, —

Haushaltsnahe Beschäftigungsverhältnisse, Dienstleistungen und Handwerkerleistungen　18

Steuerermäßigung bei Aufwendungen für

– geringfügige Beschäftigungen im Privathaushalt – sog. Minijobs –
Art der Tätigkeit

Aufwendungen (abzüglich Erstattungen) EUR

72 　202 , —

– sozialversicherungspflichtige Beschäftigungen im Privathaushalt
Art der Tätigkeit

73 　207 , —

– haushaltsnahe Dienstleistungen, Hilfe im eigenen Haushalt
Art der Aufwendungen

74 **siehe Hausverwalterabrechnung**　210　**658** , —

– Pflege- und Betreuungsleistungen im Haushalt, in Heimunterbringungskosten enthaltene Aufwendungen
für Dienstleistungen, die denen einer Haushaltshilfe vergleichbar sind (soweit nicht bereits in den
Zeilen 68 und 69 berücksichtigt)
Art der Aufwendungen

75 　213 , —

– Handwerkerleistungen für Renovierungs-, Erhaltungs- und Modernisierungsmaßnahmen im eigenen
Haushalt (ohne öffentlich geförderte Maßnahmen, für die zinsverbilligte Darlehen oder steuerfreie
Zuschüsse in Anspruch genommen werden)
Art der Aufwendungen

76 **siehe Hausverwalterabrechnung**　214　**652** , —

77 **Nur bei Alleinstehenden und Eintragungen in den
Zeilen 72 bis 76:** Es bestand ganzjährig ein gemein-
samer Haushalt mit einer anderen alleinstehenden Person
Name, Vorname, Geburtsdatum

Steuerermäßigung bei Belastung mit Erbschaftsteuer

78 Ich beantrage eine Steuerermäßigung, weil in dieser Steuererklärung Einkünfte erklärt worden sind, die als Erwerb von Todes wegen
ab 2009 der Erbschaftsteuer unterlegen haben (Erläuterungen bitte auf besonderem Blatt).

Steuerbegünstigung für schutzwürdige Kulturgüter

Abzugsbetrag EUR

79 Steuerbegünstigung nach § 10g EStG für schutzwürdige Kulturgüter, die weder zur Einkunftserzielung noch zu eigenen Wohnzwecken genutzt werden　151 , —

2012ESt1A013　　　　2012ESt1A013

Steuernummer 02880530040	Freiberuf, Franz	2012

Sonstige Angaben und Anträge

Gesellschaften / Gemeinschaften / ähnliche Modelle i. S. d. § 2b EStG (Erläuterungen auf besonderem Blatt)

91

92 Es wurde ein verbleibender Verlustvortrag nach § 10d EStG / Spendenvortrag nach § 10b EStG zum 31.12.2011 festgestellt für   ☐ stpfl. Person / Ehemann   ☐ Ehefrau

Antrag auf Beschränkung des Verlustrücktrags nach 2011   EUR   EUR

93 Von den nicht ausgeglichenen negativen Einkünften 2012 soll folgender Gesamtbetrag nach 2011 zurückgetragen werden

	stpfl. Person / Ehemann		Ehefrau		**18**
	EUR		EUR		

94 **Einkommensersatzleistungen,** die dem Progressionsvorbehalt unterliegen, z. B. Krankengeld, Elterngeld, Mutterschaftsgeld (soweit nicht in Zeile 27 bis 29 der Anlage N eingetragen)   120   ,—   121   ,—

Nur bei getrennter Veranlagung von Ehegatten:

95 Laut beigefügtem gemeinsamen Antrag ist die Steuerermäßigung lt. den Zeilen 71 bis 76 in einem anderen Verhältnis als je zur Hälfte aufzuteilen. Der bei mir zu berücksichtigende Anteil beträgt   %

96 Laut beigefügtem gemeinsamen Antrag sind die außergewöhnlichen Belastungen (siehe Seite 3, Anlage Unterhalt sowie die Zeilen 51 und 52 der Anlage Kind) in einem anderen Verhältnis als je zur Hälfte des bei einer Zusammenveranlagung in Betracht kommenden Betrages aufzuteilen. Der bei mir zu berücksichtigende Anteil beträgt   %

Nur bei zeitweiser unbeschränkter Steuerpflicht im Kalenderjahr 2012:   vom   bis

97 Wohnsitz oder gewöhnlicher Aufenthalt im Inland   stpfl. Person / Ehemann

98   Ehefrau

99 Ausländische Einkünfte, die außerhalb der in den Zeilen 97 und / oder 98 genannten Zeiträume bezogen wurden und nicht der deutschen Einkommensteuer unterlegen haben (Bitte Nachweise über die Art und Höhe dieser Einkünfte beifügen.)   122   EUR   ,—

100 In Zeile 99 enthaltene außerordentliche Einkünfte i. S. d. §§ 34, 34b EStG   177   ,—

Nur bei Personen ohne Wohnsitz oder gewöhnlichen Aufenthalt im Inland, die beantragen, als unbeschränkt steuerpflichtig behandelt zu werden:

101 ☐ Ich beantrage, für die Anwendung personen- und familienbezogener Steuervergünstigungen als unbeschränkt steuerpflichtig behandelt zu werden.

102 ☐ Die „Bescheinigung EU / EWR" ist beigefügt.   ☐ Die „Bescheinigung außerhalb EU / EWR" ist beigefügt.

103 Summe der nicht der deutschen Einkommensteuer unterliegenden Einkünfte (ggf. „0")   124   stpfl. Person / Ehemann EUR   ,—   129   Ehefrau EUR   ,—

104 In Zeile 103 enthaltene außerordentliche Einkünfte i. S. d. §§ 34, 34b EStG   177   stpfl. Person / Ehegatten EUR   ,—

Nur bei im EU- / EWR-Ausland lebenden Ehegatten:

105 ☐ Ich beantrage als Staatsangehöriger eines EU- / EWR-Staates die Anwendung familienbezogener Steuervergünstigungen. Nachweis ist beigefügt (z. B. „Bescheinigung EU / EWR"). Die nicht der deutschen Besteuerung unterliegenden Einkünfte beider Ehegatten sind in Zeile 103 enthalten.

Nur bei Angehörigen des deutschen öffentlichen Dienstes ohne Wohnsitz oder gewöhnlichen Aufenthalt im Inland, die im dienstlichen Auftrag außerhalb der EU oder des EWR tätig sind:

106 ☐ Ich beantrage die Anwendung familienbezogener Steuervergünstigungen. Die „Bescheinigung EU / EWR" ist beigefügt.

Weiterer Wohnsitz in Belgien (abweichend von den Zeilen 10 und 11) bei Einkünften aus nichtselbständiger Arbeit und Renten

107

108 Unterhalten Sie auf Dauer angelegte Geschäftsbeziehungen zu Finanzinstituten im Ausland?   116   stpfl. Person / Ehemann 1 = Ja 2 = Nein   117   Ehefrau 1 = Ja 2 = Nein

Unterschrift

Die mit der Steuererklärung / dem Antrag angeforderten Daten werden aufgrund der §§ 149 ff. der Abgabenordnung, der §§ 25, 46, 10d Abs. 4 und § 51a Abs. 2d des Einkommensteuergesetzes sowie § 14 Abs. 4 des Vermögensbildungsgesetzes erhoben.

Bei der Anfertigung dieser Steuererklärung hat mitgewirkt:

Beer & Weinmann
Steuerberater
Unterer Steinberg 7
63225 Langen
Telefon: 06103/ 23851

109 Datum, Unterschrift(en)
Steuererklärungen sind eigenhändig – bei Ehegatten von beiden – zu unterschreiben.

2012

	Anlage	
	Vorsorgeaufwand	

1 Name **Freiberuf**

2 Vorname **Franz und Frieda**

3 Steuernummer **02880530040**

Angaben zu Vorsorgeaufwendungen

Beiträge zur Altersvorsorge

			stpfl. Person / Ehemann EUR			Ehefrau EUR	52
	Beiträge						
4	– lt. Nr. 23 a/b der Lohnsteuerbescheinigung (Arbeitnehmeranteil)	300		–	400	1.971	–
5	– zu landwirtschaftlichen Alterskassen sowie zu berufsständischen Versorgungseinrichtungen, die den gesetzlichen Rentenversicherungen vergleichbare Leistungen erbringen – ohne Beiträge, die in Zeile 4 geltend gemacht werden –	301		–	401		–
6	– zu gesetzlichen Rentenversicherungen – ohne Beiträge, die in Zeile 4 geltend gemacht werden –	302		–	402		–
7	– zu zertifizierten Basisrentenverträgen (sog. Rürup-Vertrag) mit Laufzeitbeginn nach dem 31.12.2004 – ohne Altersvorsorgebeiträge, die in der Anlage AV geltend gemacht werden –	303		–	403		–
8	Arbeitgeberanteil lt. Nr. 22 a/b der Lohnsteuerbescheinigung	304		–	404	1.970	–
9	Steuerfreie Arbeitgeberanteile an berufsständische Versorgungseinrichtungen, soweit **nicht** in Nr. 22 b der Lohnsteuerbescheinigung enthalten	305		–	405		–
10	Arbeitgeberanteil zu gesetzlichen Rentenversicherungen im Rahmen einer pauschal besteuerten geringfügigen Beschäftigung (bitte Anleitung beachten)	306		–	406		–

Bei Zusammenveranlagung ist die Eintragung für jeden Ehegatten vorzunehmen:
Haben Sie zu Ihrer Krankenversicherung oder Ihren Krankheitskosten Anspruch auf

11	– steuerfreie Zuschüsse (z. B. Rentner aus der gesetzlichen Rentenversicherung) oder – steuerfreie Arbeitgeberbeiträge (z. B. sozialversicherungspfl. Arbeitnehmer) oder – steuerfreie Beihilfen (z. B. Beamte, Versorgungsempfänger) ?	307	2	1 = Ja 2 = Nein	407	1	1 = Ja 2 = Nein

Beiträge zur gesetzlichen Kranken- und Pflegeversicherung

			stpfl. Person / Ehemann EUR			Ehefrau EUR	
12	Arbeitnehmerbeiträge zu Krankenversicherungen lt. Nr. 25 der Lohnsteuerbescheinigung	320		–	420	1.624	–
13	Beiträge zu Krankenversicherungen, die als Zusatzbeitrag geleistet wurden	321		–	421		–
14	In Zeile 12 enthaltene Beiträge, aus denen sich kein Anspruch auf Krankengeld ergibt	322		–	422		–
15	Arbeitnehmerbeiträge zu sozialen Pflegeversicherungen lt. Nr. 26 der Lohnsteuerbescheinigung	323		–	423	194	–
	Zu den Zeilen 12 bis 15:						
16	Von der Kranken- und / oder sozialen Pflegeversicherung erstattete Beiträge	324		–	424		–
17	In Zeile 16 enthaltene Beiträge zur Krankenversicherung, aus denen sich kein Anspruch auf Krankengeld ergibt, und zur sozialen Pflegeversicherung	325		–	425		–
18	Beiträge zu Krankenversicherungen – ohne Beiträge, die in Zeile 12 geltend gemacht werden – (z. B. bei Rentnern und freiwillig gesetzlich versicherten Selbstzahlern)	326		–	426		–
19	Beiträge zu Krankenversicherungen, die als Zusatzbeitrag geleistet wurden	327		–	427		–
20	In Zeile 18 enthaltene Beiträge zur Krankenversicherung, aus denen sich ein Anspruch auf Krankengeld ergibt	328		–	428		–
21	Beiträge zu sozialen Pflegeversicherungen – ohne Beiträge, die in Zeile 15 geltend gemacht werden – (z. B. bei Rentnern und freiwillig gesetzlich versicherten Selbstzahlern)	329		–	429		–
	Zu den Zeilen 18 bis 21:						
22	Von der Kranken- und / oder sozialen Pflegeversicherung erstattete Beiträge	330		–	430		–
23	In Zeile 22 enthaltene Beiträge zur Krankenversicherung, aus denen sich ein Anspruch auf Krankengeld ergibt	331		–	431		–
24	Zuschuss zu den Beiträgen lt. Zeile 18 und / oder 21 – ohne Beträge lt. Zeile 37 und 39 – (z. B. von der Deutschen Rentenversicherung)	332		–	432		–
25	Beiträge (abzüglich steuerfreier Zuschüsse – ohne Beträge, laut Zeile 37 –) zu einer ausländischen Krankenversicherung, die mit einer inländischen gesetzlichen Krankenversicherung vergleichbar ist	333		–	433		–
26	In Zeile 25 enthaltene Beiträge zur Krankenversicherung, aus denen sich kein Anspruch auf Krankengeld ergibt	334		–	434		–
27	Beiträge (abzüglich steuerfreier Zuschüsse – ohne Beträge, laut Zeile 39 –) zu einer ausländischen sozialen Pflegeversicherung, die mit einer inländischen gesetzlichen Pflegeversicherung vergleichbar ist	335		–	435		–
	Zu den Zeilen 25 bis 27:						
28	Von der ausländischen Kranken- und / oder sozialen Pflegeversicherung erstattete Beiträge	336		–	436		–
29	In Zeile 28 enthaltene Beiträge zur Krankenversicherung, aus denen sich kein Anspruch auf Krankengeld ergibt, und zur sozialen Pflegeversicherung	337		–	437		–
30	Über die Basisabsicherung hinausgehende Beiträge zu Krankenversicherungen (z. B. für Wahlleistungen, Zusatzversicherung) abzüglich erstatteter Beiträge	338		–	438		–

DATEV

138

Beiträge zur privaten Kranken- und Pflegeversicherung

– Füllen Sie die Zeilen 31 bis 35 und 42 bis 45 nur aus, wenn Sie der Datenübermittlung nicht widersprochen haben. –

			stpfl. Person / Ehemann EUR		Ehefrau EUR
31	Beiträge zu Krankenversicherungen (nur Basisabsicherung, keine Wahlleistungen)	350	3.279 —	450	, —
32	Beiträge zu Pflege-Pflichtversicherungen	351	250 —	451	, —
33	Zu den Zeilen 31 und 32: Von der privaten Kranken- und / oder Pflege-Pflichtversicherung erstattete Beiträge	352	, —	452	, —
34	Zuschuss von dritter Seite zu den Beiträgen lt. Zeile 31 und / oder 32 (z. B. von der Deutschen Rentenversicherung)	353	, —	453	, —
35	Über die Basisabsicherung hinausgehende Beiträge zu Krankenversicherungen (z. B. für Wahlleistungen, Zusatzversicherung) abzüglich erstatteter Beiträge	354	, —	454	, —
36	Beiträge (abzüglich erstatteter Beiträge) zu zusätzlichen Pflegeversicherungen (ohne Pflege-Pflichtversicherung)	355	, —	455	, —

Steuerfreie Arbeitgeberzuschüsse

			stpfl. Person / Ehemann		Ehefrau
37	Steuerfreie Arbeitgeberzuschüsse zur – gesetzlichen Krankenversicherung lt. Nr. 24 a der Lohnsteuerbescheinigung	360	, —	460	, —
38	– privaten Krankenversicherung lt. Nr. 24 b der Lohnsteuerbescheinigung	361	, —	461	, —
39	– gesetzlichen Pflegeversicherung lt. Nr. 24 c der Lohnsteuerbescheinigung	362	, —	462	, —

Als Versicherungsnehmer für andere Personen übernommene Kranken- und Pflegeversicherungsbeiträge

40	IdNr. der mitversicherten Person	600	„Andere Personen" sind z. B. Kinder, für die kein Anspruch auf Kindergeld / Kinderfreibetrag besteht (bei Anspruch auf Kindergeld / Kinderfreibetrag sind die Eintragungen in den Zeilen 31 bis 37 der Anlage Kind vorzunehmen), oder der / die eingetragene Lebenspartner/in.

41 Name, Vorname, Geburtsdatum der mitversicherten Person

			stpfl. Person / Ehegatten EUR
42	Beiträge (abzüglich steuerfreier Zuschüsse) zu privaten Krankenversicherungen (nur Basisabsicherung, keine Wahlleistungen)	601	, —
43	Beiträge (abzüglich steuerfreier Zuschüsse) zu Pflege-Pflichtversicherungen	602	, —
44	Zu den Zeilen 42 bis 43: Von der privaten Kranken- und / oder Pflege-Pflichtversicherung erstattete Beiträge	603	, —
45	Beiträge (abzüglich erstatteter Beiträge) zu privaten Kranken- und / oder Pflegeversicherungen (ohne Basisabsicherung, z. B. für Wahlleistungen, Zusatzversicherung)	604	, —

Weitere sonstige Vorsorgeaufwendungen

			stpfl. Person / Ehemann EUR		Ehefrau EUR
46	Arbeitnehmerbeiträge zur Arbeitslosenversicherung lt. Nr. 27 der Lohnsteuerbescheinigung	370	, —	470	297 —
47	Beiträge (abzüglich steuerfreier Zuschüsse und erstatteter Beiträge) zu – Kranken- und Pflegeversicherungen (Gesamtbetrag) (nur einzutragen, wenn Sie der Datenübermittlung widersprochen haben; Einträge zu zusätzlichen Pflegeversicherungen sind nur in Zeile 36 vorzunehmen)	371	, —	471	, —

			stpfl. Person / Ehegatten EUR
48	– Versicherungen gegen Arbeitslosigkeit – ohne Beiträge, die in Zeile 46 geltend gemacht werden –	500	, —
49	– freiwilligen eigenständigen Erwerbs- und Berufsunfähigkeitsversicherungen	501	, —
50	– Unfall- und Haftpflichtversicherungen sowie Risikoversicherungen, die nur für den Todesfall eine Leistung vorsehen	502	374 —
51	– Rentenversicherungen mit Kapitalwahlrecht und / oder Kapitallebensversicherungen mit einer Laufzeit von mindestens 12 Jahren sowie einem Laufzeitbeginn und der ersten Beitragszahlung vor dem 1.1.2005	503	6.200 —
52	– Rentenversicherungen ohne Kapitalwahlrecht mit Laufzeitbeginn und erster Beitragszahlung vor dem 1.1.2005 (auch steuerpflichtige Beiträge zu Versorgungs- und Pensionskassen) – ohne Altersvorsorgebeiträge, die in der Anlage AV geltend gemacht werden –	504	, —

Ergänzende Angaben zu Vorsorgeaufwendungen

	Es bestand 2012 keine gesetzliche Rentenversicherungspflicht aus dem aktiven Dienstverhältnis / aus der Tätigkeit	stpfl. Person / Ehemann		Ehefrau	
53	– als Beamter / Beamtin	380	1 = Ja	480	1 = Ja
54	– als Vorstandmitglied / GmbH-Gesellschafter-Geschäftsführer/in	381	1 = Ja	481	1 = Ja
55	– als (z. B. Praktikant/in, Student/in im Praktikum) Bezeichnung	382	1 = Ja	482	1 = Ja
56	Aufgrund des genannten Dienstverhältnisses / der Tätigkeit bestand hingegen eine Anwartschaft auf Altersversorgung	383	1 = Ja 2 = Nein	483	1 = Ja 2 = Nein
57	Die Anwartschaft auf Altersversorgung wurde ganz oder teilweise ohne eigene Beitragsleistungen erworben (Bei Vorstandsmitgliedern / GmbH-Gesellschafter-Geschäftsführern: Falls nein, bitte geeignete Unterlagen beifügen.)	384	1 = Ja 2 = Nein	484	1 = Ja 2 = Nein
58	Es wurde Arbeitslohn aus einem nicht aktiven Dienstverhältnis – insbesondere Betriebsrente / Werkspension – bezogen, bei dem es sich nicht um steuerbegünstigte Versorgungsbezüge (Zeilen 11 bis 16 der Anlage N) handelt. Bei Altersteilzeit ist hier keine Eintragung vorzunehmen.	385	1 = Ja	485	1 = Ja

Sonstige Vorsorgeaufwendungen

Unfall- und Haftpflichtversicherungen sowie Risikoversicherungen, die nur für den Todesfall eine Leistung vorsehen

Für den Steuerpflichtigen:

Bezeichnung	Häufigkeit der Zahlung	Beitrag	Gesamt-beitrag	Summe
Haftpflichtversicherung				
Privathaftpflicht		93,40	93,40	
Gesamt				93,40
Unfallversicherung				
Unfallversicherung		280,00	280,00	
Gesamt				280,00
Summe				**374,00**

Rentenversicherungen mit Kapitalwahlrecht und Kapitallebensversicherungen

Für den Steuerpflichtigen:

Bezeichnung	Häufigkeit der Zahlung	Beitrag	Gesamt-beitrag	Summe
Kapitallebensversicherung mit mind. 12 Jahren Laufzeit				
Lebensversicherung		6.200,00	6.200,00	
Gesamt				6.200,00
Summe				**6.200,00**

2012

2012

1	Name **Freiberuf**	**Anlage S**
2	Vorname **Franz**	Jeder Ehegatte mit Einkünften aus selbständiger Arbeit hat eine eigene Anlage S abzugeben.
3	Steuernummer **02880530040**	Bei Bruttoeinnahmen ab 17 500 € ist für jede Tätigkeit, soweit keine Bilanz erstellt wird, zusätzlich eine Anlage EÜR elektronisch zu übermitteln.

stpfl. Person / Ehemann **X**   Ehefrau

Einkünfte aus selbständiger Arbeit

Gewinn (ohne Veräußerungsgewinne in den Zeilen 15 und 18; bei ausländischen Einkünften: Anlage AUS beachten)   **22**

aus freiberuflicher Tätigkeit (genaue Berufsbezeichnung oder Tätigkeit)   EUR

4	**Dolmetscher/Übersetzer**	12/13	29.160 –

lt. gesonderter Feststellung (Finanzamt und Steuernummer)

5		58/59	

aus Beteiligung (Gesellschaft, Finanzamt und Steuernummer) 1. Beteiligung

6		16/17	

aus allen weiteren Beteiligungen

7		18/19	

aus Gesellschaften / Gemeinschaften / ähnlichen Modellen i. S. d. § 15b EStG

8			

aus sonstiger selbständiger Arbeit (z. B. als Aufsichtsratsmitglied)

9		20/21	

aus allen weiteren Tätigkeiten (genau bezeichnen)

10		22/23	

11	In den Zeilen 4 bis 7, 9 und 10 enthaltener steuerfreier Teil der Einkünfte, für die das **Teileinkünfteverfahren** gilt — Berechnung auf besonderem Blatt —	62/63	

12	Leistungsvergütungen als Beteiligter einer Wagniskapitalgesellschaft, die **vor** dem 1.1.2009 gegründet wurde (§ 18 Abs. 1 Nr. 4 EStG) Gesellschaft, Finanzamt und Steuernummer	46/47	

13	Leistungsvergütungen als Beteiligter einer Wagniskapitalgesellschaft, die **nach** dem 31.12.2008 gegründet wurde (§ 18 Abs. 1 Nr. 4 EStG) Gesellschaft, Finanzamt und Steuernummer	45/87	

14	Ich beantrage für den in den Zeilen 4 bis 7 und 18 enthaltenen Gewinn die Begünstigung nach § 34a EStG und / oder es wurde zum 31.12.2011 ein nachversteuerungspflichtiger Betrag festgestellt. Beigefügte **Anlage(n) 34a**	Anzahl	

Veräußerungsgewinn   vor Abzug etwaiger Freibeträge bei Veräußerung / Aufgabe eines **ganzen Betriebs**, eines **Teilbetriebs**, eines ganzen **Mitunternehmeranteils** (§ 16 EStG)

15	Veräußerungsgewinn, für den der **Freibetrag nach § 16 Abs. 4 EStG** wegen dauernder Berufsunfähigkeit oder Vollendung des 55. Lebensjahres **beantragt** wird. Für nach dem 31.12.1995 erfolgte Veräußerungen / Aufgaben wurde der Freibetrag nach § 16 Abs. 4 EStG bei keiner Einkunftsart in Anspruch genommen.	24/25	EUR

16	In Zeile 15 enthaltener steuerpflichtiger Teil, für den das **Teileinkünfteverfahren** gilt	52/53	

17	In Zeile 15 enthaltener Veräußerungsgewinn, für den der **ermäßigte Steuersatz** des § 34 Abs. 3 EStG wegen dauernder Berufsunfähigkeit oder Vollendung des 55. Lebensjahres beantragt wird. Für nach dem 31.12.2000 erfolgte Veräußerungen / Aufgaben wurde der ermäßigte Steuersatz des § 34 Abs. 3 EStG bei keiner Einkunftsart in Anspruch genommen.	54/55	

18	Veräußerungsgewinne, für die der **Freibetrag nach § 16 Abs. 4 EStG** nicht beantragt wird oder **nicht zu gewähren** ist	28/29	

19	In Zeile 18 enthaltener steuerpflichtiger Teil, für den das **Teileinkünfteverfahren** gilt	56/57	

20	In Zeile 18 enthaltener Veräußerungsgewinn, für den der **ermäßigte Steuersatz** des § 34 Abs. 3 EStG wegen dauernder Berufsunfähigkeit oder Vollendung des 55. Lebensjahres beantragt wird. Für nach dem 31.12.2000 erfolgte Veräußerungen / Aufgaben wurde der ermäßigte Steuersatz des § 34 Abs. 3 EStG bei keiner Einkunftsart in Anspruch genommen.	64/65	

21	In Zeile 20 enthaltener steuerpflichtiger Teil, für den das **Teileinkünfteverfahren** gilt	66/67	

22	**Zu den Zeilen 15 bis 21:** Erwerber ist eine Gesellschaft, an der die veräußernde Person oder ein Angehöriger beteiligt ist (Erläuterungen auf besonderem Blatt).		

Sonstiges

EUR

31 In den Zeilen 4 bis 10 enthaltene begünstigte sonstige Gewinne i. S. d. § 34 Abs. 2 Nr. 2 bis 4 EStG   50/51

32 Saldo aus **Entnahmen und Einlagen** i. S. d. § 4 Abs. 4a EStG im Wirtschaftsjahr
(bei mehreren Betrieben Erläuterungen auf besonderem Blatt)

33 **Schuldzinsen** aus der Finanzierung von Anschaffungs- / Herstellungskosten von Wirtschaftsgütern des **Anlagevermögens**

34 Summe der in 2012 in Anspruch genommenen Investitionsabzugsbeträge nach § 7g Abs. 1 EStG
- Erläuterungen auf besonderem Blatt -

35 Summe der in 2012 nach § 7g Abs. 2 EStG hinzugerechneten Investitionsabzugsbeträge
- Erläuterungen auf besonderem Blatt -

Einnahmen aus der nebenberuflichen Tätigkeit als

	Gesamtbetrag	davon als steuerfrei behandelt	Rest enthalten in Zeile(n)
36	€	€	
37	€	€	

2012

	Name/Gesellschaft/Gemeinschaft/Körperschaft	
1	**Freiberuf ,Franz**	**Anlage EÜR**
	Vorname	
2		Bitte für jeden Betrieb eine gesonderte Anlage EÜR einreichen!

3	(Betriebs-)Steuernummer	02880530040		77	12	1

Einnahmenüberschussrechnung
nach § 4 Abs. 3 EStG für das Kalenderjahr 2012   Beginn   Ende

	99	15

4		davon abweichend	131	**2 0 1 2**	132	

	Art des Betriebs			Zuordnung zur Einkunfts-art (siehe Anleitung)	
5	100	**Dolmetscher/Übersetzer**		105	**5**

6	Wurde im Kalenderjahr/Wirtschaftsjahr der Betrieb veräußert oder aufgegeben? (Bitte Zeile 66 beachten)	111		Ja = 1
7	Wurden im Kalenderjahr/Wirtschaftsjahr Grundstücke/grundstücksgleiche Rechte entnommen oder veräußert?	120	**2**	Ja = 1 oder Nein = 2

1. Gewinnermittlung

	99	20

Betriebseinnahmen   EUR   Ct

8	Betriebseinnahmen als umsatzsteuerlicher **Kleinunternehmer** (nach § 19 Abs. 1 UStG)	111	
9	davon nicht steuerbare Umsätze sowie Umsätze nach § 19 Abs. 3 Satz 1 Nr. 1 und 2 UStG 119		(weiter ab Zeile 15)
10	Betriebseinnahmen als **Land- und Forstwirt**, soweit die Durchschnittssatz-besteuerung nach § 24 UStG angewandt wird	104	
11	**Umsatzsteuerpflichtige Betriebseinnahmen**	112	**35.588,86**
12	Umsatzsteuerfreie, nicht umsatzsteuerbare Betriebseinnahmen sowie Betriebsein-nahmen, für die der Leistungsempfänger die Umsatzsteuer nach § 13b UStG schuldet	103	**3.572,21**
13	davon Kapitalerträge 113		
14	Vereinnahmte Umsatzsteuer sowie Umsatzsteuer auf unentgeltliche Wertabgaben	140	**7.218,10**
15	Vom Finanzamt erstattete und ggf. verrechnete Umsatzsteuer	141	
16	Veräußerung oder Entnahme von Anlagevermögen	102	
17	Private Kfz-Nutzung	106	**2.751,36**
18	Sonstige Sach-, Nutzungs- und Leistungsentnahmen	108	**200,00**
19	Auflösung von Rücklagen und Ausgleichsposten (Übertrag aus Zeile 76)		
20	**Summe Betriebseinnahmen** (Übertrag in Zeile 61)	159	**49.330,53**

	99	25

Betriebsausgaben   EUR   Ct

21	Betriebsausgabenpauschale **für bestimmte Berufsgruppen** und/oder Freibetrag nach § 3 Nr. 26, 26a und/oder 26b EStG	190	
22	Sachliche Bebauungskostenpauschale für **Weinbaubetriebe**/ Betriebsausgabenpauschale für **Forstwirte**	191	
23	Waren, Rohstoffe und Hilfsstoffe einschl. der Nebenkosten	100	
24	Bezogene Fremdleistungen	110	
25	Ausgaben für eigenes Personal (z. B. Gehälter, Löhne und Versicherungsbeiträge)	120	

Absetzung für Abnutzung (AfA)

26	AfA auf unbewegliche Wirtschaftsgüter (ohne AfA für das häusliche Arbeitszimmer)	136	
27	AfA auf immaterielle Wirtschaftsgüter (z. B. erworbene Firmen-, Geschäfts- oder Praxiswerte)	131	
28	AfA auf bewegliche Wirtschaftsgüter (z. B. Maschinen, Kfz)	130	**1.171,50**

	Übertrag (Summe Zeilen 21 bis 28)	**1.171,50**

(Betriebs-)Steuernummer 02880530040	Freiberuf ,Franz	2012
	EUR	Ct
Übertrag (Summe Zeilen 21 bis 28)		1.171,50

			EUR	Ct
31	Sonderabschreibungen nach § 7g EStG	134		
32	Herabsetzungsbeträge nach § 7g Abs. 2 EStG (Erläuterungen auf gesondertem Blatt)	138		
33	Aufwendungen für geringwertige Wirtschaftsgüter nach § 6 Abs. 2 EStG	132		
34	Auflösung Sammelposten nach § 6 Abs. 2a EStG	137		
35	Restbuchwert der ausgeschiedenen Anlagegüter	135		

Raumkosten und sonstige Grundstücksaufwendungen
(ohne häusliches Arbeitszimmer)

			EUR	Ct
36	Miete/Pacht für Geschäftsräume und betrieblich genutzte Grundstücke	150		
37	Miete/Aufwendungen für doppelte Haushaltsführung	152		
38	Sonstige Aufwendungen für betrieblich genutzte Grundstücke (ohne Schuldzinsen und AfA)	151		

Sonstige unbeschränkt abziehbare Betriebsausgaben

			EUR	Ct
39	Aufwendungen für Telekommunikation (z. B. Telefon)	280		1.350,00
40	Fortbildungskosten	281		65,05
41	Rechts- und Steuerberatung, Buchführung	194		980,09
42	Schuldzinsen zur Finanzierung von Anschaffungs- und Herstellungskosten von Wirtschaftsgütern des Anlagevermögens	232		
43	Übrige Schuldzinsen	234		
44	Gezahlte Vorsteuerbeträge	185		1.725,93
45	An das Finanzamt gezahlte und ggf. verrechnete Umsatzsteuer	186		4.606,03
46	Rücklagen, stille Reserven und/oder Ausgleichsposten (Übertrag aus Zeile 75)			
47	Übrige unbeschränkt abziehbare Betriebsausgaben	183		253,94

Beschränkt abziehbare Betriebsausgaben und Gewerbesteuer		nicht abziehbar EUR	Ct		abziehbar EUR	Ct
48	Geschenke	164			174	74,53
49	Bewirtungsaufwendungen	165			175	90,90
50	Verpflegungsmehraufwendungen				171	460,00
51	Aufwendungen für ein häusliches Arbeitszimmer (einschl. AfA und Schuldzinsen)	162			172	1.980,68
52	Sonstige beschränkt abziehbare Betriebsausgaben	168			177	
53	Gewerbesteuer	217			218	

Kraftfahrzeugkosten und andere Fahrtkosten

			EUR	Ct
54	Tatsächliche Kraftfahrzeugkosten und andere Fahrtkosten (laufende und feste Kosten ohne AfA und ohne Zinsen)	140		7.411,23
55	Kraftfahrzeugkosten für Wege zwischen Wohnung und Betriebsstätte; Familienheimfahrten (pauschaliert oder tatsächlich)	142 −		
56	Mindestens abziehbare Kraftfahrzeugkosten für Wege zwischen Wohnung und Betriebsstätte (Entfernungspauschale); Familienheimfahrten	176 +		
57	**Summe Betriebsausgaben** (Übertrag in Zeile 62)	199		20.169,88

(Betriebs-)Steuernummer 02880530040	Freiberuf ,Franz	2012

Ermittlung des Gewinns

EUR | Ct

61	Summe der Betriebseinnahmen (Übertrag aus Zeile 20)			49.330,53
62	abzüglich Summe der Betriebsausgaben (Übertrag aus Zeile 57)		—	20.169,88
	zuzüglich			
63	– Hinzurechnung der Investitionsabzugsbeträge nach § 7g Abs. 2 EStG (Erläuterungen auf gesondertem Blatt)	188	+	
64	– Gewinnzuschlag nach § 6b Abs. 7 und 10 EStG	123	+	
	abzüglich			
65	– Investitionsabzugsbeträge nach § 7g Abs. 1 EStG (Erläuterungen auf gesondertem Blatt)	187	—	
66	Hinzurechnungen und Abrechnungen bei Wechsel der Gewinnermittlungsart (Erläuterungen auf gesondertem Blatt)	250		
67	Ergebnisanteile aus Beteiligungen an Personengesellschaften	184		
68	Korrigierter Gewinn/Verlust	290		29.160,65

69	Bereits berücksichtigte Beträge, für die das Teileinkünfte-verfahren bzw. § 8b KStG gilt	Gesamtbetrag 261	262	Korrekturbetrag

70	Steuerpflichtiger Gewinn/Verlust vor Anwendung des § 4 Abs. 4a EStG	293		29.160,65
71	Hinzurechnungsbetrag nach § 4 Abs. 4a EStG	271	+	
72	**Steuerpflichtiger Gewinn/Verlust**	219		29.160,65

2. Ergänzende Angaben

			99	27

Rücklagen und stille Reserven
(Erläuterungen auf gesondertem Blatt)

		Bildung/Übertragung EUR	Ct	Auflösung EUR	Ct
73	Rücklagen nach § 6c i. V. m. § 6b EStG, R 6.6 EStR	187		120	
74	Übertragung von stillen Reserven nach § 6c i. V. m. § 6b EStG, R 6.6 EStR	170			
75	Ausgleichsposten nach § 4g EStG	191		125	
76	Gesamtsumme	190		124	

(Übertrag in Zeile 46) | (Übertrag in Zeile 19)

Entnahmen und Einlagen i. S. d. § 4 Abs. 4a EStG

			99	29

EUR | Ct

77	Entnahmen einschl. Sach-, Leistungs- und Nutzungsentnahmen	122	
78	Einlagen einschl. Sach-, Leistungs- und Nutzungseinlagen	123	

2012

	Name	
1	**Freiberuf**	
	Vorname	
2	**Frieda**	

Anlage N
Jeder Ehegatte mit Einkünften
aus nichtselbständiger Arbeit hat
eine eigene Anlage N abzugeben.

3	Steuernummer	02880530040		stpfl. Person / Ehemann		X	Ehefrau

eTIN lt. Lohnsteuerbescheinigung(en), sofern vorhanden

4

eTIN lt. weiterer Lohnsteuerbescheinigung(en), sofern vorhanden

Einkünfte aus nichtselbständiger Arbeit

4

Angaben zum Arbeitslohn

		Lohnsteuerbescheinigung(en) Steuerklasse 1 - 5			Lohnsteuerbescheinigung(en) Steuerklasse 6 oder einer Urlaubskasse	
5	Steuerklasse	168 **3**				
		EUR	Ct		EUR	Ct
6	Bruttoarbeitslohn	110	**19.800,—**	111		
7	Lohnsteuer	140	**3.991,33**	141		
8	Solidaritätszuschlag	150	**219,46**	151		
9	Kirchensteuer des Arbeitnehmers	142		143		
10	**Nur bei konfessionsverschiedener Ehe:** Kirchensteuer für den Ehegatten	144		145		

		1. Versorgungsbezug		2. Versorgungsbezug	
11	**Steuerbegünstigte Versorgungsbezüge** (in Zeile 6 enthalten)	200		210	
12	Bemessungsgrundlage für den Versorgungsfreibetrag lt. Nr. 29 der Lohnsteuerbescheinigung	201		211	
13	Maßgebendes Kalenderjahr des Versorgungsbeginns lt. Nr. 30 der Lohnsteuerbescheinigung	206		216	
14	Bei unterjähriger Zahlung: Erster und letzter Monat, für den Versorgungsbezüge gezahlt wurden, lt. Nr. 31 der Lohnsteuerbescheinigung	Monat 202 — 203 Monat		Monat 212 — 213 Monat	
15	Sterbegeld, Kapitalauszahlungen / Abfindungen und Nachzahlungen von Versorgungsbezügen lt. Nr. 32 der Lohnsteuerbescheinigung (in den Zeilen 6 und 11 enthalten)	204		214	
16	Ermäßigt zu besteuernde Versorgungsbezüge für mehrere Jahre lt. Nr. 9 der Lohnsteuerbescheinigung	205		215	

17	**Entschädigungen** (Bitte Vertragsunterlagen beifügen.) / **Arbeitslohn für mehrere Jahre**	166	
18	Steuerabzugsbeträge zu den Zeilen 16 und 17	Lohnsteuer 146	Solidaritätszuschlag 152	
19		Kirchensteuer Arbeitnehmer 148	Kirchensteuer Ehegatte 149	

20	Steuerpflichtiger Arbeitslohn, von dem kein Steuerabzug vorgenommen worden ist (soweit nicht in der Lohnsteuerbescheinigung enthalten)	115	
21	Steuerfreier Arbeitslohn nach Doppelbesteuerungsabkommen / sonstigen zwischenstaatlichen Übereinkommen (Übertrag aus den Zeilen 52, 70 und / oder 81 der ersten **Anlage N-AUS**)	139	
22	Steuerfreier Arbeitslohn nach Auslandstätigkeitserlass (Übertrag aus Zeile 66 der ersten **Anlage N-AUS**)	136	
23	Steuerfreie Einkünfte (Besondere Lohnbestandteile) nach Doppelbesteuerungsabkommen / sonstigen zwischenstaatlichen Übereinkommen / Auslandstätigkeitserlass (Übertrag aus Zeile 80 der ersten **Anlage N-AUS**)	178	
24	Beigefügte **Anlage(n) N-AUS**		Anzahl

25	Grenzgänger nach (Beschäftigungsland)	Arbeitslohn in ausländischer Währung	Schweizerische Abzugsteuer in SFr
		116	135	

26	Steuerfrei erhaltene Aufwandsentschädigungen / Einnahmen	aus der Tätigkeit als	EUR 118	

27	**Kurzarbeitergeld, Zuschuss zum Mutterschaftsgeld, Verdienstausfallentschädigung nach dem Infektionsschutzgesetz, Aufstockungsbeträge nach dem Altersteilzeitgesetz, Altersteilzeitzuschläge nach Besoldungsgesetzen (lt. Nr. 15 der Lohnsteuerbescheinigung)**	119	
28	Insolvenzgeld	121	
29	**Andere Lohn- / Entgeltersatzleistungen** (z. B. Arbeitslosengeld, Elterngeld, Krankengeld, Mutterschaftsgeld und vergleichbare Leistungen aus einem EU- / EWR-Staat oder der Schweiz)	120	
30	Angaben über Zeiten und Gründe der Nichtbeschäftigung (Bitte Nachweise beifügen)		

DATEV

2012AnlN031

2012AnlN031

146

Werbungskosten   **Wege zwischen Wohnung und regelmäßiger Arbeitsstätte** (Entfernungspauschale)   8

31 Die Wege wurden ganz oder teilweise zurückgelegt mit einem eigenen oder zur Nutzung überlassenen   **X** privaten Kfz   (Kz 101) Firmenwagen   Letztes amtl. Kennzeichen

Regelmäßige Arbeitsstätte in (PLZ, Ort und Straße)   Arbeitstage je Woche   Urlaubs- und Krankheitstage

32 **Wiesbaden**

33

34

35

Arbeits-stätte lt. Zeile	aufgesucht an Tagen	einfache Entfernung	davon mit eigenem oder zur Nutzung überlassenem Pkw zurückgelegt	davon mit Sammelbeförderung des Arbeitgebers zurückgelegt	davon mit öffentl. Ver-kehrsmitteln, Motorrad, Fahrrad o. Ä., als Fuß-gänger, als Mitfahrer einer Fahrgemein-schaft zurückgelegt	Aufwendungen für Fahrten mit öffentlichen Verkehrsmitteln (ohne Flug- und Fährkosten) EUR	Behinderungsgrad mind. 70 oder mind. 50 und Merkzeichen „G"
36	32	110 **200**	111 **30** km	112 **30** km	113 km	km	114 — 115	1 = Ja
37		130	131 km	132 km	133 km	km	134 — 135	1 = Ja
38		150	151 km	152 km	153 km	km	154 — 155	1 = Ja
39		170	171 km	172 km	173 km	km	174 — 175	1 = Ja

40 Arbeitgeberleistungen lt. Nr. 17 und 18 der Lohnsteuerbescheinigung und von der Agentur für Arbeit gezahlte Fahrtkostenzuschüsse   steuerfrei ersetzt   290   EUR   pauschal besteuert   295

41 **Beiträge zu Berufsverbänden** (Bezeichnung der Verbände)   310 —

Aufwendungen für Arbeitsmittel - soweit nicht steuerfrei ersetzt - (Art der Arbeitsmittel bitte einzeln angeben.)   EUR

42 **Fachliteratur**   **184** —

43 **Kontogebühr**   + **16** — ▶ 320   **200** —

Aufwendungen für ein häusliches Arbeitszimmer

44   325 —

Fortbildungskosten - soweit nicht steuerfrei ersetzt -

45   330 —

Weitere Werbungskosten - soweit nicht steuerfrei ersetzt -

46 Flug- und Fahrkosten bei Wegen zwischen Wohnung und regelmäßiger Arbeitsstätte —

47 Sonstiges (z. B. Bewerbungskosten, Kontoführungsgebühren)   + —

48   + —

49   + — ▶ 380 —

Reisekosten bei beruflich veranlassten Auswärtstätigkeiten

50 Fahrt- und Übernachtungskosten, Reisenebenkosten (ohne Fahrtkosten bei Firmenwagennutzung sowie Sammelbeförderung des Arbeitgebers)   410 —

51 Vom Arbeitgeber steuerfrei ersetzt   420 —

Pauschbeträge für Mehraufwendungen für Verpflegung

Bei einer Auswärtstätigkeit im Inland:

52 Abwesenheit von mindestens 8 Std.   Zahl der Tage   x **6 €** =   EUR —

53 Abwesenheit von mindestens 14 Std.   Zahl der Tage   x **12 €** = + —

54 Abwesenheit von 24 Std.   Zahl der Tage   x **24 €** = + —

55 Bei einer Auswärtstätigkeit im Ausland (Berechnung lt. beigefügtem Blatt):   + — ▶ 480 —

56 Vom Arbeitgeber steuerfrei ersetzt   490 —

Steuernummer, Name und Vorname	
02880530040	Freiberuf, Frieda	2012

Mehraufwendungen für doppelte Haushaltsführung

61 Der **doppelte Haushalt** wurde aus beruflichem Anlass begründet

Beschäftigungsort

62 Grund _____ am _____ und hat seitdem ununterbrochen bestanden bis _____ 2012

Eigener Hausstand am Lebensmittelpunkt

63 Nein ☐ Ja, in _____ seit _____

Kosten der ersten Fahrt zum Beschäftigungsort und der letzten Fahrt zum eigenen Hausstand
(ohne Fahrtkosten bei Firmenwagennutzung sowie Sammelbeförderung des Arbeitgebers)

EUR

64 mit öffentlichen Verkehrsmitteln _____ ,

65 mit privatem Kfz [Entfernung in km] _____ x [EUR Ct] _____ = + _____ ,

Fahrtkosten für Heimfahrten
(ohne Fahrtkosten bei Firmenwagennutzung sowie Sammelbeförderung des Arbeitgebers)
einfache Entfernung ohne Flugstrecken

66 [km] _____ x [Anzahl] _____ x 0,30 € = _____ ,

67 Kosten für öffentliche Verkehrsmittel (ohne Flug- und Fährkosten) _____ ,

68 Höherer Betrag aus den Zeilen 66 oder 67 + _____ ,

Nur bei Behinderungsgrad von mindestens 70 oder mindestens 50 und Merkzeichen „G":
einfache Entfernung bei Benutzung des privaten Kfz

69 [km] _____ x [Anzahl] _____ x 0,60 € = _____ ,

70 tatsächliche Kosten für private Kfz und öffentliche Verkehrsmittel (lt. Nachweis) _____ ,

71 Höherer Betrag aus den Zeilen 69 oder 70 + _____ ,

72 Flug- und Fährkosten für Heimfahrten (lt. Nachweis) + _____ ,

73 **Kosten der Unterkunft am Arbeitsort** (lt. Nachweis) + _____ ,

Verpflegungsmehraufwendungen
bei einer Abwesenheit

74 von mindestens 8 Std. [Zahl der Tage] _____ x 6 € = + _____ ,

75 von mindestens 14 Std. [Zahl der Tage] _____ x 12 € = + _____ ,

76 von 24 Std. [Zahl der Tage] _____ x 24 € = + _____ ,

Sonstige Aufwendungen

77 _____ + _____ ,

78 **Summe** 580 _____ ,

79 **Vom Arbeitgeber / von der Agentur für Arbeit steuerfrei ersetzt** 590 _____ ,

Angaben zum Antrag auf Festsetzung der Arbeitnehmer-Sparzulage

Anzahl

80 Beigefügte Bescheinigung(en) vermögenswirksamer Leistungen (**Anlage VL** des Anlageinstituts / Unternehmens _____

2012AnlN033   2012AnlN033

148

Ermittlung der Werbungskosten zur Anlage N für die Ehefrau

Wege zwischen Wohnung und Arbeitsstätte

1. regelmäßige Arbeitsstätte in Wiesbaden

Entfernungspauschale für die mit eigenem oder zur Nutzung
überlassenem Pkw zurückgelegte Entfernung
200 Tage x   30 km x 0,30 EUR/km   1.800,00

Ermittlung der anzusetzenden Entfernungspauschale
Entfernungspauschale gesamt   1.800

Anzusetzende Entfernungspauschale   1.800

Anzusetzende Aufwendungen für Wege zwischen Wohnung und Arbeitsstätte   **1.800**

Arbeitsmittel

Fachliteratur   184
Kontogebühr   16

Aufwendungen für Arbeitsmittel   200

Anzusetzende Aufwendungen für Arbeitsmittel gesamt   **200**

Summe der Werbungskosten zu laufendem Arbeitslohn   **2.000**

Anzusetzende Werbungskosten ggf. Arbeitnehmer-Pauschbetrag   **2.000**

12190 / 1379	Einkommensteuer 2012	24.09.2013
	in Euro	Finanzamt: Langen
Freiberuf, Franz		Steuernummer: 02880530040

Berechnung der Einkommensteuer, des Solidaritätszuschlags und der Kirchensteuer

Besteuerungsgrundlagen

Berechnung des zu versteuernden Einkommens

	Steuerpflichtiger	Ehefrau	Gesamt
Einkünfte aus selbständiger Arbeit			
Gewinn/Verlust aus freiberuflicher Tätigkeit	29.160	0	
Einkünfte	29.160	0	29.160
Einkünfte aus nichtselbständiger Arbeit			
Bruttoarbeitslohn ohne begünstigte Versorgungsbezüge	0	19.800	
- Werbungskosten ggf. Arbeitnehmer-Pauschbetrag	0	2.000	
Einkünfte ohne begünstigte Versorgungsbezüge	0	17.800	
Einkünfte	0	17.800	17.800
Summe/Gesamtbetrag der Einkünfte	**29.160**	**17.800**	**46.960**
- Höchstbetrag der Vorsorgeaufwendungen			6.230
- Spenden und Beiträge			432
- außergewöhnliche Belastungen			1.420
Einkommen/zu versteuerndes Einkommen			**38.878**

Berechnung der Steuer

Tarifliche Einkommensteuer lt. Splittingtarif	**5.100**
- Steuerermäßigung nach § 35a EStG	263
Festzusetzende Einkommensteuer	**4.837**

Abrechnung

Festzusetzende Einkommensteuer	4.837,00	
- Steuerabzug vom Lohn	3.992,00	
Verbleibende Steuer	845,00	
- Vorauszahlungen/bisherige Festsetzung	2.500,00	
Einkommensteuererstattung		1.655,00
Festzusetzender Solidaritätszuschlag	266,03	
- Steuerabzug vom Lohn	219,46	
Verbleibende Steuer	46,57	
- Vorauszahlungen/bisherige Festsetzung	137,50	
Erstattung Solidaritätszuschlag		90,93
Erstattung		**1.745,93**

Der durchschnittliche Steuersatz der tariflichen Einkommensteuer beträgt 13,11 %.

Die durchschnittliche Belastung durch festzusetzende Einkommensteuer zuzüglich der Zuschlagsteuern beträgt 13,12 %.

Der Grenzsteuersatz der tariflichen Einkommensteuer beträgt 26,70 %.

150

2012

Zeile		
1	An das Finanzamt	Eingangsstempel

2	**Steuernummer**	
3	**02880530040**	

Umsatzsteuererklärung

121

5	Berichtigte Steuererklärung (falls ja, bitte eine „1" eintragen)	110		50	12	1		99	11

6 A. Allgemeine Angaben

Name des Unternehmers

7 **Freiberuf,Franz**

ggf. abweichender Firmenname

8

Art des Unternehmens

9 **Dolmetscher/Übersetzer**

Straße, Haus-Nr.

10 **Unterer Steinberg 7**

PLZ   Ort

11 **63225**   **Langen**

Telefon

12

E-Mail-Adresse

13

Dauer der Unternehmereigenschaft

14 (nur ausfüllen, falls nicht vom 1. Januar bis zum 31. Dezember 2012)   vom   bis zum

15 1. Zeitraum. . . . .

16 2. Zeitraum. . . . .

Die Abschlusszahlung ist binnen einem Monat nach der Abgabe der Steuererklärung

17 **zu entrichten (§18 Abs. 4 UStG).** Ein Erstattungsbetrag wird auf das dem Finanzamt benannte Konto überwiesen, soweit der Betrag nicht mit Steuerschulden verrechnet wird.

Verrechnung des Erstattungsbetrages erwünscht / Erstattungsbetrag ist abgetreten

18 (falls ja, bitte eine „1" eintragen)   129

19 Geben Sie bitte die Verrechnungswünsche auf einem besonderen Blatt an oder auf dem beim Finanzamt erhältlichen Vordruck „Verrechnungsantrag".

20 **Ein Umsatzsteuerbescheid ergeht nur, wenn von Ihrer Berechnung der Umsatzsteuer abgewichen wird.**

21 **Hinweis nach den Vorschriften der Datenschutzgesetze:** Die mit der Steuererklärung angeforderten Daten werden auf Grund der §§ 149 ff. der Abgabenordnung sowie der §§ 18, 18b des Umsatzsteuergesetzes erhoben. Die Angabe der Telefonnummer und der E-Mail-Adresse ist freiwillig.

22 B. Angaben zur Besteuerung der Kleinunternehmer (§ 19 Abs. 1 UStG)

23 Die Zeilen 24 und 25 sind nur auszufüllen, wenn der Umsatz **2011** (zuzüglich Steuer) nicht mehr als **17 500 €** betragen hat und auf die Anwendung des § 19 Abs. 1 UStG nicht verzichtet worden ist.

Betrag **volle EUR**

24 **Umsatz im Kalenderjahr 2011** 238

}

(Berechnung nach § 19 Abs. 1 und 3 UStG)

25 **Umsatz im Kalenderjahr 2012** 239

Unterschrift

Bei der Anfertigung dieser Steuererklärung einschließlich der Anlagen hat mitgewirkt:

26 Ich habe dieser Steuererklärung die Anlage UR

27 **X** beigefügt.

28   nicht beigefügt, weil ich darin keine Angaben zu machen hatte.

29

30 Datum, eigenhändige Unterschrift des Unternehmers

Diese Steuererklärung ist mit einem Programm der DATEV erstellt. Das Programm erzeugt bei bestimmungsgemäßer Anwendung den Wortlaut des amtlichen Vordruckes.

DATEV

- 2 -

| Freiberuf,Franz | | 2012 | Steuernummer: | 02880530040 |

Zeile 31	C. Steuerpflichtige Lieferungen, sonstige Leistungen und unentgeltliche Wertabgaben		Bemessungsgrundlage ohne Umsatzsteuer volle EUR	Steuer EUR	Ct
32	**Umsätze zum allgemeinen Steuersatz**				
33	Lieferungen und sonstige Leistungen . . . . zu 19 %	177	35.583	6.761,72	
34	Unentgeltliche Wertabgaben a) Lieferungen nach § 3 Abs. 1b UStG . . . . zu 19 %	178	2.401	456,19	
35	b) Sonstige Leistungen nach § 3 Abs. 9a UStG . . . zu 19 %	179			
36	**Umsätze zum ermäßigten Steuersatz** Lieferungen und sonstige Leistungen . . . . zu 7 %	275			
37	Unentgeltliche Wertabgaben a) Lieferungen nach § 3 Abs. 1b UStG . . . . zu 7 %	195			
38	b) Sonstige Leistungen nach § 3 Abs. 9a UStG . . . zu 7 %	196			
39					
40					
41					
42	**Umsätze zu anderen Steuersätzen**	155		156	
43					
44					
45					
46	**Umsätze land- und forstwirtschaftlicher Betriebe nach § 24 UStG**				
47	a) Lieferungen in das übrige Gemeinschaftsgebiet an Abnehmer **mit** USt-IdNr.	777			
48	b) Steuerpflichtige Lieferungen (einschließlich unentgeltlicher Wertabgaben) von **Sägewerkserzeugnissen,** die in der Anlage 2 zum UStG nicht aufgeführt sind . . .	255		256	
49 50	c) Steuerpflichtige Umsätze (einschließlich unentgeltlicher Wertabgaben) von **Getränken,** die in der Anlage 2 zum UStG nicht aufgeführt sind, sowie von **alkoholischen Flüssigkeiten** (z.B. Wein) . . . . zu 8,3 %	344			
51	Umsätze zu anderen Steuersätzen	257		258	
52	d) Übrige steuerpflichtige Umsätze land- und forstwirtschaftlicher Betriebe, für die keine Steuer zu entrichten ist	361			
53					
54					
55 56	**Steuer infolge Wechsels der Besteuerungsform:** Nachsteuer/Anrechnung der Steuer, die auf bereits versteuerte Anzahlungen entfällt (im Falle der **Anrechnung** bitte auch Zeile 57 ausfüllen)			317	
57	Betrag der Anzahlungen, für die die anzurechnende Steuer in Zeile 56 angegeben worden ist	367			
58	**Nachsteuer** auf versteuerte Anzahlungen u.ä wegen **Steuersatzänderung**			319	
59					
60	Summe . . . . (zu übertragen in Zeile 92)			7.217,91	

- 3 -

Freiberuf,Franz   2012   Steuernummer: **02880530040**

Zeile	**D. Abziehbare Vorsteuerbeträge**		Steuer	
61	(ohne die Berichtigung nach § 15a UStG)		EUR	Ct

Zeile			EUR	Ct
62	Vorsteuerbeträge aus Rechnungen von anderen Unternehmern (§ 15 Abs. 1 Satz 1 Nr. 1 UStG)	320		1.725,93
63	Vorsteuerbeträge aus innergemeinschaftlichen Erwerben von Gegenständen (§ 15 Abs. 1 Satz 1 Nr. 3 UStG)	761		
64	Entrichtete Einfuhrumsatzsteuer (§ 15 Abs. 1 Satz 1 Nr. 2 UStG).	762		
65	Vorsteuerabzug für die Steuer, die der Abnehmer als Auslagerer nach § 13a Abs. 1 Nr. 6 UStG schuldet (§ 15 Abs. 1 Satz 1 Nr. 5 UStG)	466		
66	Vorsteuerbeträge aus Leistungen im Sinne des § 13b UStG (§ 15 Abs. 1 Satz 1 Nr. 4 UStG)	467		
67	Vorsteuerbeträge, die nach den allgemeinen Durchschnittssätzen berechnet sind (§ 23 UStG)	333		
68	Vorsteuerbeträge nach dem Durchschnittssatz für bestimmte Körperschaften, Personen-vereinigungen und Vermögensmassen (§ 23a UStG)	334		
69	Vorsteuerabzug für innergemeinschaftliche Lieferungen **neuer Fahrzeuge** außerhalb eines Unter-nehmens (§ 2a UStG) sowie von Kleinunternehmern i.S.d. § 19 Abs. 1 UStG (§ 15 Abs. 4a UStG). . .	759		
70	Vorsteuerbeträge aus innergemeinschaftlichen Dreiecksgeschäften (§ 25b Abs. 5 UStG)	760		
71	Summe . . . .(zu.übertragen in Zeile 99)			1.725,93

Zeile	**E. Berichtigung des Vorsteuerabzugs (§ 15a UStG)**				
72	Sind im Kalenderjahr 2012 **Grundstücke, Grundstücksteile, Gebäude** oder **Gebäudeteile,** für die Vorsteuer abgezogen worden ist, erstmals tatsächlich verwendet worden? Falls ja, bitte eine „1" eintragen.		370		
73	(Geben Sie bitte auf besonderem Blatt für jedes Grundstück oder Gebäude gesondert an: Lage, Zeitpunkt der erstmaligen tatsächlichen				
74	Verwendung, Art und Umfang der Verwendung im Erstjahr, insgesamt angefallene Vorsteuer, in den Vorjahren - Investitionsphase - bereits abgezogene Vorsteuer)				
75	Haben sich im Jahr 2012 die für den ursprünglichen Vorsteuerabzug maßgebenden Verhältnisse geändert bei				
76	1. **Grundstücken, Grundstücksteilen, Gebäuden** oder **Gebäudeteilen,** die innerhalb der letzten 10 Jahre erstmals tatsächlich und **nicht nur einmalig** zur Ausführung von Umsätzen verwendet worden sind? Falls ja, bitte eine „1" eintragen.		371		
77	2. **anderen Wirtschaftsgütern und sonstigen Leistungen,** die innerhalb der letzten 5 Jahre erstmals tatsächlich und **nicht nur einmalig** zur Ausführung von Umsätzen verwendet worden sind? Falls ja, bitte eine „1" eintragen.		372		
78	3. **Wirtschaftsgütern und sonstigen Leistungen,** die einmalig zur Ausführung von Umsätzen verwendet worden sind? Falls ja, bitte eine „1" eintragen.		369		
79	Die Verhältnisse, die ursprünglich für die Beurteilung des Vorsteuerabzugs maßgebend waren, haben sich seitdem geändert durch				
80	☐ Veräußerung ☐ Lieferung i.S. des § 3 Abs. 1b UStG ☐ Wechsel der Besteuerungsform, § 15a Abs. 7 UStG				
81	☐ Nutzungsänderung, und zwar				
82	☐ Übergang von steuerpflichtiger zu steuerfreier Vermietung oder umgekehrt bzw. Änderung des Verwendungsschlüssels bei gemischt genutzten Grundstücken (insbesondere bei Mieterwechsel)				
83	☐ steuerfreie Vermietung bisher eigengewerblich genutzter Räume oder umgekehrt; Übergang von einer Vermietung für NATO- oder ähnliche Zwecke zu einer nach § 4 Nr. 12 UStG steuerfreien Vermietung				
84	☐				

Zeile		nachträglich abziehbar		zurückzuzahlen	
85	**Vorsteuerberichtigungsbeträge**	EUR	Ct	EUR	Ct
86	zu 1. (Grundstücke usw., § 15a Abs. 1 Satz 2 UStG) . . .				
87	zu 2. (andere Wirtschaftsgüter usw., § 15a Abs. 1 Satz 1 UStG)				
88	zu 3. (Wirtschaftsgüter usw., § 15a Abs. 2 UStG)				
89	Summe	357		359	
90		zu übertragen in Zeile 100		zu übertragen in Zeile 97	

─ 4 ─

Freiberuf,Franz 2012 Steuernummer: **02880530040**

Zeile	F. Berechnung der zu entrichtenden Umsatzsteuer		EUR	Steuer Ct
91			EUR	Ct
92	Umsatzsteuer auf steuerpflichtige Lieferungen, sonstige Leistungen und unentgeltliche Wertabgaben . . . . (aus Zeile 60)			7.217,91
93	Umsatzsteuer auf innergemeinschaftliche Erwerbe . . . . (aus Zeile 13 der Anlage UR)			
94	Umsatzsteuer, die vom letzten Abnehmer im innergemeinschaftlichen Dreiecksgeschäft geschuldet wird (§ 25b Abs. 2 UStG) . . . . (aus Zeile 20 der Anlage UR)			
95	Umsatzsteuer, die vom Leistungsempfänger nach § 13b UStG geschuldet wird . . . . (aus Zeile 27 der Anlage UR)			
96	Umsatzsteuer, die vom Abnehmer als Auslagerer geschuldet wird (§ 13a Abs. 1 Nr. 6 UStG) . . . . (aus Zeile 30 der Anlage UR)			
97	Vorsteuerbeträge, die auf Grund des § 15a UStG zurückzuzahlen sind . . . . (aus Zeile 89)			
98	Zwischensumme			7.217,91
99	Abziehbare Vorsteuerbeträge . . . . (aus Zeile 71)			1.725,93
100	Vorsteuerbeträge, die auf Grund des § 15a UStG nachträglich abziehbar sind . . . . . (aus Zeile 89)			
101	Verbleibender Betrag			5.491,98
102	In Rechnungen unrichtig oder unberechtigt ausgewiesene Steuerbeträge (§ 14c UStG) sowie Steuerbeträge, die nach § 6a Abs. 4 Satz 2 UStG geschuldet werden	318		
103	Steuerbeträge, die nach § 17 Abs. 1 Satz 6 UStG geschuldet werden	331		
104	Steuer-, Vorsteuer- und Kürzungsbeträge, die auf frühere Besteuerungszeiträume entfallen (nur für Kleinunternehmer, die § 19 Abs. 1 UStG anwenden)	391		
105	Umsatzsteuer Überschuss - bitte dem Betrag ein Minuszeichen voranstellen -			5.491,98
106	Anrechenbare Beträge . . . . (aus Zeile 21 der Anlage UN)			
107	Verbleibende Umsatzsteuer (bitte in jedem Fall ausfüllen) Verbleibender Überschuss - bitte dem Betrag ein Minuszeichen voranstellen -	816		5.491,98
108	Vorauszahlungssoll 2012 (einschließlich Sondervorauszahlung)			5.400,00
109	Noch an die Finanzkasse zu entrichten - Abschlusszahlung - (bitte in jedem Fall ausfüllen) Erstattungsanspruch - bitte dem Betrag ein Minuszeichen voranstellen -	820		91,98
110				
111				
112				
113				
114	**Bearbeitungshinweis**			
115	1. Die aufgeführten Daten sind mit Hilfe des geprüften und genehmigten Programms sowie ggf. unter Berücksichtigung der gespeicherten Daten maschinell zu verarbeiten.			
116	2. Die weitere Bearbeitung richtet sich nach den Ergebnissen der maschinellen Verarbeitung.			
117				
118			Kontrollzahl und/oder Datenerfassungsvermerk	
119				
120				

154

- Bitte weiße Felder ausfüllen oder [X] ankreuzen, Anleitung beachten -

2012

Zeile		
1	**Steuernummer** 02880530040	
	Name des Unternehmers	
2	**Freiberuf,Franz**	
3		
4		

Anlage UR zur Umsatzsteuererklärung | 99 | 11

Zeile		Bemessungsgrundlage ohne Umsatzsteuer volle EUR		Steuer EUR	Ct
	A. Innergemeinschaftliche Erwerbe				
6					
7	Steuerfreie innergemeinschaftliche Erwerbe nach §§ 4b und 25c UStG	791			
8	Steuerpflichtige innergemeinschaftliche Erwerbe (§ 1a UStG)				
9	zum Steuersatz von 19 %	781			
10	zum Steuersatz von 7 %	793			
11	zu anderen Steuersätzen	798		799	
12	neuer Fahrzeuge von Lieferern **ohne** USt-IdNr. zum allgemeinen Steuersatz (§ 1b UStG)	794		796	
13	Summe . . . . (zu übertragen in Zeile 93 der Steuererklärung)				
	B. Innergemeinschaftliche Dreiecksgeschäfte (§ 25b UStG)	Bemessungsgrundlage ohne Umsatzsteuer volle EUR		Steuer EUR	Ct
14					
15	Lieferungen des **ersten Abnehmers**	742			
16	Lieferungen, für die der letzte Abnehmer die Umsatz- steuer schuldet				
17	zum Steuersatz von 19 %	751			
18	zum Steuersatz von 7 %	746			
19	zu anderen Steuersätzen	747		748	
20	Summe . . . . (zu übertragen in Zeile 94 der Steuererklärung)				
	C. Leistungsempfänger als Steuerschuldner (§ 13b UStG)	Bemessungsgrundlage ohne Umsatzsteuer volle EUR		Steuer EUR	Ct
21					
22	Steuerpflichtige sonstige Leistungen von im übrigen Gemein- schaftsgebiet ansässigen Unternehmern (§ 13b Abs. 1 UStG)	846		847	
23	Andere Leistungen eines im Ausland ansässigen Unter- nehmers (§ 13b Abs. 2 Nr. 1 und 5 UStG)	871		872	
24	Lieferungen sicherungsübereigneter Gegenstände und Umsät- ze, die unter das GrEStG fallen (§ 13b Abs.2 Nr.2 und 3 UStG)	873		874	
25	Lieferungen von Mobilfunkgeräten und integrierten Schalt- kreisen (§13b Abs. 2 Nr. 10 UStG)	844		845	
26	Andere Leistungen eines im Inland ansässigen Unterneh- mers (§ 13b Abs. 2 Nr. 4 und 6 bis 9 UStG)	877		878	
27	Summe . . . . (zu übertragen in Zeile 95 der Steuererklärung)				
	D. Auslagerer als Steuerschuldner (§ 13a Abs. 1 Nr. 6 UStG)	Bemessungsgrundlage ohne Umsatzsteuer volle EUR		Steuer EUR	Ct
28					
29	Lieferungen, die der Auslagerung vorangegangen sind (§ 4 Nr. 4a Satz 1 Buchst. a Satz 2 UStG)	852		853	
30	Summe . . . . (zu übertragen in Zeile 96 der Steuererklärung)				

DATEV

Freiberuf,Franz   - 2 -   2012   Steuernummer: 02880530040

Zeile	E. Steuerfreie Lieferungen, sonstige Leistungen und unentgeltliche Wertabgaben		Bemessungsgrundlage ohne Umsatzsteuer volle EUR
31			
32	**Steuerfreie Umsätze mit Vorsteuerabzug**		
33	a) **Innergemeinschaftliche Lieferungen** (§ 4 Nr. 1 Buchst. b UStG) an Abnehmer **mit** USt-IdNr.	741	
34	neuer Fahrzeuge an Abnehmer **ohne** USt-IdNr.	744	
35	neuer Fahrzeuge außerhalb eines Unternehmens (§ 2a UStG)	749	
36	b) **Weitere steuerfreie Umsätze mit Vorsteuerabzug** (z. B. nach § 4 Nr. 1 Buchst. a, 2 bis 7 UStG)		
37	**Ausfuhrlieferungen** und Lohnveredelungen an Gegenständen der Ausfuhr (§ 4 Nr. 1 Buchst. a UStG)		
38	Umsätze nach § UStG		
39	Umsätze im Sinne des Offshore-Steuerabkommens, des Zusatzabkommens zum NATO-Truppenstatut und des Ergänzungsabkommens zum Protokoll über die NATO-Hauptquartiere.		
40	Reiseleistungen nach § 25 Abs. 2 UStG		
41	Summe der Zeilen 37 bis 40	237	
42	**Steuerfreie Umsätze ohne Vorsteuerabzug**		
43	a) **nicht zum Gesamtumsatz** (§ 19 Abs. 3 UStG) gehörend nach § 4 Nr. 12 UStG (Vermietung und Verpachtung von Grundstücken usw.).	286	
44	nach § 4 Nr. UStG.	287	
45	Summe der Zeilen 43 und 44		
46	b) **zum Gesamtumsatz** (§ 19 Abs. 3 UStG) gehörend		
47	nach § 4 Nr. UStG.		
48	nach § UStG.		
49	Summe der Zeilen 47 und 48.	240	

Zeile	F. Ergänzende Angaben zu Umsätzen		
50			
51	Umsätze, die auf Grund eines Verzichts auf Steuerbefreiung (§ 9 UStG) als steuerpflichtig behandelt worden sind		
52	Steuerpflichtige Umsätze im Sinne des § 13b Abs. 2 Nr. 2 bis 4 und 6 bis 9 UStG eines im Inland ansässigen Unternehmers, für die der Leistungsempfänger die Umsatzsteuer schuldet.	209	
53	Steuerpflichtige Umsätze im Sinne des § 13b Abs. 2 Nr. 10 UStG eines im Inland ansässigen Unternehmers, für die der Leistungsempfänger die Umsatzsteuer schuldet.	210	
54	**Beförderungs- und Versendungslieferungen** in das übrige Gemeinschaftsgebiet (§ 3c UStG)		
55	a) in Abschnitt C der Steuererklärung (Hauptvordruck USt 2 A) enthalten	208	
56	b) in anderen EU-Mitgliedstaaten zu versteuern	206	
57	Nicht steuerbare sonstige Leistungen gem. § 18b Satz 1 Nr. 2 UStG	721	
58	Übrige nicht steuerbare Umsätze (Leistungsort nicht im Inland)	205	3.572
59	In den Zeilen 56 bis 58 enthaltenen Umsätze, die nach § 15 Abs. 2 und 3 UStG den Vorsteuerabzug ausschließen	204	
60	Grenzüberschreitende Personenbeförderungen im Luftverkehr (§ 26 Abs. 3 UStG)		

156

Berechnung der Umsatzsteuer 2012

Steuerpflichtige Umsätze

Steuerpflichtige Umsätze zu 19 %

Lieferungen und sonstige Leistungen	35.588	6.761,72
Unentgeltliche Wertabgaben Lieferungen nach § 3 Abs. 1b UStG	2.401	456,19
Summe steuerpflichtiger Umsätze zu 19 %/ Summe Umsatzsteuer	37.989	7.217,91

Umsatzsteuer		**7.217,91**
Abziehbare Vorsteuerbeträge		
Vorsteuerbeträge aus Rechnungen von anderen Unternehmern	1.725,93	
Summe der abziehbaren Vorsteuerbeträge		1.725,93
Verbleibende Umsatzsteuer/verbleibender Überschuss (minus)		**5.491,98**
Vorauszahlungssoll 2012		5.400,00
Abschlusszahlung/Erstattungsanspruch (minus)		**91,98**

Ergänzende Angaben zu Umsätzen

Aus Abschnitt F. der Anlage UR

Übrige nicht steuerbare Umsätze (Leistungsort nicht im Inland)	3.572

Anhang

BEWIRTUNGSBELEG
(nach § 4 Abs. 5 Nr. 2 EStG)

Tag der Bewirtung	Ort der Bewirtung (genauer Name und Adresse)

Bewirtende Person (Gastgeber)

Bewirtete Personen

Anlass der Bewirtung

Höhe der Aufwendungen gem. beigefügter Rechnung: _____ EUR (inkl. MwSt.)

Trinkgeld: _____ EUIR

Gesamtbetrag: _____ EUR

Ort	Datum	Unterschrift

**Bundesministerium
der Finanzen**

ANSCHRIFT   Bundesministerium der Finanzen, 11016 Berlin

Nur per E-Mail
Oberste Finanzbehörden
der Länder

HAUSANSCHRIFT   Wilhelmstraße 97, 10117 Berlin

TEL

FAX

E-MAIL

DATUM   17. Dezember 2012

BETREFF   **Steuerliche Behandlung von Reisekosten und Reisekostenvergütungen bei betrieblich
und beruflich veranlassten Auslandsreisen ab 1. Januar 2013**

BEZUG   BMF-Schreiben vom 8. Dezember 2011 (BStBl I Seite 1259)

ANLAGEN   1

GZ   **IV C 5 - S 2353/08/10006 :003**
DOK   **2012/1137644**
(bei Antwort bitte GZ und DOK angeben)

Aufgrund des § 4 Absatz 5 Satz 1 Nummer 5 EStG werden im Einvernehmen mit den
obersten Finanzbehörden der Länder die in der anliegenden Übersicht ausgewiesenen
Pauschbeträge für Verpflegungsmehraufwendungen und Übernachtungskosten für beruflich
und betrieblich veranlasste Auslandsreisen bekannt gemacht (Fettdruck kennzeichnet
Änderungen gegenüber der Übersicht ab 1. Januar 2012 - BStBl 2011 I Seite 1259). Bei
Reisen vom Inland in das Ausland bestimmt sich der Pauschbetrag nach dem Ort, den der
Steuerpflichtige vor 24 Uhr Ortszeit erreicht hat. Für eintägige Reisen ins Ausland und für
Rückreisetage aus dem Ausland in das Inland ist der Pauschbetrag des letzten Tätigkeitsortes
im Ausland maßgebend.

Für die in der Bekanntmachung nicht erfassten Länder ist der für Luxemburg geltende
Pauschbetrag maßgebend, für nicht erfasste Übersee- und Außengebiete eines Landes ist der
für das Mutterland geltende Pauschbetrag maßgebend.

Die Pauschbeträge für Übernachtungskosten sind ausschließlich in den Fällen der Arbeit-
gebererstattung anwendbar (R 9.7 Absatz 3 und R 9.11 Absatz 10 Satz 7 Nummer 3 LStR).
Für den Werbungskostenabzug sind nur die tatsächlichen Übernachtungskosten maßgebend

(R 9.7 Absatz 2 und R 9.11 Absatz 8 LStR); dies gilt entsprechend für den Betriebsausgabenabzug (R 4.12 Absatz 2 und 3 EStR).

Dieses Schreiben gilt entsprechend für doppelte Haushaltsführungen im Ausland.

Dieses Schreiben wird im Bundessteuerblatt Teil I veröffentlicht.

Im Auftrag

Übersicht über die ab 1. Januar 2013 geltenden Pauschbeträge für
Verpflegungsmehraufwendungen und Übernachtungskosten
(Änderungen gegenüber der Übersicht ab 1. Januar 2012 - BStBl 2011 I S. 1259 - in Fettdruck)

Land	Pauschbeträge für Verpflegungsmehraufwendungen bei einer Abwesenheitsdauer je Kalendertag von			Pauschbetrag für Übernachtungskosten
	mindestens 24 Stunden	weniger als 24, aber mindestens 14 Stunden	weniger als 14, aber mindestens 8 Stunden	
	€	€	€	€
Afghanistan	30	20	10	95
Ägypten	30	20	10	50
Äthiopien	30	20	10	175
Äquatorialguinea	**50**	**33**	**17**	**226**
Albanien	23	13	8	110
Algerien	39	26	13	190
Andorra	32	21	11	82
Angola	**77**	**52**	**26**	**265**
Antigua und Barbuda	42	28	14	85
Argentinien	36	24	12	125
Armenien	24	16	8	90
Aserbaidschan	40	27	14	120
Australien				
– **Canberra**	**58**	**39**	**20**	**158**
– **Sydney**	**59**	**40**	**20**	**186**
– **im Übrigen**	**56**	**37**	**19**	**133**
Bahrain	36	24	12	70
Bangladesch	30	20	10	75
Barbados	42	28	14	110
Belgien	**41**	28	14	**135**
Benin	41	28	14	90
Bolivien	24	16	8	70
Bosnien und Herzegowina	24	16	8	70
Botsuana	33	22	11	105
Brasilien				
– Brasilia	53	36	18	160
– Rio de Janeiro	47	32	16	145
– Sao Paulo	53	36	18	120
– im Übrigen	54	36	18	110
Brunei	36	24	12	85
Bulgarien	22	15	8	72
Burkina Faso	36	24	12	100
Burundi	**47**	**32**	**16**	**98**
Chile	**40**	**27**	**14**	**130**
China				
– Chengdu	32	21	11	85
– Hongkong	62	41	21	170
– Peking	39	26	13	115
– Shanghai	42	28	14	140
– im Übrigen	33	22	11	80
Costa Rica	32	21	11	60
Côte d'Ivoire	54	36	18	145
Dänemark	60	40	20	150

Übersicht über die ab 1. Januar 2013 geltenden Pauschbeträge für
Verpflegungsmehraufwendungen und Übernachtungskosten
(Änderungen gegenüber der Übersicht ab 1. Januar 2012 - BStBl 2011 I S. 1259 - in Fettdruck)

| Land | Pauschbeträge für Verpflegungsmehraufwendungen bei einer Abwesenheitsdauer je Kalendertag von | | | Pauschbetrag für Übernachtungskosten |
	mindestens 24 Stunden	weniger als 24, aber mindestens 14 Stunden	weniger als 14, aber mindestens 8 Stunden	
	€	€	€	€
Dominica	36	24	12	80
Dominikanische Republik	30	20	10	100
Dschibuti	48	32	16	160
Ecuador	39	26	13	55
El Salvador	**46**	**31**	**16**	**75**
Eritrea	30	20	10	**58**
Estland	27	18	9	85
Fidschi	32	21	11	57
Finnland	**39**	**26**	**13**	**136**
Frankreich				
– Paris ¹)	**58**	**39**	**20**	**135**
– Straßburg	**48**	**32**	**16**	**89**
– Lyon	**53**	**36**	**18**	**83**
– Marseille	**51**	**34**	**17**	**86**
– im Übrigen	**44**	**29**	**15**	**81**
Gabun	60	40	20	135
Gambia	18	12	6	70
Georgien	30	20	10	80
Ghana	38	25	13	130
Grenada	36	24	12	105
Griechenland				
– Athen	57	38	19	125
– im Übrigen	**42**	**28**	**14**	**132**
Guatemala	33	22	11	90
Guinea	38	25	13	110
Guinea-Bissau	30	20	10	60
Guyana	36	24	12	90
Haiti	**50**	**33**	**17**	**111**
Honduras	35	24	12	115
Indien				
– Chennai	30	20	10	135
– Kalkutta	33	22	11	120
– Mumbai	35	24	12	150
– Neu Delhi	35	24	12	130
– im Übrigen	30	20	10	120
Indonesien	39	26	13	110
Iran	30	20	10	120
Irland	42	28	14	90
Island	53	36	18	105
¹) sowie die Departements 92 [Hauts-de-Seine], 93 [Seine-Saint-Denis] und 94 [Val-de-Marne]				

Übersicht über die ab 1. Januar 2013 geltenden Pauschbeträge für
Verpflegungsmehraufwendungen und Übernachtungskosten
(Änderungen gegenüber der Übersicht ab 1. Januar 2012 - BStBl 2011 I S. 1259 - in Fettdruck)

Land	Pauschbeträge für Verpflegungsmehraufwendungen bei einer Abwesenheitsdauer je Kalendertag von			Pauschbetrag für Übernachtungskosten
	mindestens 24 Stunden	weniger als 24, aber mindestens 14 Stunden	weniger als 14, aber mindestens 8 Stunden	
	€	€	€	€
Israel	59	40	20	175
Italien				
– Mailand	**39**	**26**	**13**	**156**
– Rom	**52**	**35**	**18**	**160**
– im Übrigen	**34**	**23**	**12**	**126**
Jamaika	48	32	16	145
Japan				
– Tokio	**53**	**36**	**18**	**153**
– im Übrigen	51	34	17	**156**
Jemen	24	16	8	95
Jordanien	36	24	12	85
Kambodscha	36	24	12	85
Kamerun	**40**	**27**	**14**	**130**
Kanada				
– Ottawa	36	24	12	105
– Toronto	41	28	14	135
– Vancouver	36	24	12	125
– im Übrigen	36	24	12	100
Kap Verde	30	20	10	55
Kasachstan	30	20	10	100
Katar	**56**	**37**	**19**	**170**
Kenia	**35**	24	12	**135**
Kirgisistan	18	12	6	70
Kolumbien	24	16	8	55
Kongo, Republik	57	38	19	113
Kongo, Demokratische Republik	60	40	20	155
Korea, Demokratische Volksrepublik	42	28	14	90
Korea, Republik	66	44	22	180
Kosovo	26	17	9	65
Kroatien	29	20	10	57
Kuba	48	32	16	80
Kuwait	42	28	14	130
Laos	**33**	**22**	**11**	**67**
Lesotho	24	16	8	70
Lettland	18	12	6	80
Libanon	**44**	**29**	**15**	**120**
Libyen	45	30	15	100
Liechtenstein	47	32	16	82
Litauen	27	18	9	100
Luxemburg	**47**	**32**	**16**	**102**
Madagaskar	**38**	**25**	**13**	**83**
Malawi	39	26	13	110

Übersicht über die ab 1. Januar 2013 geltenden Pauschbeträge für Verpflegungsmehraufwendungen und Übernachtungskosten

(Änderungen gegenüber der Übersicht ab 1. Januar 2012 - BStBl 2011 I S. 1259 - in Fettdruck)

Land	Pauschbeträge für Verpflegungsmehraufwendungen bei einer Abwesenheitsdauer je Kalendertag von			Pauschbetrag für Übernachtungskosten
	mindestens 24 Stunden	weniger als 24, aber mindestens 14 Stunden	weniger als 14, aber mindestens 8 Stunden	
	€	€	€	€
Malaysia	36	24	12	100
Malediven	38	25	13	93
Mali	40	27	14	125
Malta	30	20	10	90
Marokko	42	28	14	105
Mauretanien	**48**	**32**	**16**	**89**
Mauritius	48	32	16	140
Mazedonien	24	16	8	95
Mexiko	36	24	12	110
Moldau, Republik	18	12	6	100
Monaco	41	28	14	52
Mongolei	**29**	20	10	**84**
Montenegro	29	20	10	95
Mosambik	30	20	10	80
Myanmar	46	31	16	45
Namibia	29	20	10	85
Nepal	32	21	11	72
Neuseeland	**47**	**32**	**16**	**98**
Nicaragua	30	20	10	100
Niederlande	60	40	20	115
Niger	36	24	12	70
Nigeria	60	40	20	220
Norwegen	**64**	**43**	**22**	**182**
Österreich	**29**	**20**	**10**	**92**
Oman	48	32	16	120
Pakistan				
– Islamabad	24	16	8	150
– im Übrigen	24	16	8	70
Panama	45	30	15	110
Papua-Neuguinea	36	24	12	90
Paraguay	**36**	**24**	**12**	**61**
Peru	38	25	13	140
Philippinen	30	20	10	90
Polen				
– Warschau, Krakau	30	20	10	90
– im Übrigen	24	16	8	70
Portugal				
– Lissabon	36	24	12	95
– im Übrigen	33	22	11	95
Ruanda	36	24	12	135
Rumänien				
– Bukarest	26	17	9	100
– im Übrigen	27	18	9	80
Russische Föderation				

4

Übersicht über die ab 1. Januar 2013 geltenden Pauschbeträge für
Verpflegungsmehraufwendungen und Übernachtungskosten
(Änderungen gegenüber der Übersicht ab 1. Januar 2012 - BStBl 2011 I S. 1259 - in Fettdruck)

Land	Pauschbeträge für Verpflegungsmehraufwendungen bei einer Abwesenheitsdauer je Kalendertag von			Pauschbetrag für Übernachtungskosten
	mindestens 24 Stunden	weniger als 24, aber mindestens 14 Stunden	weniger als 14, aber mindestens 8 Stunden	
	€	€	€	€
– Moskau (außer Gästewohnungen der Deutschen Botschaft)	48	32	16	135
– Moskau (Gästewohnungen der Deutschen Botschaft)	33	22	11	0 ²)
– St. Petersburg	36	24	12	110
– im Übrigen	36	24	12	80
Sambia	36	24	12	95
Samoa	29	20	10	57
São Tomé – Príncipe	42	28	14	75
San Marino	41	28	14	77
Saudi-Arabien				
– Djidda	48	32	16	80
– Riad	48	32	16	95
– im Übrigen	47	32	16	80
Schweden	72	48	24	165
Schweiz				
– **Genf**	**62**	**41**	**21**	**174**
– **im Übrigen**	**48**	**32**	**16**	**139**
Senegal	42	28	14	130
Serbien	30	20	10	90
Sierra Leone	**39**	**26**	**13**	**82**
Simbabwe	47	32	16	135
Singapur	**53**	**36**	**18**	**188**
Slowakische Republik	24	16	8	130
Slowenien	30	20	10	95

²) Soweit diese Wohnungen gegen Entgelt angemietet werden, können 135 EUR angesetzt werden.

Übersicht über die ab 1. Januar 2013 geltenden Pauschbeträge für Verpflegungsmehraufwendungen und Übernachtungskosten

(Änderungen gegenüber der Übersicht ab 1. Januar 2012 - BStBl 2011 I S. 1259 - in Fettdruck)

Land	Pauschbeträge für Verpflegungsmehraufwendungen bei einer Abwesenheitsdauer je Kalendertag von			Pauschbetrag für Übernachtungskosten
	mindestens 24 Stunden	weniger als 24, aber mindestens 14 Stunden	weniger als 14, aber mindestens 8 Stunden	
	€	€	€	€
Spanien				
– Barcelona, Madrid	36	24	12	150
– Kanarische Inseln	36	24	12	90
– Palma de Mallorca	36	24	12	125
– im Übrigen	36	24	12	105
Sri Lanka	**40**	**27**	**14**	**118**
St. Kitts und Nevis	36	24	12	100
St. Lucia	45	30	15	105
St. Vincent und die Grenadinen	36	24	12	110
Sudan	32	21	11	120
Südafrika				
– Kapstadt	30	20	10	90
– im Übrigen	30	20	10	80
Südsudan	**46**	**31**	**16**	**134**
Suriname	30	20	10	75
Syrien	38	25	13	140
Tadschikistan	24	16	8	50
Taiwan	39	26	13	110
Tansania	39	26	13	165
Thailand	32	21	11	120
Togo	33	22	11	80
Tonga	32	21	11	36
Trinidad und Tobago	59	40	20	145
Tschad	**47**	**32**	**16**	**151**
Tschechische Republik	24	16	8	97
Türkei				
– Izmir, Istanbul	41	28	14	100
– im Übrigen	42	28	14	70
Tunesien	33	22	11	80
Turkmenistan	**28**	**19**	**10**	**87**
Uganda	33	22	11	130
Ukraine	36	24	12	85
Ungarn	30	20	10	75
Uruguay	36	24	12	70
Usbekistan	30	20	10	60
Vatikanstaat	**52**	**35**	**18**	**160**
Venezuela	**48**	**32**	**16**	**207**
Vereinigte Arabische Emirate	42	28	14	145
Vereinigte Staaten von Amerika				

Übersicht über die ab 1. Januar 2013 geltenden Pauschbeträge für
Verpflegungsmehraufwendungen und Übernachtungskosten
(Änderungen gegenüber der Übersicht ab 1. Januar 2012 - BStBl 2011 I S. 1259 - in Fettdruck)

Land	Pauschbeträge für Verpflegungsmehr-aufwendungen bei einer Abwesenheitsdauer je Kalendertag von			Pauschbetrag für Übernach-tungskosten
	mindestens 24 Stunden	weniger als 24, aber mindestens 14 Stunden	weniger als 14, aber mindestens 8 Stunden	
	€	€	€	€
– Atlanta	40	27	14	115
– Boston	42	28	14	190
– Chicago	44	29	15	95
– Houston	38	25	13	110
– Los Angeles	50	33	17	135
– Miami	48	32	16	120
– New York City	48	32	16	215
– San Francisco	41	28	14	110
– Washington, D. C.	40	27	14	205
– im Übrigen	36	24	12	110
Vereinigtes Königreich von Großbritannien und Nordirland				
– **London**	**57**	**38**	**19**	**160**
– **im Übrigen**	**42**	**28**	**14**	**119**
Vietnam	**36**	**24**	**12**	**97**
Weißrussland	**27**	**18**	**9**	**109**
Zentralafrikanische Republik	29	20	10	52
Zypern	39	26	13	90

I

(Veröffentlichungsbedürftige Rechtsakte)

VERORDNUNG (EG, EGKS, EURATOM) Nr. 628/2000 DES RATES

vom 20. März 2000

zur Änderung der Verordnung (EG, Euratom, EGKS) Nr. 259/68 zur Festlegung des Statuts der Beamten der Europäischen Gemeinschaften und der Beschäftigungsbedingungen für die sonstigen Bediensteten dieser Gemeinschaften

DER RAT DER EUROPÄISCHEN UNION —

gestützt auf den Vertrag zur Gründung der Europäischen Gemeinschaft, insbesondere auf Artikel 283,

auf Vorschlag der Kommission nach Stellungnahme des Statusbeirats (¹),

nach Stellungnahme des Europäischen Parlaments (²),

nach Stellungnahme des Europäischen Gerichtshofs (³),

nach Stellungnahme des Rechnungshofs (⁴),

in Erwägung nachstehender Gründe:

(1) Um die Gleichbehandlung der für die Organe und Einrichtungen der Gemeinschaft tätigen Konferenzdolmetscher zu gewährleisten, sollten diese einer einheitlichen rechtlichen Regelung unterliegen.

(2) Es ist daher angezeigt, alle Konferenzdolmetscher als Hilfskräfte gemäß Titel III der Beschäftigungsbedingungen für die sonstigen Bediensteten der Europäischen Gemeinschaften zu beschäftigen —

HAT FOLGENDE VERORDNUNG ERLASSEN:

Artikel 1

In Artikel 78 der Beschäftigungsbedingungen für die sonstigen Bediensteten der Europäischen Gemeinschaften wird folgender Absatz angefügt:

„Die für die vom Europäischen Parlament beschäftigten Konferenzdolmetscher geltenden Bedingungen in bezug auf Einstellung und Bezüge gelten in gleicher Weise für die Hilfskräfte, die von der Kommission für Rechnung der Organe und Einrichtungen der Gemeinschaften als Konferenzdolmetscher beschäftigt werden."

Artikel 2

Diese Verordnung tritt am Tag nach ihrer Veröffentlichung im *Amtsblatt der Europäischen Gemeinschaften* in Kraft.

Diese Verordnung ist in allen ihren Teilen verbindlich und gilt unmittelbar in jedem Mitgliedstaat.

Geschehen zu Brüssel am 20. März 2000.

Im Namen des Rates
Der Präsident
J. GAMA

(¹) ABl. C 110 vom 21.4.1999, S. 13.
(²) Stellungnahme vom 7. Mai 1999 (ABl. C 279 vom 1.10.1999, S. 496).
(³) Stellungnahme vom 12. Mai 1999.
(⁴) Stellungnahme vom 25. März 1999.

An das Finanzamt

1

Eingangsstempel oder -datum

2 | **Steuernummer**

Fragebogen zur steuerlichen Erfassung

3 ☐ **Aufnahme einer gewerblichen, selbständigen (freiberuflichen) oder land- und forstwirtschaftlichen Tätigkeit**

4 ☐ **Beteiligung an einer Personengesellschaft / -gemeinschaft**
– Bitte beantworten Sie nur die Fragen zu Abschnitt 1, Abschnitt 2 – nur Textziffer 2.7, Abschnitt 3 und Abschnitt 8 –

1. Allgemeine Angaben

1.1 Steuerpflichtige(r) / Beteiligte(r)

5 | Name | Vorname

6 | Ggf. Geburtsname

7 | Ausgeübter Beruf | Geburtsdatum

8 | Straße | Haus-Nr. | Haus-Nr.-Zusatz

9 | Postleitzahl | Wohnort

10 | Postleitzahl | Ort (Postfach) | Postfach

11 | **Identifikationsnummer** | Identifikationsnummer | **Religionsschlüssel:** Evangelisch = EV Römisch-Katholisch = RK nicht kirchensteuerpflichtig = VD | Religion

Kommunikationsverbindungen

12 | Telefon: | Vorwahl international | Vorwahl national | Rufnummer

13 | Telefax: | Vorwahl international | Vorwahl national | Rufnummer

14 | E-Mail

15 | Internetadresse

Familienstand

16 | Verheiratet seit dem | Verwitwet seit dem | Geschieden seit dem | Dauernd getrennt lebend seit dem

1.2 Ehegatte

17 | Name | Vorname

18 | Ggf. Geburtsname

19 | Ausgeübter Beruf | Geburtsdatum

20 | Falls von den Zeilen 8 und 9 abweichend: | Straße | Haus-Nr. | Haus-Nr.-Zusatz

21 | Postleitzahl | Wohnort

22 | **Identifikationsnummer** | Identifikationsnummer | **Religionsschlüssel:** Evangelisch = EV Römisch-Katholisch = RK nicht kirchensteuerpflichtig = VD | Religion

1.3 Bankverbindung(en) für Steuererstattungen / **Lastschrifteinzugsverfahren** (LEV)
Alle Steuererstattungen sollen an folgende Bankverbindung erfolgen (bitte **entweder** Kto.Nr., BLZ **oder** IBAN, BIC angeben):

23 | Kontonummer | Bankleitzahl

24 | IBAN

25 | BIC

26 | Geldinstitut (Name, Ort)

27 | Kontoinhaber(in) laut Zeile 5

28 | Ggf. abweichende(r) Kontoinhaber(in)

2012FsEEU011NET — Mai 2012 — 2012FsEEU011NET

170

	Steuernummer	

31 **Personensteuererstattungen** (z.B. Einkommensteuer) sollen an folgende Bankverbindung erfolgen: (Bitte **entweder** Kto.Nr., BLZ **oder** IBAN, BIC angeben)

32 Kontonummer   Bankleitzahl

33 IBAN

34 BIC

35 Geldinstitut (Name, Ort)

36 Kontoinhaber(in) (Steuerpflichtige/r)

37 Ggf. abweichende(r) Kontoinhaber(in)

38 **Betriebssteuererstattungen** (z.B. Umsatz-, Lohnsteuer) sollen an folgende Bankverbindung erfolgen: (Bitte **entweder** Kto.Nr., BLZ **oder** IBAN, BIC angeben)

39 Kontonummer   Bankleitzahl

40 IBAN

41 BIC

42 Geldinstitut (Name, Ort)

43 Kontoinhaber(in) (Steuerpflichtige/r)

44 Ggf. abweichende(r) Kontoinhaber(in)

45 Möchten Sie am **Lastschrifteinzugsverfahren,** dem für beide Seiten einfachsten Zahlungsweg, teilnehmen?
Ja, die ausgefüllte Teilnahmeerklärung ist beigefügt.

46 **1.4 Steuerliche Beratung**   Nein   Ja

47 Firma:

48 **oder** Name   Vorname

49 Straße   Haus-Nr.   Haus-Nr.-Zusatz

50 Postleitzahl   Ort

51 Postleitzahl   Ort (Postfach)   Postfach

Kommunikationsverbindungen
Telefon:

52 Vorwahl international   Vorwahl national   Rufnummer

Telefax:

53 Vorwahl international   Vorwahl national   Rufnummer

54 E-Mail

55 mit Empfangsvollmacht (Bitte fügen Sie in diesem Fall eine gesonderte Vollmacht bei!)

1.5 Empfangsbevollmächtigte(r) für alle Steuerarten

56 Firma:

57 **oder** Name   Vorname

58 Straße   Haus-Nr   Haus-Nr.-Zusatz

59 Postleitzahl   Ort

60 Postleitzahl   Ort (Postfach)   Postfach

Steuernummer

Kommunikationsverbindungen
Telefon:
61 | Vorwahl international | Vorwahl national | Rufnummer

Telefax:
62 | Vorwahl international | Vorwahl national | Rufnummer

63 | E-Mail

Bitte fügen Sie in diesem Fall eine gesonderte Vollmacht bei!

1.6 Bisherige persönliche Verhältnisse

Zugezogen am

64 Falls Sie innerhalb der letzten 12 Monate zugezogen sind:

65 | Straße | Haus-Nr. | Haus-Nr.-Zusatz

66 | Postleitzahl | Wohnort

67 | Postleitzahl | Ort (Postfach) | Postfach

Waren Sie (oder ggf. Ihr Ehegatte) in den letzten drei Jahren für Zwecke der Einkommensteuer steuerlich erfasst?

Finanzamt
68 Nein Ja

Steuernummer
69

2. Angaben zur gewerblichen, selbständigen (freiberuflichen) oder land- und forstwirtschaftlichen Tätigkeit

2.1 Art des ausgeübten Gewerbes / der Tätigkeit (Ggf. den Schwerpunkt angeben!)

70

2.2 Anschrift des Unternehmens

71 | Bezeichnung

72 | Straße | Haus-Nr. | Haus-Nr.-Zusatz

73 | Postleitzahl | Ort

74 | Postleitzahl | Ort (Postfach) | Postfach

ggf. abweichender Ort der Geschäftsleitung
75 | Straße | Haus-Nr. | Haus-Nr.-Zusatz

76 | Postleitzahl | Ort

Kommunikationsverbindungen
Telefon:
77 | Vorwahl international | Vorwahl national | Rufnummer

Telefax:
78 | Vorwahl international | Vorwahl national | Rufnummer

79 | E-Mail

80 | Internetadresse

Steuernummer

2.3 Betriebstätten

91 Werden in mehreren Gemeinden Betriebstätten unterhalten?   Nein

92   Ja   lfd. Nr. **0 0 1**   Bezeichnung

93   Anschrift, Straße   Haus-Nr.   Haus-Nr.-Zusatz

94   Postleitzahl   Ort

95   Telefon: Vorwahl international   Vorwahl national   Rufnummer

96   lfd. Nr. **0 0 2**   Bezeichnung

97   Anschrift, Straße   Haus-Nr.   Haus-Nr.-Zusatz

98   Postleitzahl   Ort

99   Telefon: Vorwahl international   Vorwahl national   Rufnummer

100   Bei mehr als zwei Betriebstätten: Gesonderte Aufstellung ist beigefügt.

101 **2.4 Kammerzugehörigkeit (Handwerks- / Industrie- und Handelskammer)**   Ja   Nein

2.5 Handelsregistereintragung

102   Ja, seit   Nein   Eine Eintragung ist beabsichtigt.

103   Bitte Handelsregisterauszug beifügen!   Antrag beim Handelsregister gestellt

104 beim Amtsgericht   am

105 Ort

106 Registernummer

2.6 Gründungsform (Bitte ggf. die entsprechenden Verträge beifügen!)

107   Neugründung zum   Verlegung zum

108   Übernahme (z.B. Kauf, Pacht, Vererbung, Schenkung) zum   Umwandlung / Einbringung / Verschmelzung zum

109 Vorheriges Unternehmen: Firma

110 oder   Name   Vorname

111 Straße   Haus-Nr.   Haus-Nr.-Zusatz

112 Postleitzahl   Ort

113 Finanzamt   Steuernummer

114 ggf. Umsatzsteuer-Identifikationsnummer

Steuernummer

2.7 Bisherige betriebliche Verhältnisse

Ist in den letzten Jahren schon ein Gewerbe, eine selbständige (freiberufliche) oder eine land- und forstwirtschaftliche Tätigkeit ausgeübt worden oder waren Sie an einer Personengesellschaft oder innerhalb der letzten fünf Jahre zu mindestens 1% an einer Kapitalgesellschaft beteiligt?

121   Nein   Ja

Art der Tätigkeit / Beteiligung

122

Ort

123   Dauer vom   bis

124   Finanzamt   Steuernummer

125   ggf. Umsatzsteuer-Identifikationsnummer

3. Angaben zur Festsetzung der Vorauszahlungen (Einkommensteuer, Gewerbesteuer)

3.1 Voraussichtliche Einkünfte aus	im Jahr der Betriebseröffnung		im Folgejahr	
	Steuerpflichtiger EUR	Ehegatte EUR	Steuerpflichtiger EUR	Ehegatte EUR
126 Land- und Forstwirtschaft				
127 Gewerbebetrieb				
128 Selbständiger Arbeit				
129 Nichtselbständiger Arbeit				
130 Kapitalvermögen				
131 Vermietung und Verpachtung				
132 Sonstigen Einkünften (z. B. Renten)				
3.2 Voraussichtliche Höhe der				
133 Sonderausgaben				
134 Steuerabzugsbeträge				

4. Angaben zur Gewinnermittlung

135   Gewinnermittlungsart   Einnahmenüberschussrechnung

136   Vermögensvergleich (Bilanz)   Eröffnungsbilanz   liegt bei.   wird nachgereicht.

137   Gewinnermittlung nach Durchschnittssätzen (nur bei Land- und Forstwirtschaft)

Liegt ein vom Kalenderjahr abweichendes Wirtschaftsjahr vor?

138   Nein   Ja,   Beginn

5. Freistellungsbescheinigung gemäß § 48b Einkommensteuergesetz (EStG) („Bauabzugsteuer")

Das Merkblatt zum Steuerabzug bei Bauleistungen steht Ihnen im Internet unter www.bzst.de zum Download zur Verfügung. Sie können es aber auch bei Ihrem Finanzamt erhalten.

139   Ich beantrage die Erteilung einer Bescheinigung zur Freistellung vom Steuerabzug bei Bauleistungen gemäß § 48b EStG.

6. Angaben zur Anmeldung und Abführung der Lohnsteuer

140   Zahl der Arbeitnehmer (einschließlich Aushilfskräfte) Insgesamt   a) davon Familienangehörige   b) davon geringfügig Beschäftigte

141   Beginn der Lohnzahlungen

142   Anmeldungszeitraum (voraussichtliche Lohnsteuer im Kalenderjahr)   **monatlich** (mehr als 4 000 EUR)   **vierteljährlich** (mehr als 1 000 EUR)   **jährlich** (nicht mehr als 1 000 EUR)

2012FsEEU015NET   2012FsEEU015NET

Steuernummer

Die für die Lohnberechnung maßgebenden Lohnbestandteile werden zusammengefasst im Betrieb / Betriebsteil:

151 Bezeichnung

152 Straße   Haus-Nr.   Haus-Nr.-Zusatz

153 Postleitzahl   Ort

7. Angaben zur Anmeldung und Abführung der Umsatzsteuer

7.1 Summe der Umsätze (geschätzt)

im Jahr der Betriebseröffnung   EUR   im Folgejahr   EUR

154

7.2 Geschäftsveräußerung im Ganzen (§ 1 Abs. 1a Umsatzsteuergesetz (UStG))

Es wurde ein Unternehmen oder ein in der Gliederung eines Unternehmens gesondert geführter Betrieb erworben:

155   Nein   Ja   (siehe Eintragungen zu Tz. 2.6 Übernahme)

7.3 Kleinunternehmer-Regelung

156   Der auf das Kalenderjahr hochgerechnete Gesamtumsatz wird die Grenze von 17.500 EUR voraussichtlich nicht überschreiten. Es wird die Kleinunternehmer-Regelung (§ 19 Abs. 1 UStG) in Anspruch genommen.
In Rechnungen wird keine Umsatzsteuer gesondert ausgewiesen und es kann kein Vorsteuerabzug geltend gemacht werden.

Hinweis: Angaben zu Tz. 7.8 sind nicht erforderlich; Umsatzsteuer-Voranmeldungen sind grundsätzlich nicht zu übermitteln.

157   Der auf das Kalenderjahr hochgerechnete Gesamtumsatz wird die Grenze von 17.500 EUR voraussichtlich nicht überschreiten. Es wird auf die Anwendung der Kleinunternehmer-Regelung verzichtet.
Die Besteuerung erfolgt nach den allgemeinen Vorschriften des Umsatzsteuergesetzes **für mindestens fünf Kalenderjahre** (§ 19 Abs. 2 UStG); Umsatzsteuer-Voranmeldungen sind monatlich in elektronischer Form abzugeben.

7.4 Organschaft (§ 2 Abs. 2 Nr. 2 UStG)

158   Ich bin Organträger folgender Organgesellschaft:

159 Firma

160 Straße   Haus-Nr.   Haus-Nr.-Zusatz

161 Postleitzahl   Ort

162 Postleitzahl   Ort (Postfach)   Postfach

163 Rechtsform

164 Beteiligungsverhältnis (Bruchteil)   /

165 Finanzamt   Steuernummer

166 ggf. Umsatzsteuer-Identifikationsnummer

Hinweis: Weitere organschaftliche Verbindungen bitte in einer Anlage (formlos) mitteilen.

7.5 Steuerbefreiung

Es werden ganz oder teilweise steuerfreie Umsätze gem. § 4 UStG ausgeführt:

Art des Umsatzes / der Tätigkeit

167   Nein   Ja   (§ 4 Nr.   UStG)

7.6 Steuersatz

Es werden Umsätze ausgeführt, die ganz oder teilweise dem ermäßigten Steuersatz gem. § 12 Abs. 2 UStG unterliegen:

Art des Umsatzes / der Tätigkeit

168   Nein   Ja   (§ 12 Abs. 2 Nr.   UStG)

7.7 Durchschnittssatzbesteuerung

Es werden ganz oder teilweise Umsätze ausgeführt, die der Durchschnittsbesteuerung gem. § 24 UStG unterliegen:

Art des Umsatzes / der Tätigkeit

169   Nein   Ja   (§ 24 Abs. 1 Nr.   UStG)

Steuernummer

7.8 Soll- / Istversteuerung der Entgelte

171 Ich berechne die Umsatzsteuer nach   vereinbarten Entgelten **(Sollversteuerung).**

172   vereinnahmten Entgelten. Ich beantrage hiermit die **Istversteuerung,** weil

173   der Gesamtumsatz für das Gründungsjahr voraussichtlich nicht mehr als 500.000 EUR betragen wird.

174   ich von der Verpflichtung, Bücher zu führen und auf Grund jährlicher Bestandsaufnahmen regelmäßig Abschlüsse zu machen, nach § 148 der Abgabenordnung befreit bin.

175   ich Umsätze aus einer Tätigkeit als Angehöriger eines freien Berufs im Sinne von § 18 Abs. 1 Nr. 1 des Einkommensteuergesetzes ausführe.

7.9 Umsatzsteuer-Identifikationsnummer

176   Ich **benötige** für die Teilnahme am innergemeinschaftlichen Waren- und Dienstleistungsverkehr eine Umsatzsteuer- Identifikationsnummer (USt-IdNr.).

Hinweis: Bei Vorliegen einer Organschaft ist die USt-IdNr. der Organgesellschaft vom Organträger zu beantragen.

177   Ich **habe bereits** für eine frühere Tätigkeit folgende USt-IdNr. erhalten:

178 USt-IdNr.   Vergabedatum:

8. Angaben zur Beteiligung an einer Personengesellschaft/- gemeinschaft

179 Bezeichnung der Gesellschaft / Gemeinschaft

180 Straße   Haus-Nr.   Haus-Nr.-Zusatz

181 Postleitzahl   Ort

182 Postleitzahl   Ort (Postfach)   Postfach

183 Finanzamt   Steuernummer

(Fügen Sie bitte eine Kopie des Gesellschaftsvertrags bei!)

Hinweis: Die mit diesem Fragebogen angeforderten Daten werden aufgrund der §§ 85, 83, 90, 93 und 97 der Abgabenordnung (AO) erhoben.

184   Ort, Datum   Unterschrift des / der Steuerpflichtigen und ggf. des Ehegatten bzw. des / der Vertreter(s) oder Bevollmächtigten

Steuernummer	

191	Anlagen:		Teilnahmeerklärung für das LEV (Tz. 1.3)
192			Empfangsvollmacht (Tz. 1.4/1.5)
193			Aufstellung über Betriebstätten (Tz. 2.3)
194			Handelsregisterauszug (Tz. 2.5)
195			Verträge bei Übernahme bzw. Umwandlung (Tz. 2.6)
196			Eröffnungsbilanz (Tz. 4)
197			Weitere organschaftliche Verbindungen (Tz. 7.4)
198			Gesellschaftsvertrag (Tz. 8)
199			

Finanzamt

1	☐ Einkommensteuererklärung ☐ Antrag auf Festsetzung der Arbeitnehmer-Sparzulage
2	☐ Erklärung zur Festsetzung der Kirchensteuer auf Kapitalerträge ☐ Erklärung zur Feststellung des verbleibenden Verlustvortrags

Eingangsstempel

3	**Steuernummer**
4	**Identifikations-nummer (IdNr.)** Steuerpflichtige Person (stpfl. Person), bei Ehegatten: Ehemann Ehefrau

An das Finanzamt

5

Bei **Wohnsitzwechsel:** bisheriges Finanzamt

6

Allgemeine Angaben

Telefonische Rückfragen tagsüber unter Nr.

7   **Steuerpflichtige Person** (stpfl. Person), bei Ehegatten: **Ehemann**

8   Name   Geburtsdatum

9   Vorname

Religionsschlüssel:
Evangelisch = EV
Römisch-Katholisch = RK
nicht kirchensteuerpflichtig = VD
Weitere siehe Anleitung

10   Straße und Hausnummer (derzeitige Anschrift)

11   Postleitzahl   Wohnort   Religion

12   Ausgeübter Beruf

13   Verheiratet seit dem   Verwitwet seit dem   Geschieden seit dem   Dauernd getrennt lebend seit dem

bei Ehegatten: Ehefrau

14   Name   Geburtsdatum

15   Vorname

Religionsschlüssel:
Evangelisch = EV
Römisch-Katholisch = RK
nicht kirchensteuerpflichtig = VD
Weitere siehe Anleitung

16   Straße und Hausnummer (falls von Zeile 10 abweichend)

17   Postleitzahl   Wohnort (falls von Zeile 11 abweichend)   Religion

18   Ausgeübter Beruf

Nur von Ehegatten auszufüllen

19	☐ Zusammen-veranlagung ☐ Getrennte Veranlagung ☐ Besondere Veranlagung für das Jahr der Eheschließung ☐ Wir haben Güter-gemeinschaft vereinbart

Bankverbindung (entweder Kontonummer / Bankleitzahl oder IBAN / BIC) - Bitte stets angeben -

20   Kontonummer   Bankleitzahl

21   IBAN

22   BIC

23   Geldinstitut und Ort

24   **Kontoinhaber** lt. Zeile 8 und 9   lt. Zeile 14 und 15   oder: Name (im Fall der Abtretung bitte amtlichen Abtretungsvordruck beifügen)

Der Steuerbescheid soll nicht mir / uns zugesandt werden, sondern:

25   Name

26   Vorname

27   Straße und Hausnummer oder Postfach

28   Postleitzahl   Wohnort

2012ESt1A011NET   – Aug. 2012 –   2012ESt1A011NET
034037_12

178

Steuernummer

Einkünfte im Kalenderjahr 2012 aus folgenden Einkunftsarten:

31	Land- und Forstwirtschaft	lt. **Anlage(n) L**		Anzahl
32	Gewerbebetrieb	lt. **Anlage G**	für steuerpflichtige Person (bei Ehegatten: Ehemann)	lt. **Anlage G** für Ehefrau
33	Selbständige Arbeit	lt. **Anlage S**	für steuerpflichtige Person (bei Ehegatten: Ehemann)	lt. **Anlage S** für Ehefrau
34	Nichtselbständige Arbeit	lt. **Anlage N**	für steuerpflichtige Person (bei Ehegatten: Ehemann)	lt. **Anlage N** für Ehefrau
35	Kapitalvermögen	lt. **Anlage KAP**	für steuerpflichtige Person (bei Ehegatten: Ehemann)	lt. **Anlage KAP** für Ehefrau
36	Vermietung und Verpachtung	lt. **Anlage(n) V**		Anzahl
37	Sonstige Einkünfte	**Renten** lt. **Anlage R**	für steuerpflichtige Person (bei Ehegatten: Ehemann)	**Renten** lt. **Anlage R** für Ehefrau
38		lt. **Anlage SO**		

Angaben zu Kindern / Ausländische Einkünfte und Steuern / Förderung des Wohneigentums

39	lt. **Anlage(n) Kind**	Anzahl	lt. **Anlage(n) AUS**	Anzahl	lt. **Anlage(n) FW**	Anzahl

Sonderausgaben
52

40	Für Angaben zu Vorsorgeaufwendungen ist die **Anlage Vorsorgeaufwand** beigefügt.	Für Angaben zu Altersvorsorgebeiträgen ist die **Anlage AV** beigefügt.

Gezahlte Versorgungsleistungen

abziehbar

tatsächlich gezahlt EUR

41	Renten	Rechtsgrund, Datum des Vertrags	102	%	101	
42	Dauernde Lasten	Rechtsgrund, Datum des Vertrags			100	
43	**Ausgleichszahlungen** im Rahmen des schuldrechtlichen Versorgungsausgleichs	Rechtsgrund, Datum der erstmaligen Zahlung			121	
44	**Unterhaltsleistungen** an den geschiedenen / dauernd getrennt lebenden Ehegatten lt. **Anlage U** 117	IdNr. des geschiedenen / dauernd getrennt lebenden Ehegatten			116	
45	In Zeile 44 enthaltene Beiträge (abzgl. Erstattungen und Zuschüsse) zur Basis-Kranken- und gesetzlichen Pflegeversicherung 118		Davon entfallen auf Kranken-versicherungsbeiträge mit Anspruch auf Krankengeld 119		
46	**Kirchensteuer** (soweit diese nicht als Zuschlag zur Abgeltung-steuer einbehalten oder gezahlt wurde)	2012 gezahlt 103	2012 erstattet 104	

Aufwendungen für die eigene Berufsausbildung der stpfl. Person / des Ehemannes

Bezeichnung der Ausbildung, Art und Höhe der Aufwendungen

47		200	

Aufwendungen für die eigene Berufsausbildung der Ehefrau

Bezeichnung der Ausbildung, Art und Höhe der Aufwendungen

48		201	

Spenden und Mitgliedsbeiträge (ohne Beträge in den Zeilen 53 bis 56)

		lt. beigef. Bestätigungen EUR	lt. Nachweis Betriebsfinanzamt EUR
49	– zur Förderung steuerbegünstigter Zwecke	123	124
50	in Zeile 49 enthaltene Zuwendungen an Empfänger im EU- / EWR-Ausland	125	126
51	– an politische Parteien (§§ 34g, 10b EStG)	127	128
52	– an unabhängige Wählervereinigungen (§ 34g EStG)	129	130

Spenden in den Vermögensstock einer Stiftung

		stpfl. Person / Ehemann EUR	Ehefrau EUR
53	2012 geleistete Spenden (lt. beigefügten Bestätigungen / lt. Nachweis Betriebsfinanzamt)	208	209
54	in Zeile 53 enthaltene Spenden an Empfänger im EU- / EWR-Ausland	218	219
55	Von den Spenden in Zeile 53 sollen 2012 berücksichtigt werden	212	213
56	2012 zu berücksichtigende Spenden aus Vorjahren in den Vermögensstock einer Stiftung, die bisher noch nicht berücksichtigt wurden	214	215

2012ESt1A012NET

2012ESt1A012NE

Steuernummer

Außergewöhnliche Belastungen 53

Behinderte Menschen und Hinterbliebene

	Ausweis / Rentenbescheid / Bescheinigung ausgestellt am	gültig von	bis	unbefristet gültig	Grad der Behinderung	Nachweis ist beigefügt	hat bereits vorgelegen
61 stpfl. Person / Ehemann	12	14	18	1 = Ja	56		

62 hinterblieben 16 1 = Ja | blind / ständig hilflos 20 1 = Ja | geh- u. steh-behindert 22 1 = Ja

	Ausweis / Rentenbescheid / Bescheinigung ausgestellt am	gültig von	bis	unbefristet gültig	Grad der Behinderung	Nachweis ist beigefügt	hat bereits vorgelegen
63 Ehefrau	13	15	19	1 = Ja	57		

64 hinterblieben 17 1 = Ja | blind / ständig hilflos 21 1 = Ja | geh- u. steh-behindert 23 1 = Ja

65 **Pflege-Pauschbetrag** wegen **unentgeltlicher** persönlicher Pflege einer ständig hilflosen Person in ihrer oder in meiner Wohnung im Inland

Nachweis der Hilflosigkeit ist beigefügt / hat bereits vorgelegen.

66 Name, Anschrift und Verwandlschaftsverhältnis der hilflosen Person(en) | Name anderer Pflegeperson(en)

Unterhalt für bedürftige Personen

67 Für die geleisteten Aufwendungen wird ein Abzug lt. **Anlage Unterhalt** geltend gemacht. Beigefügte **Anlage(n) Unterhalt**

Anzahl

Andere außergewöhnliche Belastungen
(z. B. Ehescheidungskosten, Fahrtkosten behinderter Menschen, Krankheitskosten, Kurkosten, Pflegekosten)

	Art der Belastung	Aufwendungen EUR	Erhaltene / Anspruch auf zu erwartende Versicherungsleistungen, Beihilfen, Unterstützungen, Wert des Nachlasses usw. EUR
68		,–	,–
69		+ ,–	+ ,–
70	Summe der Zeilen 68 und 69	63 ,–	64 ,–

71 Für die - wegen Abzugs der zumutbaren Belastung - nicht abziehbaren Pflegeleistungen wird die Steuerermäßigung für haushaltsnahe Dienstleistungen beantragt. Die in den Zeilen 68 und 69 enthaltenen Aufwendungen für haushaltsnahe Pflegeleistungen betragen

Aufwendungen (abzüglich Erstattungen) EUR

77 ,–

Haushaltsnahe Beschäftigungsverhältnisse, Dienstleistungen und Handwerkerleistungen 18

Steuerermäßigung bei Aufwendungen für

72 – geringfügige Beschäftigungen im Privathaushalt – sog. Minijobs –
Art der Tätigkeit

Aufwendungen (abzüglich Erstattungen) EUR

202 ,–

73 – sozialversicherungspflichtige Beschäftigungen im Privathaushalt
Art der Tätigkeit

207 ,–

74 – haushaltsnahe Dienstleistungen, Hilfe im eigenen Haushalt
Art der Aufwendungen

210 ,–

75 – Pflege- und Betreuungsleistungen im Haushalt, in Heimunterbringungskosten enthaltene Aufwendungen für Dienstleistungen, die denen einer Haushaltshilfe vergleichbar sind, soweit nicht bereits in den Zeilen 68 und 69 berücksichtigt)
Art der Aufwendungen

213 ,–

76 – Handwerkerleistungen für Renovierungs-, Erhaltungs- und Modernisierungsmaßnahmen im eigenen Haushalt (ohne öffentlich geförderte Maßnahmen, für die zinsverbilligte Darlehen oder steuerfreie Zuschüsse in Anspruch genommen werden)
Art der Aufwendungen

214 ,–

77 **Nur bei Alleinstehenden und Eintragungen in den Zeilen 72 bis 76:** Es bestand ganzjährig ein gemeinsamer Haushalt mit einer anderen alleinstehenden Person
Name, Vorname, Geburtsdatum

Steuerermäßigung bei Belastung mit Erbschaftsteuer

78 Ich beantrage eine Steuerermäßigung, weil in dieser Steuererklärung Einkünfte erklärt worden sind, die als Erwerb von Todes wegen ab 2009 der Erbschaftsteuer unterlegen haben (Erläuterungen bitte auf besonderem Blatt).

Steuerbegünstigung für schutzwürdige Kulturgüter

79 Steuerbegünstigung nach § 10g EStG für schutzwürdige Kulturgüter, die weder zur Einkunftserzielung noch zu eigenen Wohnzwecken genutzt werden

Abzugsbetrag EUR

151 ,–

Steuernummer

Sonstige Angaben und Anträge

91 Gesellschaften / Gemeinschaften / ähnliche Modelle i. S. d. § 2b EStG (Erläuterungen auf besonderem Blatt)

92 Es wurde ein verbleibender Verlustvortrag nach § 10d EStG / Spendenvortrag nach § 10b EStG zum 31.12.2011 festgestellt für ☐ stpfl. Person / Ehemann   ☐ Ehefrau

Antrag auf Beschränkung des Verlustrücktrags nach 2011   EUR   EUR

93 Von den nicht ausgeglichenen negativen Einkünften 2012 soll folgender Gesamtbetrag nach 2011 zurückgetragen werden

	stpfl. Person / Ehemann EUR	Ehefrau EUR	18
94 **Einkommensersatzleistungen,** die dem Progressionsvorbehalt unterliegen, z. B. Krankengeld, Elterngeld, Mutterschaftsgeld (soweit nicht in Zeile 27 bis 29 der Anlage N eingetragen) 120		121	

Nur bei getrennter Veranlagung von Ehegatten:

95 Laut beigefügtem gemeinsamen Antrag ist die Steuerermäßigung lt. den Zeilen 71 bis 76 in einem anderen Verhältnis als je zur Hälfte aufzuteilen. Der bei mir zu berücksichtigende Anteil beträgt ____ %

96 Laut beigefügtem gemeinsamen Antrag sind die außergewöhnlichen Belastungen (siehe Seite 3, Anlage Unterhalt sowie die Zeilen 51 und 52 der Anlage Kind) in einem anderen Verhältnis als je zur Hälfte des bei einer Zusammenveranlagung in Betracht kommenden Betrages aufzuteilen. Der bei mir zu berücksichtigende Anteil beträgt ____ %

Nur bei zeitweiser unbeschränkter Steuerpflicht im Kalenderjahr 2012:

vom   bis

97 Wohnsitz oder gewöhnlicher Aufenthalt im Inland   stpfl. Person / Ehemann

98 Ehefrau

EUR

99 Ausländische Einkünfte, die außerhalb der in den Zeilen 97 und / oder 98 genannten Zeiträume bezogen wurden und nicht der deutschen Einkommensteuer unterlegen haben (Bitte Nachweise über die Art und Höhe dieser Einkünfte beifügen.) 122

100 In Zeile 99 enthaltene außerordentliche Einkünfte i. S. d. §§ 34, 34b EStG 177

Nur bei Personen ohne Wohnsitz oder gewöhnlichen Aufenthalt im Inland, die beantragen, als unbeschränkt steuerpflichtig behandelt zu werden:

101 ☐ Ich beantrage, für die Anwendung personen- und familienbezogener Steuervergünstigungen als unbeschränkt steuerpflichtig behandelt zu werden.

102 ☐ Die „Bescheinigung EU / EWR" ist beigefügt.   ☐ Die „Bescheinigung außerhalb EU / EWR" ist beigefügt.

stpfl. Person / Ehemann EUR   Ehefrau EUR

103 Summe der nicht der deutschen Einkommensteuer unterliegenden Einkünfte (ggf. „0") 124   129

stpfl. Person / Ehegatten EUR

104 In Zeile 103 enthaltene außerordentliche Einkünfte i. S. d. §§ 34, 34b EStG 177

Nur bei im EU- / EWR-Ausland lebenden Ehegatten:

105 ☐ Ich beantrage als Staatsangehöriger eines EU- / EWR-Staates die Anwendung familienbezogener Steuervergünstigungen. Nachweis ist beigefügt (z. B. „Bescheinigung EU / EWR"). Die nicht der deutschen Besteuerung unterliegenden Einkünfte beider Ehegatten sind in Zeile 103 enthalten.

Nur bei Angehörigen des deutschen öffentlichen Dienstes ohne Wohnsitz oder gewöhnlichen Aufenthalt im Inland, die im dienstlichen Auftrag außerhalb der EU oder des EWR tätig sind:

106 ☐ Ich beantrage die Anwendung familienbezogener Steuervergünstigungen. Die „Bescheinigung EU / EWR" ist beigefügt.

Weiterer Wohnsitz in Belgien (abweichend von den Zeilen 10 und 11) bei Einkünften aus nichtselbständiger Arbeit und Renten

107

stpfl. Person / Ehemann   Ehefrau

108 Unterhalten Sie auf Dauer angelegte Geschäftsbeziehungen zu Finanzinstituten im Ausland? 116 ☐ 1 = Ja 2 = Nein   117 ☐ 1 = Ja 2 = Nein

Unterschrift

Die mit der Steuererklärung / dem Antrag angeforderten Daten werden aufgrund der §§ 149 ff. der Abgabenordnung, der §§ 25, 46, 10d Abs. 4 und § 51a Abs. 2d des Einkommensteuergesetzes sowie § 14 Abs. 4 des Vermögensbildungsgesetzes erhoben.

Bei der Anfertigung dieser Steuererklärung hat mitgewirkt:

109

Datum, Unterschrift(en)
Steuererklärungen sind eigenhändig - bei Ehegatten von beiden - zu unterschreiben.

2012ESt1A014NET   2012ESt1A014NET

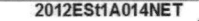

2012

1	Name
2	Vorname
3	Steuernummer

Bei Bruttoeinnahmen ab 17.500 € ist für jede Tätigkeit, soweit keine Bilanz erstellt wird, zusätzlich eine Anlage EÜR elektronisch zu übermitteln.

Anlage S

Jeder Ehegatte mit Einkünften aus selbständiger Arbeit hat eine eigene Anlage S abzugeben.

stpfl. Person / Ehemann ☐   Ehefrau ☐

Einkünfte aus selbständiger Arbeit

Gewinn (ohne Veräußerungsgewinne in den Zeilen 15 und 18; bei ausländischen Einkünften: Anlage AUS beachten)   22

EUR

Zeile	Beschreibung	Kennziffer	Betrag
4	aus freiberuflicher Tätigkeit (genaue Berufsbezeichnung oder Tätigkeit)	12/13	, –
5	lt. gesonderter Feststellung (Finanzamt und Steuernummer)	58/59	, –
6	aus Beteiligung (Gesellschaft, Finanzamt und Steuernummer) 1. Beteiligung	16/17	, –
7	aus allen weiteren Beteiligungen	18/19	, –
8	aus Gesellschaften / Gemeinschaften / ähnlichen Modellen i. S. d. § 15b EStG		, –
9	aus sonstiger selbständiger Arbeit (z. B. als Aufsichtsratsmitglied)	20/21	, –
10	aus allen weiteren Tätigkeiten (genau bezeichnen)	22/23	, –
11	In den Zeilen 4 bis 7, 9 und 10 nicht enthaltener steuerfreier Teil der Einkünfte, für das das **Teileinkünfteverfahren** gilt – Berechnung auf besonderem Blatt –	62/63	, –
12	Leistungsvergütungen als Beteiligter einer Wagniskapitalgesellschaft, die **vor** dem 1.1.2009 gegründet wurde (§ 18 Abs. 1 Nr. 4 EStG) Gesellschaft, Finanzamt und Steuernummer	46/47	, –
13	Leistungsvergütungen als Beteiligter einer Wagniskapitalgesellschaft, die **nach** dem 31.12.2008 gegründet wurde (§ 18 Abs. 1 Nr. 4 EStG) Gesellschaft, Finanzamt und Steuernummer	45/87	, –
14	Ich beantrage für den in den Zeilen 4 bis 7 und 18 enthaltenen Gewinn die Begünstigung nach § 34a EStG und / oder es wurde zum 31.12.2011 ein nachversteuerungspflichtiger Betrag festgestellt. Beigefügte **Anlage(n) 34a**	Anzahl	

Veräußerungsgewinn vor Abzug etwaiger Freibeträge bei Veräußerung / Aufgabe eines **ganzen Betriebs**, eines **Teilbetriebs**, eines ganzen **Mitunternehmeranteils** (§ 16 EStG)

EUR

Zeile	Beschreibung	Kennziffer	Betrag
15	Veräußerungsgewinn, für den der **Freibetrag nach § 16 Abs. 4 EStG** wegen dauernder Berufsunfähigkeit oder Vollendung des 55. Lebensjahres beantragt wird. Für nach dem 31.12.1995 erfolgte Veräußerungen / Aufgaben wurde der Freibetrag nach § 16 Abs. 4 EStG bei keiner Einkunftsart in Anspruch genommen.	24/25	, –
16	In Zeile 15 enthaltener steuerpflichtiger Teil, für den das **Teileinkünfteverfahren** gilt	52/53	, –
17	In Zeile 15 enthaltener Veräußerungsgewinn, für den der **ermäßigte Steuersatz** des § 34 Abs. 3 EStG wegen dauernder Berufsunfähigkeit oder Vollendung des 55. Lebensjahres beantragt wird. Für nach dem 31.12.2000 erfolgte Veräußerungen / Aufgaben wurde der ermäßigte Steuersatz des § 34 Abs. 3 EStG bei keiner Einkunftsart in Anspruch genommen.	54/55	, –
18	Veräußerungsgewinne, für die der **Freibetrag nach § 16 Abs. 4 EStG** nicht beantragt wird oder **nicht zu gewähren** ist	28/29	, –
19	In Zeile 18 enthaltener steuerpflichtiger Teil, für den das **Teileinkünfteverfahren** gilt	56/57	, –
20	In Zeile 18 enthaltener **ermäßigte** Veräußerungsgewinn, für den der **ermäßigte Steuersatz** des § 34 Abs. 3 EStG wegen dauernder Berufsunfähigkeit oder Vollendung des 55. Lebensjahres beantragt wird. Für nach dem 31.12.2000 erfolgte Veräußerungen / Aufgaben wurde der ermäßigte Steuersatz des § 34 Abs. 3 EStG bei keiner Einkunftsart in Anspruch genommen.	64/65	, –
21	In Zeile 20 enthaltener steuerpflichtiger Teil, für den das **Teileinkünfteverfahren** gilt	66/67	, –
22	Zu den Zeilen 15 bis 21: ☐ Erwerber ist eine Gesellschaft, an der die veräußernde Person oder ein Angehöriger beteiligt ist (Erläuterungen auf besonderem Blatt)		

2012AnlS221NET   – Aug. 2012 –   2012AnlS221NET

034095_12

182

Sonstiges

EUR

31 In den Zeilen 4 bis 10 enthaltene begünstigte sonstige Gewinne i. S. d. § 34 Abs. 2 Nr. 2 bis 4 EStG   50/51

32 Saldo aus **Entnahmen und Einlagen** i. S. d. § 4 Abs. 4a EStG im Wirtschaftsjahr
(bei mehreren Betrieben Erläuterungen auf besonderem Blatt)

33 **Schuldzinsen** aus der Finanzierung von Anschaffungs- / Herstellungskosten von Wirtschaftsgütern des **Anlagevermögens**

34 Summe der in 2012 in Anspruch genommenen Investitionsabzugsbeträge nach § 7g Abs. 1 EStG
– Erläuterungen auf besonderem Blatt –

35 Summe der in 2012 nach § 7g Abs. 2 EStG hinzugerechneten Investitionsabzugsbeträge
– Erläuterungen auf besonderem Blatt –

Einnahmen aus der nebenberuflichen Tätigkeit als

	Gesamtbetrag	davon als steuerfrei behandelt	Rest enthalten in Zeile(n)
36	€	€	
37	€	€	

2012

Anlage EÜR

Bitte für jeden Betrieb eine gesonderte Anlage EÜR einreichen!

1 | Name/Gesellschaft/Gemeinschaft/Körperschaft

2 | Vorname

3 | (Betriebs-)Steuernummer — 77 12 1

Einnahmenüberschussrechnung
nach § 4 Abs. 3 EStG für das Kalenderjahr 2012   Beginn   Ende

99 15

4 | davon abweichend 131 [T T M M] 2 0 1 2 132 [T T M M J J J J]

Art des Betriebs   Zuordnung zur Einkunftsart (siehe Anleitung)

5 | 100   105

6 | Wurde im Kalenderjahr/Wirtschaftsjahr der Betrieb veräußert oder aufgegeben? (Bitte Zeile 66 beachten) 111 Ja = 1

7 | Wurden im Kalenderjahr/Wirtschaftsjahr Grundstücke/grundstücksgleiche Rechte entnommen oder veräußert? 120 Ja = 1 oder Nein = 2

1. Gewinnermittlung

99 20

Betriebseinnahmen

EUR   Ct

8 | Betriebseinnahmen als umsatzsteuerlicher **Kleinunternehmer** (nach § 19 Abs. 1 UStG) 111

9 | davon nicht steuerbare Umsätze sowie Umsätze nach § 19 Abs. 3 Satz 1 Nr. 1 und 2 UStG 119   *(weiter ab Zeile 15)*

10 | Betriebseinnahmen als **Land- und Forstwirt**, soweit die Durchschnittssatzbesteuerung nach § 24 UStG angewandt wird 104

11 | Umsatzsteuerpflichtige Betriebseinnahmen 112

12 | Umsatzsteuerfreie, nicht umsatzsteuerbare Betriebseinnahmen sowie Betriebseinnahmen, für die der Leistungsempfänger die Umsatzsteuer nach § 13b UStG schuldet 103

13 | davon Kapitalerträge 113

14 | Vereinnahmte Umsatzsteuer sowie Umsatzsteuer auf unentgeltliche Wertabgaben 140

15 | Vom Finanzamt erstattete und ggf. verrechnete Umsatzsteuer 141

16 | Veräußerung oder Entnahme von Anlagevermögen 102

17 | Private Kfz-Nutzung 106

18 | Sonstige Sach-, Nutzungs- und Leistungsentnahmen 108

19 | Auflösung von Rücklagen und Ausgleichsposten (Übertrag aus Zeile 76)

20 | **Summe Betriebseinnahmen** (Übertrag in Zeile 61) 159

99 25

Betriebsausgaben

EUR   Ct

21 | Betriebsausgabenpauschale **für bestimmte Berufsgruppen** und/oder Freibetrag nach § 3 Nr. 26, 26a und/oder 26b EStG 190

22 | Sachliche Bebauungskostenpauschale für **Weinbaubetriebe**/ Betriebsausgabenpauschale für **Forstwirte** 191

23 | Waren, Rohstoffe und Hilfsstoffe einschl. der Nebenkosten 100

24 | Bezogene Fremdleistungen 110

25 | Ausgaben für eigenes Personal (z. B. Gehälter, Löhne und Versicherungsbeiträge) 120

Absetzung für Abnutzung (AfA)

26 | AfA auf unbewegliche Wirtschaftsgüter (ohne AfA für das häusliche Arbeitszimmer) 136

27 | AfA auf immaterielle Wirtschaftsgüter (z. B. erworbene Firmen-, Geschäfts- oder Praxiswerte) 131

28 | AfA auf bewegliche Wirtschaftsgüter (z. B. Maschinen, Kfz) 130

Übertrag (Summe Zeilen 21 bis 28)

184

			EUR	Ct
	(Betriebs-)Steuernummer			
	Übertrag (Summe Zeilen 21 bis 28)			
31	Sonderabschreibungen nach § 7g EStG	134		
32	Herabsetzungsbeträge nach § 7g Abs. 2 EStG (Erläuterungen auf gesondertem Blatt)	138		
33	Aufwendungen für geringwertige Wirtschaftsgüter nach § 6 Abs. 2 EStG	132		
34	Auflösung Sammelposten nach § 6 Abs. 2a EStG	137		
35	Restbuchwert der ausgeschiedenen Anlagegüter	135		

Raumkosten und sonstige Grundstücksaufwendungen
(ohne häusliches Arbeitszimmer)

36	Miete/Pacht für Geschäftsräume und betrieblich genutzte Grundstücke	150		
37	Miete/Aufwendungen für doppelte Haushaltsführung	152		
38	Sonstige Aufwendungen für betrieblich genutzte Grundstücke (ohne Schuldzinsen und AfA)	151		

Sonstige unbeschränkt abziehbare Betriebsausgaben

39	Aufwendungen für Telekommunikation (z. B. Telefon)	280		
40	Fortbildungskosten	281		
41	Rechts- und Steuerberatung, Buchführung	194		
42	Schuldzinsen zur Finanzierung von Anschaffungs- und Herstellungskosten von Wirtschaftsgütern des Anlagevermögens	232		
43	Übrige Schuldzinsen	234		
44	Gezahlte Vorsteuerbeträge	185		
45	An das Finanzamt gezahlte und ggf. verrechnete Umsatzsteuer	186		
46	Rücklagen, stille Reserven und/oder Ausgleichsposten (Übertrag aus Zeile 76)			
47	Übrige unbeschränkt abziehbare Betriebsausgaben	183		

Beschränkt abziehbare Betriebsausgaben und Gewerbesteuer		nicht abziehbar EUR	Ct		abziehbar EUR	Ct
48	Geschenke	164			174	
49	Bewirtungsaufwendungen	165			175	
50	Verpflegungsmehraufwendungen				171	
51	Aufwendungen für ein häusliches Arbeitszimmer (einschl. AfA und Schuldzinsen)	162			172	
52	Sonstige beschränkt abziehbare Betriebsausgaben	168			177	
53	Gewerbesteuer	217			218	

Kraftfahrzeugkosten und andere Fahrtkosten

54	Tatsächliche Kraftfahrzeugkosten und andere Fahrtkosten (laufende und feste Kosten ohne AfA und ohne Zinsen)	140		
55	Kraftfahrzeugkosten für Wege zwischen Wohnung und Betriebsstätte; Familienheimfahrten (pauschaliert oder tatsächlich)	142 −		
56	Mindestens abziehbare Kraftfahrzeugkosten für Wege zwischen Wohnung und Betriebsstätte (Entfernungspauschale); Familienheimfahrten	176 +		
57	**Summe Betriebsausgaben** (Übertrag in Zeile 62)	199		

(Betriebs-)Steuernummer

Ermittlung des Gewinns

EUR | Ct

61 Summe der Betriebseinnahmen (Übertrag aus Zeile 20)

62 abzüglich Summe der Betriebsausgaben (Übertrag aus Zeile 57) —

zuzüglich

63 – Hinzurechnung der Investitionsabzugsbeträge nach § 7g Abs. 2 EStG (Erläuterungen auf gesondertem Blatt) 188 +

64 – Gewinnzuschlag nach § 6b Abs. 7 und 10 EStG 123 +

abzüglich

65 – Investitionsabzugsbeträge nach § 7g Abs. 1 EStG (Erläuterungen auf gesondertem Blatt) 187 —

66 Hinzurechnungen und Abrechnungen bei Wechsel der Gewinnermittlungsart (Erläuterungen auf gesondertem Blatt) 250

67 Ergebnisanteile aus Beteiligungen an Personengesellschaften 255

68 Korrigierter Gewinn/Verlust 290

Gesamtbetrag | Korrekturbetrag

69 Bereits berücksichtigte Beträge, für die das Teileinkünfte-verfahren bzw. § 8b KStG gilt 261 | 262

70 Steuerpflichtiger Gewinn/Verlust vor Anwendung des § 4 Abs. 4a EStG 293

71 Hinzurechnungsbetrag nach § 4 Abs. 4a EStG 271 +

72 **Steuerpflichtiger Gewinn/Verlust** 219

2. Ergänzende Angaben

99 | 27

Rücklagen und stille Reserven
(Erläuterungen auf gesondertem Blatt)

	Bildung/Übertragung EUR	Ct		Auflösung EUR	Ct
73 Rücklagen nach § 6c i. V. m. § 6b EStG, R 6.6 EStR 187			120		
74 Übertragung von stillen Reserven nach § 6c i. V. m. § 6b EStG, R 6.6 EStR 170					
75 Ausgleichsposten nach § 4g EStG 191			125		
76 Gesamtsumme 190			124		

(Übertrag in Zeile 46) | (Übertrag in Zeile 19)

Entnahmen und Einlagen i. S. d. § 4 Abs. 4a EStG

99 | 29

EUR | Ct

77 Entnahmen einschl. Sach-, Leistungs- und Nutzungsentnahmen 122

78 Einlagen einschl. Sach-, Leistungs- und Nutzungseinlagen 123

186

2012

Zeile		
1	An das Finanzamt	Eingangsstempel

2 **Steuernummer**

3

4 # Umsatzsteuererklärung

121

5 Berichtigte Steuererklärung (falls ja, bitte eine „1" eintragen) 110 □ | 50 | 12 | 1 | 99 | 11 |

6 **A. Allgemeine Angaben**

7 Name des Unternehmers

8 ggf. abweichender Firmenname

9 Art des Unternehmens

10 Straße, Haus-Nr.

11 PLZ   Ort

12 Telefon

13 E-Mail-Adresse

14 **Dauer der Unternehmereigenschaft**
(nur ausfüllen, falls nicht vom 1. Januar bis zum 31. Dezember 2012)   vom   bis zum

15 1. Zeitraum ....   T T M M   T T M M

16 2. Zeitraum ....   T T M M   T T M M

17 **Die Abschlusszahlung ist binnen einem Monat nach der Abgabe der Steuererklärung zu entrichten (§ 18 Abs. 4 UStG).** Ein Erstattungsbetrag wird auf das dem Finanzamt benannte Konto überwiesen, soweit der Betrag nicht mit Steuerschulden verrechnet wird.

18 **Verrechnung des Erstattungsbetrages erwünscht / Erstattungsbetrag ist abgetreten**
(falls ja, bitte eine „1" eintragen) ....   129 □

19 Geben Sie bitte die Verrechnungswünsche auf einem besonderen Blatt an oder auf dem beim Finanzamt erhältlichen Vordruck „Verrechnungsantrag".

20 **Ein Umsatzsteuerbescheid ergeht nur, wenn von Ihrer Berechnung der Umsatzsteuer abgewichen wird.**

21 **Hinweis nach den Vorschriften der Datenschutzgesetze:** Die mit der Steuererklärung angeforderten Daten werden auf Grund der §§ 149 ff. der Abgabenordnung sowie der §§ 18, 18b des Umsatzsteuergesetzes erhoben. Die Angabe der Telefonnummer und der E-Mail-Adresse ist freiwillig.

22 **B. Angaben zur Besteuerung der Kleinunternehmer (§ 19 Abs. 1 UStG)**

23 Die Zeilen 24 und 25 sind nur auszufüllen, wenn der Umsatz **2011** (zuzüglich Steuer) nicht mehr als **17 500 €** betragen hat und auf die Anwendung des § 19 Abs. 1 UStG nicht verzichtet worden ist.   Betrag
volle EUR

24 **Umsatz im Kalenderjahr 2011**   238

} (Berechnung nach § 19 Abs. 1 und 3 UStG)

25 **Umsatz im Kalenderjahr 2012**   239

26 **Unterschrift**
Ich habe dieser Steuererklärung die Anlage UR   Bei der Anfertigung dieser Steuererklärung einschließlich der Anlagen hat mitgewirkt:

27 ☒ beigefügt.

28 ☒ nicht beigefügt, weil ich darin keine Angaben zu machen hatte.

29

30

Datum, eigenhändige Unterschrift des Unternehmers

– 2 –

Steuernummer:

Zeile 31	C. Steuerpflichtige Lieferungen, sonstige Leistungen und unentgeltliche Wertabgaben	Bemessungsgrundlage ohne Umsatzsteuer volle EUR		Steuer EUR	Ct
32					
	Umsätze zum allgemeinen Steuersatz				
33	Lieferungen und sonstige Leistungen .... zu 19 %	177			
	Unentgeltliche Wertabgaben				
34	a) Lieferungen nach § 3 Abs. 1b UStG .... zu 19 %	178			
35	b) Sonstige Leistungen nach § 3 Abs. 9a UStG .. zu 19 %	179			
36	**Umsätze zum ermäßigten Steuersatz** Lieferungen und sonstige Leistungen .... zu 7 %	275			
	Unentgeltliche Wertabgaben				
37	a) Lieferungen nach § 3 Abs. 1b UStG .... zu 7 %	195			
38	b) Sonstige Leistungen nach § 3 Abs. 9a UStG ... zu 7 %	196			
39					
40					
41					
42	**Umsätze zu anderen Steuersätzen**	155		156	
43					
44					
45					
46	**Umsätze land- und forstwirtschaftlicher Betriebe nach § 24 UStG**				
47	a) Lieferungen in das übrige Gemeinschaftsgebiet an Abnehmer **mit** USt-IdNr.	777			
48	b) Steuerpflichtige Lieferungen (einschließlich unentgeltlicher Wertabgaben) von **Sägewerkserzeugnissen**, die in der Anlage 2 zum UStG nicht aufgeführt sind	255		256	
49/50	c) Steuerpflichtige Umsätze (einschließlich unentgeltlicher Wertabgaben) von **Getränken**, die in der Anlage 2 zum UStG nicht aufgeführt sind, sowie von **alkoholischen Flüssigkeiten** (z.B. Wein) .... zu 8,3%	344			
51	Umsätze zu anderen Steuersätzen	257		258	
52	d) Übrige steuerpflichtige Umsätze land- und forstwirtschaftlicher Betriebe, für die keine Steuer zu entrichten ist ...	361			
53					
54					
55/56	**Steuer infolge Wechsels der Besteuerungsform:** Nachsteuer/Anrechnung der Steuer, die auf bereits versteuerte Anzahlungen entfällt (im Falle der **Anrechnung** bitte auch Zeile 57 ausfüllen)			317	
57	Betrag der Anzahlungen, für die die anzurechnende Steuer in Zeile 56 angegeben worden ist	367			
58	**Nachsteuer** auf versteuerte Anzahlungen u.ä. wegen **Steuersatzänderung**.................			319	
59					
60	Summe .... (zu übertragen in Zeile 92)				

188

– 3 –

Steuernummer:

Zeile			Steuer	
	D. Abziehbare Vorsteuerbeträge		EUR	Ct
61	(ohne die Berichtigung nach § 15a UStG)			
62	Vorsteuerbeträge aus Rechnungen von anderen Unternehmern (§ 15 Abs. 1 Satz 1 Nr. 1 UStG)	320		
63	Vorsteuerbeträge aus innergemeinschaftlichen Erwerben von Gegenständen (§ 15 Abs. 1 Satz 1 Nr. 3 UStG)	761		
64	Entrichtete Einfuhrumsatzsteuer (§ 15 Abs. 1 Satz 1 Nr. 2 UStG)	762		
65	Vorsteuerabzug für die Steuer, die der Abnehmer als Auslagerer nach § 13a Abs. 1 Nr. 6 UStG schuldet (§ 15 Abs. 1 Satz 1 Nr. 5 UStG)	466		
66	Vorsteuerbeträge aus Leistungen im Sinne des § 13b UStG (§ 15 Abs. 1 Satz 1 Nr. 4 UStG)	467		
67	Vorsteuerbeträge, die nach den allgemeinen Durchschnittssätzen berechnet sind (§ 23 UStG)	333		
68	Vorsteuerbeträge nach dem Durchschnittssatz für bestimmte Körperschaften, Personenvereinigungen und Vermögensmassen (§ 23a UStG)	334		
69	Vorsteuerabzug für innergemeinschaftliche Lieferungen **neuer Fahrzeuge** außerhalb eines Unternehmens (§ 2a UStG) sowie von Kleinunternehmern i.S.d. § 19 Abs. 1 UStG (§ 15 Abs. 4a UStG)	759		
70	Vorsteuerbeträge aus innergemeinschaftlichen Dreiecksgeschäften (§ 25b Abs. 5 UStG)	760		
71	Summe (zu übertragen in Zeile 99)			

E. Berichtigung des Vorsteuerabzugs (§ 15a UStG)

72 Sind im Kalenderjahr 2012 **Grundstücke, Grundstücksteile, Gebäude** oder **Gebäudeteile,** für die Vorsteuer abgezogen worden ist, erstmals tatsächlich verwendet worden? 370

73 Falls ja, bitte eine „1" eintragen

74 (Geben Sie bitte auf besonderem Blatt für jedes Grundstück oder Gebäude gesondert an: Lage, Zeitpunkt der erstmaligen tatsächlichen Verwendung, Art und Umfang der Verwendung im Erstjahr, insgesamt angefallene Vorsteuer, in den Vorjahren - Investitionsphase - bereits abgezogene Vorsteuer)

75 Haben sich im Jahr 2012 die für den ursprünglichen Vorsteuerabzug maßgebenden Verhältnisse geändert bei

76 1. **Grundstücken, Grundstücksteilen, Gebäuden** oder **Gebäudeteilen,** die innerhalb der letzten 10 Jahre erstmals tatsächlich und **nicht nur einmalig** zur Ausführung von Umsätzen verwendet worden sind? Falls ja, bitte eine „1" eintragen 371

77 2. **anderen Wirtschaftsgütern und sonstigen Leistungen,** die innerhalb der letzten 5 Jahre erstmals tatsächlich und **nicht nur einmalig** zur Ausführung von Umsätzen verwendet worden sind? Falls ja, bitte eine „1" eintragen 372

78 3. **Wirtschaftsgütern und sonstigen Leistungen,** die **nur einmalig** zur Ausführung von Umsätzen verwendet worden sind? Falls ja, bitte eine „1" eintragen 369

79 Die Verhältnisse, die ursprünglich für die Beurteilung des Vorsteuerabzugs maßgebend waren, haben sich seitdem geändert durch

80 ☒ Veräußerung ☒ Lieferung i.S. des § 3 Abs. 1b UStG ☒ Wechsel der Besteuerungsform, § 15a Abs. 7 UStG

81 ☒ Nutzungsänderung, und zwar

82 ☒ Übergang von steuerpflichtiger zu steuerfreier Vermietung oder umgekehrt bzw. Änderung des Verwendungsschlüssels bei gemischt genutzten Grundstücken (insbesondere bei Mieterwechsel)

83 ☒ steuerfreie Vermietung bisher eigengewerblich genutzter Räume oder umgekehrt; Übergang von einer Vermietung für NATO- oder ähnliche Zwecke zu einer nach § 4 Nr. 12 UStG steuerfreien Vermietung

84 ☒

Zeile		nachträglich abziehbar		zurückzuzahlen	
85	**Vorsteuerberichtigungsbeträge**	EUR	Ct	EUR	Ct
86	zu 1. (Grundstücke usw., § 15a Abs. 1 Satz 2 UStG)				
87	zu 2. (andere Wirtschaftsgüter usw., § 15a Abs. 1 Satz 1 UStG)				
88	zu 3. (Wirtschaftsgüter usw., § 15a Abs. 2 UStG)				
89	Summe	357		359	
90		zu übertragen in Zeile 100		zu übertragen in Zeile 97	

2012USt2A503   2012USt2A503

– 4 –

Steuernummer:

F. Berechnung der zu entrichtenden Umsatzsteuer

Zeile		Steuer EUR	Ct
91			
92	Umsatzsteuer auf steuerpflichtige Lieferungen, sonstige Leistungen und unentgeltliche Wertabgaben .... (aus Zeile 60)		
93	Umsatzsteuer auf innergemeinschaftliche Erwerbe .... (aus Zeile 13 der Anlage UR)		
94	Umsatzsteuer, die vom letzten Abnehmer im innergemeinschaftlichen Dreiecksgeschäft geschuldet wird (§ 25b Abs. 2 UStG) .... (aus Zeile 20 der Anlage UR)		
95	Umsatzsteuer, die vom Leistungsempfänger nach § 13b UStG geschuldet wird .... (aus Zeile 27 der Anlage UR)		
96	Umsatzsteuer, die vom Abnehmer als Auslagerer geschuldet wird (§ 13a Abs. 1 Nr. 6 UStG) .... (aus Zeile 30 der Anlage UR)		
97	Vorsteuerbeträge, die auf Grund des § 15a UStG zurückzuzahlen sind .... (aus Zeile 89)		
98	Zwischensumme		
99	Abziehbare Vorsteuerbeträge .... (aus Zeile 71)		
100	Vorsteuerbeträge, die auf Grund des § 15a UStG nachträglich abziehbar sind .... (aus Zeile 89)		
101	Verbleibender Betrag		
102	In Rechnungen unrichtig oder unberechtigt ausgewiesene Steuerbeträge (§ 14c UStG) sowie Steuerbeträge, die nach § 6a Abs. 4 Satz 2 UStG geschuldet werden	318	
103	Steuerbeträge, die nach § 17 Abs. 1 Satz 6 UStG geschuldet werden	331	
104	Steuer-, Vorsteuer- und Kürzungsbeträge, die auf frühere Besteuerungszeiträume entfallen (nur für Kleinunternehmer, die § 19 Abs. 1 UStG anwenden)	391	
105	Umsatzsteuer Überschuss - bitte dem Betrag ein Minuszeichen voranstellen		
106	Anrechenbare Beträge .... (aus Zeile 21 der Anlage UN)		
107	Verbleibende Umsatzsteuer (bitte in jedem Fall ausfüllen) Verbleibender Überschuss – bitte dem Betrag ein Minuszeichen voranstellen -	816	
108	Vorauszahlungssoll 2012 (einschließlich Sondervorauszahlung)		
109	Noch an die Finanzkasse zu entrichten - Abschlusszahlung - (bitte in jedem Fall ausfüllen) Erstattungsanspruch – bitte dem Betrag ein Minuszeichen voranstellen –	820	
110			
111			
112			
113			

Bearbeitungshinweis

114

115 1. Die aufgeführten Daten sind mit Hilfe des geprüften und genehmigten Programms sowie ggf. unter Berücksichtigung der gespeicherten Daten maschinell zu verarbeiten.

116 2. Die weitere Bearbeitung richtet sich nach den Ergebnissen der maschinellen Verarbeitung.

117

118 Kontrollzahl und/oder Datenerfassungsvermerk

119

120

2012USt2A504   2012USt2A504

Zeile				
1	- Bitte weiße Felder ausfüllen oder ☒ ankreuzen, Anleitung beachten -			**2013**

Fallart	Steuernummer	Unter-fallart
11		**56**

30 Eingangsstempel oder -datum

Umsatzsteuer-Voranmeldung 2013

Finanzamt

Voranmeldungszeitraum
bei monatlicher Abgabe bitte ankreuzen   bei vierteljährlicher Abgabe bitte ankreuzen

13 01	Jan.		13 07	Juli		13 41	I. Kalendervierteljahr
13 02	Feb.		13 08	Aug.		13 42	II. Kalendervierteljahr
13 03	März		13 09	Sept.		13 43	III. Kalendervierteljahr
13 04	April		13 10	Okt.		13 44	IV. Kalendervierteljahr
13 05	Mai		13 11	Nov.			
13 06	Juni		13 12	Dez.			

Unternehmer – ggf. abweichende Firmenbezeichnung –
Anschrift – Telefon – E-Mail-Adresse

Berichtigte Anmeldung
(falls ja, bitte eine „1" eintragen) **10**

Belege (Verträge, Rechnungen, Erläuterungen usw.)
sind beigefügt bzw. werden gesondert eingereicht
(falls ja, bitte eine „1" eintragen) **22**

I. Anmeldung der Umsatzsteuer-Vorauszahlung

		Kennzahl	Bemessungsgrundlage ohne Umsatzsteuer volle EUR / Ct		Steuer EUR / Ct
Lieferungen und sonstige Leistungen (einschließlich unentgeltlicher Wertabgaben)					
Steuerfreie Umsätze mit Vorsteuerabzug Innergemeinschaftliche Lieferungen (§ 4 Nr. 1 Buchst. b UStG) an Abnehmer **mit** USt-IdNr.		**41**		—	
neuer Fahrzeuge an Abnehmer **ohne** USt-IdNr.		**44**		—	
neuer Fahrzeuge außerhalb eines Unternehmens (§ 2a UStG)		**49**		—	
Weitere steuerfreie Umsätze mit Vorsteuerabzug (z.B. **Ausfuhrlieferungen**, Umsätze nach § 4 Nr. 2 bis 7 UStG)		**43**		—	
Steuerfreie Umsätze ohne Vorsteuerabzug Umsätze nach § 4 Nr. 8 bis 28 UStG		**48**		—	
Steuerpflichtige Umsätze (Lieferungen und sonstige Leistungen einschl. unentgeltlicher Wertabgaben)					
zum Steuersatz von 19 %.		**81**		—	
zum Steuersatz von 7 %.		**86**		—	
zu anderen Steuersätzen		**35**		— 36	
Lieferungen land- und forstwirtschaftlicher Betriebe nach § 24 UStG an Abnehmer **mit** USt-IdNr.		**77**		—	
Umsätze, für die eine Steuer nach § 24 UStG zu entrichten ist (Sägewerkserzeugnisse, Getränke und alkohol. Flüssigkeiten, z.B. Wein)		**76**		— 80	
Innergemeinschaftliche Erwerbe					
Steuerfreie innergemeinschaftliche Erwerbe Erwerbe nach §§ 4b und 25c UStG		**91**		—	
Steuerpflichtige innergemeinschaftliche Erwerbe zum Steuersatz von 19 %.		**89**		—	
zum Steuersatz von 7 %		**93**		—	
zu anderen Steuersätzen		**95**		— 98	
neuer Fahrzeuge von Lieferern **ohne** USt-IdNr. zum allgemeinen Steuersatz		**94**		— 96	
Ergänzende Angaben zu Umsätzen					
Lieferungen des ersten Abnehmers bei **innergemeinschaftlichen Dreiecksgeschäften** (§ 25b Abs. 2 UStG)		**42**		—	
Steuerpflichtige Umsätze, für die der **Leistungsempfänger** die Steuer nach § 13b Abs. 5 Satz 1 i.V.m. Abs. 2 Nr. 10 UStG schuldet		**68**		—	
Übrige steuerpflichtige Umsätze, für die der **Leistungsempfänger** die Steuer nach § 13b Abs. 5 UStG schuldet		**60**		—	
Nicht steuerbare sonstige Leistungen gem. § 18b Satz 1 Nr. 2 UStG		**21**		—	
Übrige nicht steuerbare Umsätze (Leistungsort nicht im Inland)		**45**		—	
Übertrag				zu übertragen in Zeile 45	

Steuernummer:		Steuer EUR	Ct

Übertrag

Leistungsempfänger als Steuerschuldner
(§ 13b UStG)

	Bemessungsgrundlage ohne Umsatzsteuer volle EUR	Ct		Steuer EUR	Ct

Im Inland steuerpflichtige sonstige Leistungen eines im übrigen Gemeinschaftsgebiet ansässigen Unternehmers (§13b Abs. 1 UStG) ... **46** ▬ **47**

Andere Leistungen eines im Ausland ansässigen Unternehmers (§ 13b Abs. 2 Nr. 1 und 5 UStG) ... **52** ▬ **53**

Lieferungen sicherungsübereigneter Gegenstände und Umsätze, die unter das GrEStG fallen (§ 13b Abs. 2 Nr. 2 und 3 UStG) ... **73** ▬ **74**

Lieferungen von Mobilfunkgeräten und integrierten Schaltkreisen (§ 13b Abs. 2 Nr. 10 UStG) ... **78** ▬ **79**

Andere Leistungen eines im Inland ansässigen Unternehmers (§ 13b Abs. 2 Nr. 4 und 6 bis 9 UStG) ... **84** ▬ **85**

Steuer infolge Wechsels der Besteuerungsform sowie Nachsteuer auf versteuerte Anzahlungen u. ä. wegen Steuersatzänderung ... **65**

Umsatzsteuer

Abziehbare Vorsteuerbeträge

Vorsteuerbeträge aus Rechnungen von anderen Unternehmern (§ 15 Abs. 1 Satz 1 Nr. 1 UStG), aus Leistungen im Sinne des § 13a Abs. 1 Nr. 6 UStG (§ 15 Abs. 1 Satz 1 Nr. 5 UStG) und aus innergemeinschaftlichen Dreiecksgeschäften (§ 25b Abs. 5 UStG) ... **66**

Vorsteuerbeträge aus dem innergemeinschaftlichen Erwerb von Gegenständen (§ 15 Abs. 1 Satz 1 Nr. 3 UStG) ... **61**

Entstandene Einfuhrumsatzsteuer (§ 15 Abs. 1 Satz 1 Nr. 2 UStG) ... **62**

Vorsteuerbeträge aus Leistungen im Sinne des § 13b UStG (§ 15 Abs. 1 Satz 1 Nr. 4 UStG) ... **67**

Vorsteuerbeträge, die nach allgemeinen Durchschnittssätzen berechnet sind (§§ 23 und 23a UStG) ... **63**

Berichtigung des Vorsteuerabzugs (§ 15a UStG) ... **64**

Vorsteuerabzug für innergemeinschaftliche Lieferungen neuer Fahrzeuge außerhalb eines Unternehmens (§ 2a UStG) sowie von Kleinunternehmern im Sinne des § 19 Abs. 1 UStG (§ 15 Abs. 4a UStG) ... **59**

Verbleibender Betrag ...

Andere Steuerbeträge

In Rechnungen unrichtig oder unberechtigt ausgewiesene Steuerbeträge (§ 14c UStG) sowie Steuerbeträge, die nach § 4 Nr. 4a Satz 1 Buchst. a Satz 2, § 6a Abs. 4 Satz 2, § 17 Abs. 1 Satz 6 oder § 25b Abs. 2 UStG geschuldet werden ... **69**

Umsatzsteuer-Vorauszahlung/Überschuss

Anrechnung (Abzug) der festgesetzten **Sondervorauszahlung** für Dauerfristverlängerung (nur auszufüllen in der letzten Voranmeldung des Besteuerungszeitraums, in der Regel Dezember) ... **39**

Verbleibende Umsatzsteuer-Vorauszahlung (bitte in jedem Fall ausfüllen) **83**
Verbleibender Überschuss - bitte dem Betrag ein Minuszeichen voranstellen -

II. Sonstige Angaben und Unterschrift

Ein Erstattungsbetrag wird auf das dem Finanzamt benannte Konto überwiesen, soweit der Betrag nicht mit Steuerschulden verrechnet wird.

Verrechnung des Erstattungsbetrags erwünscht / Erstattungsbetrag ist abgetreten (falls ja, bitte eine „1" eintragen) **29**

Geben Sie bitte die Verrechnungswünsche auf einem besonderen Blatt an oder auf dem beim Finanzamt erhältlichen Vordruck „Verrechnungsantrag".

Die Einzugsermächtigung wird ausnahmsweise (z. B. wegen Verrechnungswünschen) für diesen Voranmeldungszeitraum **widerrufen** (falls ja, bitte eine „1" eintragen) **26**
Ein ggf. verbleibender Restbetrag ist gesondert zu entrichten.

Hinweis nach den Vorschriften der Datenschutzgesetze:
Die mit der Steueranmeldung angeforderten Daten werden auf Grund der §§ 149 ff. der Abgabenordnung und der §§ 18, 18b des Umsatzsteuergesetzes erhoben. Die Angabe der Telefonnummern und der E-Mail-Adressen ist freiwillig.

- nur vom Finanzamt auszufüllen -

11 **19**

12

Bei der Anfertigung dieser Steueranmeldung hat mitgewirkt:
(Name, Anschrift, Telefon, E-Mail-Adresse)

Bearbeitungshinweis
1. Die aufgeführten Daten sind mit Hilfe des geprüften und genehmigten Programms sowie ggf. unter Berücksichtigung der gespeicherten Daten maschinell zu verarbeiten.
2. Die weitere Bearbeitung richtet sich nach den Ergebnissen der maschinellen Verarbeitung.

Datum, Namenszeichen

Kontrollzahl und/oder Datenerfassungsvermerk

Datum, Unterschrift

192

2013

Zeile					

Fallart	Steuernummer	Unter-fallart	Zeit-raum
11		56	1300

30 Eingangsstempel oder -datum

Finanzamt

Unternehmer – ggf. abweichende Firmenbezeichnung –
Anschrift – Telefon – E-Mail-Adresse

Antrag auf Dauerfristverlängerung

Anmeldung
der Sondervorauszahlung
(§§ 46 bis 48 UStDV)

Zur Beachtung
für Unternehmer, die ihre Voranmeldungen **vierteljährlich** abzugeben haben:
Der Antrag auf Dauerfristverlängerung ist nicht zu stellen, wenn Dauerfristverlängerung bereits gewährt worden ist. Er ist nicht jährlich zu wiederholen.
Eine Sondervorauszahlung ist nicht zu berechnen und anzumelden.

I. Antrag auf Dauerfristverlängerung

(Dieser Abschnitt ist gegenstandslos, wenn Dauerfristverlängerung bereits gewährt worden ist.)

Ich beantrage, die Fristen für die Abgabe der Umsatzsteuer-Voranmeldungen und für die Entrichtung der Umsatzsteuer-Vorauszahlungen um einen Monat zu verlängern.

II. Berechnung und Anmeldung der Sondervorauszahlung auf die Steuer für das Kalenderjahr 2013 von Unternehmern, die ihre Voranmeldungen monatlich abzugeben haben

Berichtigte Anmeldung (falls ja, bitte eine „1" eintragen) 10

	volle EUR	Ct
1. Summe der verbleibenden Umsatzsteuer-Vorauszahlungen **zuzüglich** der angerechneten Sondervorauszahlung für das Kalenderjahr 2012		—
2. Davon ¹/₁₁ = **Sondervorauszahlung 2013** 38		—

Verrechnung des Erstattungsbetrags erwünscht / Erstattungsbetrag ist abgetreten
(falls ja, bitte eine „1" eintragen) 29
Geben Sie bitte die Verrechnungswünsche auf einem besonderen Blatt an oder auf dem beim Finanzamt erhältlichen Vordruck „Verrechnungsantrag".

Die **Einzugsermächtigung** wird ausnahmsweise (z.B. wegen Verrechnungswünschen) für die Sondervorauszahlung dieses Jahres **widerrufen** (falls ja, bitte eine „1" eintragen) 26
Ein ggf. verbleibender Restbetrag ist gesondert zu entrichten.

Hinweis nach den Vorschriften der Datenschutzgesetze:
Die mit der Steueranmeldung angeforderten Daten werden auf Grund der §§ 149 ff. der Abgabenordnung und des § 18 des Umsatzsteuergesetzes erhoben. Die Angabe der Telefonnummern und der E-Mail-Adressen ist freiwillig.

Bei der Anfertigung dieser Steueranmeldung hat mitgewirkt:
(Name, Anschrift, Telefon, E-Mail-Adresse)

- nur vom Finanzamt auszufüllen -

11 19

Bearbeitungshinweis
1. Die aufgeführten Daten sind mit Hilfe des geprüften und genehmigten Programms sowie ggf. unter Berücksichtigung der gespeicherten Daten maschinell zu verarbeiten.
2. Die weitere Bearbeitung richtet sich nach den Ergebnissen der maschinellen Verarbeitung.

_____
Datum, Namenszeichen

Kontrollzahl und/oder Datenerfassungsvermerk

Datum, Unterschrift

Anleitung
zum Antrag auf Dauerfristverlängerung/
zur Anmeldung der Sondervorauszahlung

2013

Übermittlung des Antrags auf Dauerfristverlängerung/der Anmeldung der Sondervorauszahlung auf elektronischem Weg

Der Antrag auf Dauerfristverlängerung/die Anmeldung der Sondervorauszahlung ist nach amtlich vorgeschriebenem Datensatz durch Datenfernübertragung nach Maßgabe der Steuerdaten-Übermittlungsverordnung authentifiziert zu übermitteln (§ 48 Abs. 1 Satz 2 UStDV). Informationen hierzu erhalten Sie unter der Internet-Adresse www.elster.de. Auf Antrag kann das Finanzamt zur Vermeidung von unbilligen Härten auf eine elektronische Übermittlung verzichten. In diesem Fall ist der Antrag auf Dauerfristverlängerung/die Anmeldung der Sondervorauszahlung vom Unternehmer oder dessen Bevollmächtigten zu unterschreiben.

Antrag auf Dauerfristverlängerung

Zeilen 17 bis 19

Die Fristverlängerung kann in Anspruch genommen werden, wenn das Finanzamt den Antrag nicht ablehnt; ein Bewilligungsbescheid wird nicht erteilt. Die Fristverlängerung gilt solange, bis der Unternehmer gegenüber dem Finanzamt erklärt, dass er die Fristverlängerung nicht mehr in Anspruch nehmen will oder das Finanzamt die Fristverlängerung widerruft (§ 46 UStDV).

Anmeldung der Sondervorauszahlung

Zeilen 25 bis 27

Die Fristverlängerung wird bei monatlicher Abgabe der Voranmeldungen unter der Auflage erteilt, dass während der Geltungsdauer der Fristverlängerung jährlich bis zum 10. Februar eine Sondervorauszahlung angemeldet und entrichtet wird. Die Sondervorauszahlung beträgt ein Elftel der Summe der Umsatzsteuer-Vorauszahlungen - ohne Anrechnung der Sondervorauszahlung - für das Kalenderjahr 2012 (§ 47 Abs. 1 und § 48 Abs. 2 UStDV).

Beispiel

Unternehmer A hat für das Kalenderjahr 2012 Umsatzsteuer-Vorauszahlungen in Höhe von 39 000 € angemeldet (Summe der verbleibenden Umsatzsteuer-Vorauszahlungen aus Zeile 68 - Kennzahl 83 - der Umsatzsteuer-Voranmeldungen). In der Umsatzsteuer-Voranmeldung für Dezember 2012 (Zeile 67 - Kennzahl 39 - der Umsatzsteuer-Voranmeldung) hat A die Sondervorauszahlung für das Kalenderjahr 2012 in Höhe von 5 000 € angerechnet.

Zur Berechnung der Sondervorauszahlung für das Kalenderjahr 2013 ist die Summe der Umsatzsteuer-Vorauszahlungen 2012 in Höhe von 39 000 € um die angerechnete Sondervorauszahlung in Höhe von 5 000 € zu erhöhen. Aus der Bemessungsgrundlage von 44 000 € (einzutragen in Zeile 26) errechnet sich für A eine Sondervorauszahlung von 4 000 € (einzutragen in Zeile 27 - Kennzahl 38).

Ergibt sich bei der Berechnung der Sondervorauszahlung in Zeile 26 ein Überschuss zu Gunsten des Unternehmers, ist die Sondervorauszahlung in Zeile 27 mit 0 € einzutragen.

Wurde die gewerbliche oder berufliche Tätigkeit nur in einem Teil des vorangegangenen Kalenderjahres ausgeübt, ist die Summe der Vorauszahlungen dieses Zeitraums in eine Jahressumme umzurechnen. Angefangene Kalendermonate sind hierbei als volle Kalendermonate zu behandeln (§ 47 Abs. 2 UStDV).

Bei Beginn der gewerblichen oder beruflichen Tätigkeit im laufenden Kalenderjahr ist die Sondervorauszahlung auf der Grundlage der zu erwartenden Vorauszahlungen dieses Kalenderjahres zu berechnen (§ 47 Abs. 3 UStDV). Die Sondervorauszahlung soll der durchschnittlichen Vorauszahlung eines Kalendermonats entsprechen. Fügen Sie bitte in diesem Fall ein besonderes Blatt mit kurzer Erläuterung der Berechnung bei.

Die festgesetzte Sondervorauszahlung ist bei der Festsetzung der Vorauszahlung für den letzten Voranmeldungszeitraum des Besteuerungszeitraums anzurechnen, für den die Fristverlängerung gilt. Die Anrechnung erfolgt somit grundsätzlich bei der Berechnung der Vorauszahlung für den Monat Dezember.

Zeile 31

Wird für die zu entrichtende Sondervorauszahlung die Einzugsermächtigung wegen Verrechnungswünschen ausnahmsweise widerrufen, ist ein durch die Verrechnung nicht gedeckter Restbetrag zu entrichten.

Unterschrift

Zeile 43

Bitte vergessen Sie nicht, den Antrag auf Dauerfristverlängerung/die Anmeldung der Sondervorauszahlung zu unterschreiben, sofern diese nicht elektronisch übermittelt werden.

194

Bundeszentralamt
für Steuern

Umsatzsteuer-Identifikationsnummer
(USt-IdNr.) Bitte 9 Ziffern eintragen

| 01 | DE | |

Bundeszentralamt für Steuern
- Dienstsitz Saarlouis -
66738 Saarlouis

Zusammenfassende Meldung

über innergemeinschaftliche Warenlieferungen
und innergemeinschaftliche sonstige Leistungen
und innergemeinschaftliche Dreiecksgeschäfte

Meldezeitraum
vgl. Textziffer III.1 und III.2 der Anleitung

| 02 | |

Angaben zum Unternehmen (Art, Anschrift, Telefon, E-Mail)

| Name | |

Berichtigung
(falls ja, bitte ankreuzen)

| Art des Unternehmens | |

| 03 | |

| Strasse | Hausnummer |

| Postleitzahl und Ort | |

Einlagebögen: 1

| Telefon | |

| E-Mail-Adresse | |

Anzeige nach § 18a Abs. 1 UStG

☐ Die in § 18a Abs. 1 Satz 2 enthaltene Regelung nehme ich nicht in Anspruch. Ich gebe die ZM künftig monatlich ab. Diese Anzeige bindet mich bis zum Zeitpunkt des Widerrufes, mindestens aber für die Dauer von 12 Kalendermonaten.

☐ Widerruf meiner Anzeige nach § 18a Abs. 1 UStG

Ich versichere, die Angaben in dieser Zusammenfassenden Meldung (ZM) wahrheitsgemäß nach bestem Wissen und Gewissen gemacht zu haben.

Hinweis

Wer vorsätzlich oder leichtfertig entgegen seinen Verpflichtungen gem. § 18 a Umsatzsteuergesetz (UStG) eine Zusammenfassende Meldung nicht, nicht richtig, nicht vollständig oder nicht rechtzeitig abgibt oder nicht bzw. nicht rechtzeitig berichtigt, handelt ordnungswidrig. Die Ordnungswidrigkeit kann mit einer Geldbuße bis zu fünftausend Euro geahndet werden (§ 26a UStG).

Teilnehmernummer gem. § 6 StDüV (elektronische Übermittlung)

Bei der Anfertigung der ZM hat mitgewirkt:

| Name | |

Datum und Unterschrift des Unternehmers bei Abgabe der ZM
in Papierform

| Art des Mitwirkenden (Steuerberater, Wirtschaftsprüfer etc.) | |

| Strasse | Hausnummer |

| Postleitzahl und Ort | |

Hinweis nach den Vorschriften der Datenschutzgesetze:
Die mit der Zusammenfassenden Meldung angeforderten Daten werden aufgrund der §§ 149 ff Abgabenordung (AO) und § 18 a UStG erhoben.
Die Angaben der Telefonnummern und E-Mail-Adressen sind freiwillig.

| Telefon | |

| E-Mail-Adresse | |

010001 v.1.1

Einlagebogen
zur Zusammenfassenden Meldung für den Meldezeitraum

Einlagebogen 1 von 1

Umsatzsteuer-Identifikationsnummer

| 02 |

| 01 | DE

Berichtigung

| 03 | ☐

Bitte beachten!

Meldung der Warenlieferungen (§ 18a Abs. 7 Satz 1 Nr. 1 u. 2 UStG) vom Inland in das übrige Gemeinschaftsgebiet, der sonstigen Leistungen (§ 18a Abs. 7 Satz 1 Nr. 3 UStG) und der Lieferungen i.S.d. § 25b Abs. 2 UStG im Rahmen innergemeinschaftlicher Dreiecksgeschäfte (§ 18a Abs. 7 Satz 1 Nr. 4 UStG)

Sonstige Leistungen bzw. Dreiecksgeschäfte sind in Spalte 3 jeweils durch Eintragung der Ziffer "1" oder "2" entsprechend zu kennzeichnen. Wurden sowohl Warenlieferungen, sonstige Leistungen und/oder Dreiecksgeschäfte an denselben Unternehmer erbracht, sind diese in getrennten Zeilen anzugeben.

	1		2		3
Zeile	Länder-kenn-zeichen	USt-IdNr. des Erwerbers/Unternehmers in einem anderen Mitgliedstaat	Summe der Bemessungsgrundlagen volle EUR	Ct	Sonstige Leistungen (falls JA, bitte 1 auswählen) --- Dreiecksgeschäfte (falls JA, bitte 2 auswählen)
1				—	0

Gesamtbemessungsgrundlage   0

196

Freiheit
Einheit
Demokratie

POSTANSCHRIFT   Bundesministerium der Finanzen, 11016 Berlin

Oberste Finanzbehörden
der Länder

DATUM   18. November 2009

BETREFF   **Ertragsteuerliche Erfassung der Nutzung eines betrieblichen Kraftfahrzeugs zu Privatfahrten, zu Fahrten zwischen Wohnung und Betriebsstätte sowie zu Familienheimfahrten nach § 4 Absatz 5 Satz 1 Nummer 6 und § 6 Absatz 1 Nummer 4 Satz 1 bis 3 EStG; Berücksichtigung der Änderungen durch das Gesetz zur Eindämmung missbräuchlicher Steuergestaltungen vom 28. April 2006 (BStBl I S. 353) und des Gesetzes zur Fortführung der Gesetzeslage 2006 bei der Entfernungspauschale vom 20. April 2009 (BGBl. I S. 774, BStBl I S. 536)**

BEZUG   BMF-Schreiben vom 21. Januar 2002 (BStBl I S. 148), 27. August 2004 (BStBl I S. 864) und vom 7. Juli 2006 (BStBl I S. 446)

GZ   **IV C 6 - S 2177/07/10004**
DOK   **2009/0725394**

(bei Antwort bitte GZ und DOK angeben)

Im Einvernehmen mit den obersten Finanzbehörden der Länder gilt für die ertragsteuerliche Erfassung der Nutzung eines betrieblichen Kraftfahrzeugs zu Privatfahrten, zu Fahrten zwischen Wohnung und Betriebsstätte sowie zu Familienheimfahrten nach § 4 Absatz 5 Satz 1 Nummer 6 und § 6 Absatz 1 Nummer 4 Satz 1 bis 3 EStG Folgendes:

I.   **Anwendungsbereich des § 4 Absatz 5 Satz 1 Nummer 6 und des § 6 Absatz 1 Nummer 4 Satz 2 bis 3 EStG**

1.   **Betriebliche Nutzung eines Kraftfahrzeugs**

1   Die Zuordnung von Kraftfahrzeugen zu einem Betriebsvermögen richtet sich nach allgemeinen Grundsätzen (R 4.2 Absatz 1 EStR 2008). Zur betrieblichen Nutzung zählt auch die auf Wege zwischen Wohnung und Betriebsstätte und Familienheimfahrten entfallende Nutzung

gemäß § 4 Absatz 5 Satz 1 Nummer 6 EStG.

Der private Nutzungsanteil eines zum Betriebsvermögen gehörenden Kraftfahrzeugs ist nach § 6 Absatz 1 Nummer 4 Satz 2 EStG mit 1 Prozent des inländischen Listenpreises zu bewerten, wenn dieses zu mehr als 50 Prozent betrieblich genutzt wird. Dies gilt auch für gemietete oder geleaste Kraftfahrzeuge. Kraftfahrzeuge i. S. dieser Regelung sind Kraftfahrzeuge, die typischerweise nicht nur vereinzelt und gelegentlich für private Zwecke genutzt werden (BFH-Urteil vom 13. Februar 2003, BStBl II S. 472). Hierzu zählen beispielsweise auch Geländekraftfahrzeuge, wobei die kraftfahrzeugsteuerrechtliche Einordnung vor der Neuregelung in § 2 Absatz 2a KraftStG zum 1. Mai 2005 unerheblich ist. Keine Kraftfahrzeuge i. d. S. sind Zugmaschinen oder Lastkraftwagen, die kraftfahrzeugsteuerrechtlich „andere Kraftfahrzeuge" sind.

Die bloße Behauptung, das Kraftfahrzeug werde nicht für Privatfahrten genutzt oder Privatfahrten würden ausschließlich mit anderen Kraftfahrzeugen durchgeführt, reicht nicht aus, um von dem Ansatz eines privaten Nutzungsanteils abzusehen (BFH-Urteil vom 13. Februar 2003, BStBl II S. 472). Vielmehr trifft den Steuerpflichtigen die objektive Beweislast, wenn ein nach der Lebenserfahrung untypischer Sachverhalt, wie z.b. die ausschließlich betriebliche Nutzung des einzigen betrieblichen Kraftfahrzeugs eines Unternehmers, der Besteuerung zugrunde gelegt werden soll.

Die Anwendung von § 4 Absatz 5 Satz 1 Nummer 6 EStG setzt voraus, dass ein Kraftfahrzeug für Fahrten zwischen Wohnung und Betriebsstätte oder für Familienheimfahrten genutzt wird. Die Zugehörigkeit des Kraftfahrzeugs zum Betriebsvermögen des Steuerpflichtigen ist hierbei nicht erforderlich. Für ein Kraftfahrzeug im Privatvermögen des Steuerpflichtigen werden im Ergebnis nur Aufwendungen in Höhe der Entfernungspauschale i. S. d. § 9 Absatz 1 Satz 3 Nummer 4 und Nummer 5 Satz 1 bis 6 EStG zum Abzug zugelassen. Die Regelung des § 9 Absatz 2 EStG ist entsprechend anzuwenden.

2. Nachweis der betrieblichen Nutzung i. S. d. § 6 Absatz 1 Nummer 4 Satz 2 EStG

4   Der Umfang der betrieblichen Nutzung ist vom Steuerpflichtigen darzulegen und glaubhaft zu machen. Dies kann in jeder geeigneten Form erfolgen. Auch die Eintragungen in Terminkalendern, die Abrechnung gefahrener Kilometer gegenüber den Auftraggebern, Reisekostenaufstellungen sowie andere Abrechnungsunterlagen können zur Glaubhaftmachung geeignet sein. Sind entsprechende Unterlagen nicht vorhanden, kann die überwiegende betriebliche Nutzung durch formlose Aufzeichnungen über einen repräsentativen zusammenhängenden Zeitraum (i. d. R. 3 Monate) glaubhaft gemacht werden. Dabei reichen Angaben über die betrieblich veranlassten Fahrten (jeweiliger Anlass und die jeweils zurückgelegte Strecke) und die Kilometerstände zu Beginn und Ende des Aufzeichnungszeitraumes aus.

5   Auf einen Nachweis der betrieblichen Nutzung kann verzichtet werden, wenn sich bereits aus Art und Umfang der Tätigkeit des Steuerpflichtigen ergibt, dass das Kraftfahrzeug zu mehr als 50 Prozent betrieblich genutzt wird. Dies kann in der Regel bei Steuerpflichtigen angenommen werden, die ihr Kraftfahrzeug für eine durch ihren Betrieb oder Beruf bedingte typische Reisetätigkeit benutzen oder die zur Ausübung ihrer räumlich ausgedehnten Tätigkeit auf die ständige Benutzung des Kraftfahrzeugs angewiesen sind (z. B. bei Taxiunternehmern, Handelsvertretern, Handwerkern der Bau- und Baunebengewerbe, Landtierärzten). Diese Vermutung gilt, wenn ein Steuerpflichtiger mehrere Kraftfahrzeuge im Betriebsvermögen hält, nur für das Kraftfahrzeug mit der höchsten Jahreskilometerleistung. Für die weiteren Kraftkraftfahrzeuge gelten die allgemeinen Grundsätze. Die Vermutungsregelung ist nicht anzuwenden, sobald für ein weiteres Kraftfahrzeug der Nachweis über die überwiegende betriebliche Nutzung erbracht wird.

6   Keines weiteren Nachweises bedarf es, wenn die Fahrten zwischen Wohnung und Betriebsstätte und die Familienheimfahrten mehr als 50 Prozent der Jahreskilometerleistung des Kraftfahrzeugs ausmachen.

7   Hat der Steuerpflichtige den betrieblichen Nutzungsumfang des Kraftfahrzeugs einmal dargelegt, so ist - wenn sich keine wesentlichen Veränderungen in Art oder Umfang der Tätigkeit oder bei den Fahrten zwischen Wohnung und Betriebsstätte ergeben - auch für die folgenden Veranlagungszeiträume von diesem Nutzungsumfang auszugehen. Ein Wechsel der Kraftfahrzeugklasse kann im Einzelfall Anlass für eine erneute Prüfung des Nutzungsumfangs sein. Die im Rahmen einer rechtmäßigen Außenprüfung erlangten Kenntnisse bestimmter betrieblicher Verhältnisse des Steuerpflichtigen in den Jahren des Prüfungszeitraumes lassen Schlussfolgerungen auf die tatsächlichen Gegebenheiten in den Jahren vor oder nach dem Prüfungszeitraum zu (BFH-Urteil vom 28. August 1987, BStBl II 1988 S. 2).

3. Methodenwahl

Wird das Kraftfahrzeug zu mehr als 50 Prozent betrieblich genutzt, kann der Steuerpflichtige die Wahl zwischen der Besteuerung nach § 6 Absatz 1 Nummer 4 Satz 2 EStG (1 %-Regelung) oder nach § 6 Absatz 1 Nummer 4 Satz 3 EStG (Fahrtenbuchmethode, Randnummer 21 bis 30) durch Einreichen der Steuererklärung beim Finanzamt vornehmen; die Methodenwahl muss für das Wirtschaftsjahr einheitlich getroffen werden. Im Fall des Kraftfahrzeugwechsels (vgl. Randnummer 9) ist auch während eines Wirtschaftsjahres der Übergang zu einer anderen Ermittlungsmethode zulässig. Das Wahlrecht kann bis zur Bestandskraft der Steuerfestsetzung ausgeübt oder geändert werden.

4. Kraftfahrzeugwechsel

Wird das auch privat genutzte Kraftfahrzeug im laufenden Wirtschaftsjahr ausgewechselt, z. B. bei Veräußerung des bisher genutzten und Erwerb eines neuen Kraftfahrzeugs, ist der Ermittlung der pauschalen Wertansätze im Monat des Kraftfahrzeugwechsels der inländische Listenpreis des Kraftfahrzeugs zugrunde zu legen, das der Steuerpflichtige nach der Anzahl der Tage überwiegend genutzt hat.

II. Pauschale Ermittlung des privaten Nutzungswerts

1. Listenpreis

Für den pauschalen Nutzungswert ist der inländische Listenpreis des Kraftfahrzeugs im Zeitpunkt seiner Erstzulassung zuzüglich der Kosten für Sonderausstattung (z. B. Navigationsgerät, BFH-Urteil vom 16. Februar 2005, BStBl II S. 563) einschließlich der Umsatzsteuer (BFH-Urteil vom 6. März 2003, BStBl II S. 704) maßgebend. Das gilt auch für reimportierte Kraftfahrzeuge. Soweit das reimportierte Kraftfahrzeug mit zusätzlicher Sonderausstattung versehen ist, die sich im inländischen Listenpreis nicht niedergeschlagen hat, ist der Wert der Sonderausstattung, der sich aus der Preisliste des Herstellers ergibt, zusätzlich zu berücksichtigen. Soweit das reimportierte Kraftfahrzeug geringwertiger ausgestattet ist, ist der Wert der „Minderausstattung" anhand des inländischen Listenpreises eines vergleichbaren inländischen Kraftfahrzeugs angemessen zu berücksichtigen. Kosten für nur betrieblich nutzbare Sonderausstattung, wie z. B. der zweite Pedalsatz eines Fahrschulkraftfahrzeugs, sind nicht anzusetzen. Für Kraftfahrzeuge, für die der inländische Listenpreis nicht ermittelt werden kann, ist dieser zu schätzen. Der Listenpreis ist auf volle Hundert Euro abzurunden. Für Veranlagungszeiträume ab 2002 ist der Listenpreis für vor dem 1. Januar 2002 angeschaffte oder hergestellte Kraftfahrzeuge zunächst in Euro umzurechnen und danach auf volle Hundert Euro abzurunden.

11 Seite 5   Zeitpunkt der Erstzulassung ist der Tag, an dem das Kraftfahrzeug das erste Mal zum Straßenverkehr zugelassen worden ist. Das gilt auch für gebraucht erworbene Kraftfahrzeuge. Zeitpunkt der Erstzulassung des Kraftfahrzeugs ist nicht der Zeitpunkt der Erstzulassung des Kraftfahrzeugtyps, sondern des jeweiligen individuellen Kraftfahrzeugs. Bei inländischen Kraftfahrzeugen ergibt sich das Datum aus den Zulassungspapieren. Macht der Steuerpflichtige geltend, dass für ein importiertes oder ein reimportiertes Kraftfahrzeug ein anderes Datum maßgebend sei, trifft ihn die objektive Beweislast.

2. Nutzung mehrerer Kraftfahrzeuge und Nutzung durch mehrere Nutzungsberechtigte

a) Einzelunternehmen

12   Gehören gleichzeitig mehrere Kraftfahrzeuge zum Betriebsvermögen, so ist der pauschale Nutzungswert grundsätzlich für jedes Kraftfahrzeug anzusetzen, das vom Unternehmer oder von zu seiner Privatsphäre gehörenden Personen für Privatfahrten genutzt wird (vgl. Randnummer 2). Kann der Steuerpflichtige glaubhaft machen, dass bestimmte betriebliche Kraftfahrzeuge nicht privat genutzt werden, weil sie für eine private Nutzung nicht geeignet sind (z. B. bei sog. Werkstattwagen - BFH-Urteil vom 18. Dezember 2008 - VI R 34/07 - BStBl II S. 381) oder diese ausschließlich eigenen Arbeitnehmern zur Nutzung überlassen werden, ist für diese Kraftfahrzeuge kein pauschaler Nutzungswert zu ermitteln. Wird ein Kraftfahrzeug gemeinsam vom Steuerpflichtigen und einem oder mehreren Arbeitnehmern genutzt, so ist bei pauschaler Nutzungswertermittlung für Privatfahrten der Nutzungswert von 1 Prozent des Listenpreises entsprechend der Zahl der Nutzungsberechtigten aufzuteilen. Es gilt die widerlegbare Vermutung, dass für Fahrten zwischen Wohnung und Betriebsstätte und für Familienheimfahrten das Kraftfahrzeug mit dem höchsten Listenpreis genutzt wird.

Beispiel 1:

Zum Betriebsvermögen des Unternehmers C gehören 5 Kraftfahrzeuge, die von C, seiner Ehefrau und dem erwachsenen Sohn auch zu Privatfahrten genutzt werden; von C auch für Fahrten zwischen Wohnung und Betriebsstätte. Ein Kraftfahrzeug wird ausschließlich einem Angestellten auch zur privaten Nutzung überlassen; der Nutzungsvorteil wird bei diesem lohnversteuert. Die betriebliche Nutzung der Kraftfahrzeuge beträgt jeweils mehr als 50 Prozent. Es befindet sich kein weiteres Kraftfahrzeug im Privatvermögen. Die private Nutzungsentnahme nach § 6 Absatz 1 Nummer 4 Satz 2 EStG ist für 4 Kraftfahrzeuge anzusetzen, und zwar mit jeweils 1 Prozent des Listenpreises. Zusätzlich ist für Fahrten zwischen Wohnung und Betriebsstätte der Betriebsausgabenabzug zu kürzen. Dabei ist der höchste Listenpreis zugrunde zu legen.

b) **Personengesellschaft**

Befinden sich Kraftfahrzeuge im Betriebsvermögen einer Personengesellschaft, ist ein pauschaler Nutzungswert für den Gesellschafter anzusetzen, dem die Nutzung des Kraftfahrzeugs zuzurechnen ist. Randnummer 12 ist entsprechend anzuwenden.

Beispiel 2:
Der IJK-OHG gehören die Gesellschafter I, J und K an. Es befinden sich 4 Kraftfahrzeuge im Betriebsvermögen. Die Gesellschafter I und K sind alleinstehend. Niemand aus ihrer Privatsphäre nutzt die betrieblichen Kraftfahrzeuge. Der Gesellschafter J ist verheiratet. Seine Ehefrau nutzt ein betriebliches Kraftfahrzeug auch zu Privatfahrten. Die betriebliche Nutzung der Kraftfahrzeuge beträgt jeweils mehr als 50 Prozent. Die Bruttolistenpreise der Kraftfahrzeuge betragen 80.000 €, 65.000 €, 50.000 € und 40.000 €. I nutzt das 80.000 €-Kraftfahrzeug, J das 50.000 €-Kraftfahrzeug, K das 65.000 €-Kraftfahrzeug und Frau J das 40.000 €-Kraftfahrzeug. Die private Nutzungsentnahme ist monatlich für den Gesellschafter I mit 1 Prozent von 80.000 €, für den Gesellschafter K mit 1 Prozent von 65 000 € und für den Gesellschafter J mit 1 Prozent von 50.000 € zuzüglich 1 Prozent von 40.000 € anzusetzen.

3. Nur gelegentliche Nutzung des Kraftfahrzeugs

Der pauschale Nutzungswert und die nicht abziehbaren Betriebsausgaben sind auch dann mit den Monatswerten zu ermitteln, wenn das Kraftfahrzeug nur gelegentlich zu Privatfahrten oder zu Fahrten zwischen Wohnung und Betriebsstätte genutzt wird.

Die Monatswerte sind nicht anzusetzen für volle Kalendermonate, in denen eine private Nutzung oder eine Nutzung zu Fahrten zwischen Wohnung und Betriebsstätte ausgeschlossen ist.

Hat ein Steuerpflichtiger mehrere Betriebsstätten in unterschiedlicher Entfernung von der Wohnung, kann bei der pauschalen Berechnung der nicht abziehbaren Betriebsausgaben nach § 4 Absatz 5 Satz 1 Nummer 6 EStG die Entfernung zur näher gelegenen Betriebsstätte zugrunde gelegt werden. Die Fahrten zur weiter entfernt gelegenen Betriebsstätte sind zusätzlich mit 0,002 Prozent des inländischen Listenpreises i. S. d. § 6 Absatz 1 Nummer 4 Satz 2 EStG für jeden weiteren Entfernungskilometer (Differenz zwischen den Entfernungen der Wohnung zur jeweiligen Betriebsstätte) anzusetzen.

Beispiel 3:
Der Unternehmer A wohnt in A-Stadt und hat dort eine Betriebsstätte (Entfernung zur Wohnung 30 km). Eine zweite Betriebsstätte unterhält er in B-Stadt (Entfernung zur Wohnung 100 km). A fährt zwischen Wohnung und Betriebsstätte mit dem Betriebs-Kraftfahrzeug (Bruttolistenpreis: 22.500 €). Er ist an 40 Tagen von der Wohnung zur Betriebsstätte in B-Stadt gefahren, an den anderen Tagen zur Betriebsstätte in A-Stadt (insgesamt an 178 Tagen). Die nicht abziehbaren Betriebsausgaben sind wie folgt zu ermitteln:

a) 22.500 € x 0,03 % x 30 km x 12 Monate =   2.430,00 €
./. 178 Tage x 30 km x 0,30 € =   1.602,00 €
                                                                                        828,00 €
b) 22.500 € x 0,002 % x 70 (100 ./. 30) km x 40 Tage =   1.260,00 €
./. 40 Tage x 100 km x 0,30 € =   1.200,00 €
──   60,00 €
Summe der nicht abziehbaren Betriebsausgaben   888,00 €

4. Nutzung im Rahmen unterschiedlicher Einkunftsarten

17 Nutzt der Steuerpflichtige das betriebliche Kraftfahrzeug auch im Rahmen anderer Einkunftsarten, sind die auf diese außerbetriebliche, aber nicht private Nutzung entfallenden Aufwendungen grundsätzlich nicht mit dem nach § 6 Absatz 1 Nummer 4 Satz 2 EStG (1 %-Regelung) ermittelten Betrag abgegolten (BFH-Urteil vom 26. April 2006, BStBl II 2007 S. 445). Es bestehen keine Bedenken, diese Entnahme mangels anderer Anhaltspunkte mit 0,001 % des inländischen Listenpreises des Kraftfahrzeugs je gefahrenem Kilometer zu bewerten; dieser Entnahmewert stellt vorbehaltlich bestehender Abzugsbeschränkungen die im Rahmen der anderen Einkunftsart abziehbaren Betriebsausgaben oder Werbungskosten dar. Aus Vereinfachungsgründen wird einkommensteuerrechtlich auf den Ansatz einer zusätzlichen Entnahme verzichtet, soweit die Aufwendungen bei der anderen Einkunftsart keinen Abzugsbeschränkungen unterliegen und dort nicht abgezogen werden.

5. Begrenzung der pauschalen Wertansätze (sog. Kostendeckelung)

18 Der pauschale Nutzungswert nach § 6 Absatz 1 Nummer 4 Satz 2 EStG sowie die nicht abziehbaren Betriebsausgaben für Fahrten zwischen Wohnung und Betriebsstätte und Familienheimfahrten nach § 4 Absatz 5 Satz 1 Nummer 6 EStG können die für das genutzte Kraftfahrzeug insgesamt tatsächlich entstandenen Aufwendungen übersteigen. Wird das im Einzelfall nachgewiesen, so sind diese Beträge höchstens mit den Gesamtkosten des Kraftfahrzeugs anzusetzen. Bei mehreren privat genutzten Kraftfahrzeugen können die zusammengefassten pauschal ermittelten Wertansätze auf die nachgewiesenen tatsächlichen Gesamtaufwendungen dieser Kraftfahrzeuge begrenzt werden; eine fahrzeugbezogene „Kostendeckelung" ist zulässig.

19 Wird neben dem pauschalen Nutzungswert nach § 6 Absatz 1 Nummer 4 Satz 2 EStG eine Entnahme aufgrund der Nutzung des Kraftfahrzeugs zur Erzielung anderer Einkunftsarten erfasst, ist auch dieser Betrag den tatsächlichen Aufwendungen gegenüberzustellen (vgl. Randnummer 17).

Bei Anwendung der Kostendeckelung müssen dem Steuerpflichtigen als abziehbare Aufwendungen mindestens die nach § 4 Absatz 5 Satz 1 Nummer 6 Satz 2, § 9 Absatz 1 Satz 3 Nummer 4 und Nummer 5 EStG ermittelten Beträge (Entfernungspauschalen) verbleiben.

Beispiel 4:

Für ein zu mehr als 50 Prozent für betriebliche Zwecke genutztes Kraftfahrzeug (Bruttolistenpreis 35.600 €) sind im Wirtschaftsjahr 7.400 € Gesamtkosten angefallen. Das Kraftfahrzeug wurde an 200 Tagen für Fahrten zwischen Wohnung und Betriebsstätte (Entfernung 27 Kilometer) genutzt. Ein Fahrtenbuch wurde nicht geführt.

1. pauschaler Wertansatz nach § 4 Absatz 5 Satz 1 Nummer 6 EStG:
35.600 € x 0,03 % x 27 km x 12 Monate = 3.460,32 €
2. privater Nutzungsanteil nach § 6 Absatz 1 Nummer 4 Satz 2 EStG:
35.600 € x 1 % x 12 Monate = 4.272,00 €
3. Prüfung der Kostendeckelung:
Gesamtaufwendungen 7.400,00 €
Pauschale Wertansätze (Summe aus 1. und 2.) 7.732,32 €
Höchstbetrag der pauschalen Wertansätze 7.400,00 €

Die pauschalen Wertansätze übersteigen die entstandenen Gesamtkosten. Es liegt ein Fall der Kostendeckelung vor. Der pauschale Wertansatz für die Fahrten zwischen Wohnung und Betriebsstätte nach § 4 Absatz 5 Satz 1 Nummer 6 EStG und der private Nutzungsanteil nach § 6 Absatz 1 Nummer 4 Satz 2 EStG sind auf die Höhe der Gesamtaufwendungen von 7.400 € beschränkt. Die Entfernungspauschale nach § 4 Absatz 5 Satz 1 Nummer 6 i. V. m. § 9 Absatz 1 Satz 3 Nummer 4 EStG i. H. v. 1.620,00 € (200 Tage x 27 km x 0,30 €) ist zu berücksichtigen.

III. Ermittlung des tatsächlichen privaten Nutzungswerts

1. Führung eines Fahrtenbuches

Ein Fahrtenbuch soll die Zuordnung von Fahrten zur betrieblichen und beruflichen Sphäre ermöglichen und darstellen. Es muss laufend geführt werden.

Werden mehrere betriebliche Kraftfahrzeuge vom Unternehmer oder von zu seiner Privatsphäre gehörenden Personen zu Privatfahrten, zu Fahrten zwischen Wohnung und Betriebsstätte oder zu Familienheimfahrten genutzt, ist diese Nutzung für jedes der Kraftfahrzeuge, das zu mehr als 50 Prozent betrieblich genutzt wird, entweder pauschal im Wege der Listenpreisregelung oder aber konkret anhand der Fahrtenbuchmethode zu ermitteln (BFH-Urteil vom 3. August 2000, BStBl II 2001 S. 332). Gehören dabei gleichzeitig mehrere Kraftfahrzeuge zum Betriebsvermögen, und wird nicht für jedes dieser Kraftfahrzeuge ein Fahrtenbuch im Sinne des § 6 Absatz 1 Nummer 4 Satz 3 EStG geführt, ist für diejenigen Kraftfahrzeuge, für die kein Fahrtenbuch geführt wird, und die für Privatfahrten, für Fahrten zwischen Wohnung und Betriebsstätte oder für Familienheimfahrten genutzt werden, § 6 Absatz 1 Nummer

4 Satz 2 EStG (1 %-Regelung) und § 4 Absatz 5 Satz 1 Nummer 6 EStG (pauschale Ermittlung der nicht abziehbaren Betriebsausgaben) anzuwenden. Die Rdnrn. 12 und 13 gelten entsprechend.

Beispiel 5:

Zum Betriebsvermögen des Unternehmers C gehören 5 Kraftfahrzeuge, die von C, seiner Ehefrau und dem erwachsenen Sohn auch zu Privatfahrten genutzt werden. Die betriebliche Nutzung der Kraftfahrzeuge beträgt jeweils mehr als 50 Prozent. Es befindet sich kein weiteres Kraftfahrzeuge im Privatvermögen. Für ein Kraftfahrzeug wird ein Fahrtenbuch geführt. Die (pauschale) private Nutzungsentnahme für die vier weiteren auch privat genutzten Kraftfahrzeuge ist nach § 6 Absatz 1 Nummer 4 Satz 2 EStG mit jeweils 1 Prozent des Listenpreises anzusetzen. Für das Kraftfahrzeug, für das ein Fahrtenbuch geführt wird, ist die Nutzungsentnahme mit den tatsächlich auf die private Nutzung entfallenden Aufwendungen anzusetzen.

2. Elektronisches Fahrtenbuch

23 Ein elektronisches Fahrtenbuch ist anzuerkennen, wenn sich daraus dieselben Erkenntnisse wie aus einem manuell geführten Fahrtenbuch gewinnen lassen. Beim Ausdrucken von elektronischen Aufzeichnungen müssen nachträgliche Veränderungen der aufgezeichneten Angaben technisch ausgeschlossen, zumindest aber dokumentiert werden (BFH-Urteil vom 16. November 2005, BStBl II 2006 S. 410).

3. Anforderungen an ein Fahrtenbuch

24 Ein Fahrtenbuch muss zeitnah und in geschlossener Form geführt werden. Es muss die Fahrten einschließlich des an ihrem Ende erreichten Gesamtkilometerstandes vollständig und in ihrem fortlaufenden Zusammenhang wiedergeben (BFH-Urteil vom 9. November 2005, BStBl II 2006 S. 408). Das Fahrtenbuch muss mindestens folgende Angaben enthalten (vgl. R 8.1 Absatz 9 Nummer 2 Satz 3 LStR 2008): Datum und Kilometerstand zu Beginn und Ende jeder einzelnen betrieblich/beruflich veranlassten Fahrt, Reiseziel, Reisezweck und aufgesuchte Geschäftspartner. Wird ein Umweg gefahren, ist dieser aufzuzeichnen. Auf einzelne dieser Angaben kann verzichtet werden, soweit wegen der besonderen Umstände im Einzelfall die betriebliche/berufliche Veranlassung der Fahrten und der Umfang der Privatfahrten ausreichend dargelegt sind und Überprüfungsmöglichkeiten nicht beeinträchtigt werden. So sind z. B. folgende berufsspezifisch bedingte Erleichterungen möglich:

25 a) Handelsvertreter, Kurierdienstfahrer, Automatenlieferanten und andere Steuerpflichtige, die regelmäßig aus betrieblichen/beruflichen Gründen große Strecken mit mehreren unterschiedlichen Reisezielen zurücklegen

e 10 Zu Reisezweck, Reiseziel und aufgesuchtem Geschäftspartner ist anzugeben, welche Kunden an welchem Ort besucht wurden. Angaben zu den Entfernungen zwischen den verschiedenen Orten sind nur bei größerer Differenz zwischen direkter Entfernung und tatsächlich gefahrenen Kilometern erforderlich.

b) Taxifahrer, Fahrlehrer

Bei Fahrten eines Taxifahrers im sog. Pflichtfahrgebiet ist es in Bezug auf Reisezweck, Reiseziel und aufgesuchtem Geschäftspartner ausreichend, täglich zu Beginn und Ende der Gesamtheit dieser Fahrten den Kilometerstand anzugeben mit der Angabe „Taxifahrten im Pflichtfahrgebiet" o. ä. Wurden Fahrten durchgeführt, die über dieses Gebiet hinausgehen, kann auf die genaue Angabe des Reiseziels nicht verzichtet werden.

Für Fahrlehrer ist es ausreichend, in Bezug auf Reisezweck, Reiseziel und aufgesuchten Geschäftspartner „Lehrfahrten", „Fahrschulfahrten" o. ä. anzugeben.

Werden regelmäßig dieselben Kunden aufgesucht, wie z. B. bei Lieferverkehr, und werden die Kunden mit Name und (Liefer-)Adresse in einem Kundenverzeichnis unter einer Nummer geführt, unter der sie später identifiziert werden können, bestehen keine Bedenken, als Erleichterung für die Führung eines Fahrtenbuches zu Reiseziel, Reisezweck und aufgesuchtem Geschäftspartner jeweils zu Beginn und Ende der Lieferfahrten Datum und Kilometerstand sowie die Nummern der aufgesuchten Geschäftspartner aufzuzeichnen. Das Kundenverzeichnis ist dem Fahrtenbuch beizufügen.

Für die Aufzeichnung von Privatfahrten genügen jeweils Kilometerangaben; für Fahrten zwischen Wohnung und Betriebsstätte genügt jeweils ein kurzer Vermerk im Fahrtenbuch.

4.   Nichtanerkennung eines Fahrtenbuches

Wird die Ordnungsmäßigkeit der Führung eines Fahrtenbuches von der Finanzverwaltung z. B. anlässlich einer Betriebsprüfung nicht anerkannt, ist der private Nutzungsanteil nach § 6 Absatz 1 Nummer 4 Satz 2 EStG zu bewerten, wenn die betriebliche Nutzung mehr als 50 Prozent beträgt. Für Fahrten zwischen Wohnung und Betriebsstätte sowie für Familienheimfahrten ist die Ermittlung der nicht abziehbaren Betriebsausgaben nach § 4 Absatz 5 Satz 1 Nummer 6 EStG vorzunehmen.

5.   Ermittlung des privaten Nutzungsanteils bei Ausschluss der 1 %-Regelung

Beträgt der Umfang der betrieblichen Nutzung 10 bis 50 Prozent, darf der private Nutzungsanteil nicht gemäß § 6 Absatz 1 Nummer 4 Satz 2 EStG (1 %-Regelung) bewertet werden.

Der private Nutzungsanteil ist als Entnahme gemäß § 6 Absatz 1 Nummer 4 Satz 1 EStG mit den auf die private Nutzung entfallenden tatsächlichen Selbstkosten (vgl. Randnummer 32) zu bewerten. Für Fahrten zwischen Wohnung und Betriebsstätte und Familienheimfahrten sind die nicht abziehbaren Betriebsausgaben nach § 4 Absatz 5 Satz 1 Nummer 6 Satz 3 2. Alternative EStG zu ermitteln.

IV. Gesamtaufwendungen für das Kraftfahrzeug

32 Zu den Gesamtaufwendungen für das Kraftfahrzeug (Gesamtkosten) gehören Kosten, die unmittelbar dem Halten und dem Betrieb des Kraftfahrzeugs zu dienen bestimmt sind und im Zusammenhang mit seiner Nutzung zwangsläufig anfallen (BFH-Urteil vom 14. September 2005, BStBl II 2006 S. 72). Zu den Gesamtkosten gehören nicht die Sonderabschreibungen (BFH-Urteil vom 25. März 1988, BStBl II S. 655). Außergewöhnliche Kraftfahrzeugkosten sind dagegen vorab der beruflichen oder privaten Nutzung zuzurechnen. Aufwendungen, die ausschließlich der privaten Nutzung zuzurechnen sind, sind vorab als Entnahme zu behandeln (z. B. Mautgebühren auf einer privaten Urlaubsreise – BFH-Urteil vom 14. September 2005, BStBl II 2006 S. 72). Bei der Ermittlung des privaten Nutzungsanteils nach § 6 Absatz 1 Nummer 4 Satz 3 EStG sind die verbleibenden Kraftfahrzeugaufwendungen anhand des Fahrtenbuches anteilig der privaten Nutzung, der Nutzung für Fahrten zwischen Wohnung und Betriebsstätte oder für Familienheimfahrten zuzurechnen.

V. Fahrten zwischen Wohnung und Betriebsstätte

1. Mehrfache Fahrten zwischen Wohnung und Betriebsstätte

33 Werden täglich mehrere Fahrten zwischen Wohnung und Betriebsstätte zurückgelegt, so vervielfacht sich der pauschale Hinzurechnungsbetrag nach § 4 Absatz 5 Satz 1 Nummer 6 EStG nicht. Für die Ermittlung des betrieblichen Nutzungsumfangs sind auch die Mehrfachfahrten zu berücksichtigen.

2. Abziehbare Aufwendungen bei behinderten Menschen für Fahrten zwischen Wohnung und Betriebsstätte sowie Familienheimfahrten

34 Behinderte Menschen, deren Grad der Behinderung mindestens 70 beträgt, sowie behinderte Menschen, deren Grad der Behinderung weniger als 70, aber mindestens 50 beträgt und die in ihrer Bewegungsfähigkeit im Straßenverkehr erheblich beeinträchtigt sind, können ihre tatsächlichen Kosten für die Benutzung eines eigenen oder zur Nutzung überlassenen Kraftfahrzeuges für Fahrten zwischen Wohnung und Betriebsstätte sowie für Familienheimfahrten als Betriebsausgaben abziehen. Dabei ist der Gewinn nicht um Aufwendungen in Höhe des in § 4

12 Absatz 5 Satz 1 Nummer 6 EStG jeweils genannten positiven Unterschiedsbetrags zu erhöhen.

VI. Umsatzsteuerliche Beurteilung

Zur Frage des Vorsteuerabzugs und der Umsatzbesteuerung bei unternehmerisch genutzten Kraftfahrzeugen vgl. BMF-Schreiben vom 27. August 2004 (BStBl I S. 864). Ist die Anwendung der 1 %-Regelung gem. § 6 Absatz 1 Nummer 4 Satz 2 EStG ausgeschlossen, weil das Kraftfahrzeug zu weniger als 50 Prozent betrieblich genutzt wird, und wird der nicht unternehmerische Nutzungsanteil nicht durch ein ordnungsgemäßes Fahrtenbuch nachgewiesen, ist dieser Nutzungsanteil im Wege der Schätzung zu ermitteln, wobei der Umsatzbesteuerung grundsätzlich der für ertragsteuerliche Zwecke ermittelte private Nutzungsanteil zugrunde zu legen ist.

VII. Zeitliche Anwendung

Dieses Schreiben ersetzt die BMF-Schreiben vom 21. Januar 2002 (BStBl I S. 148) und vom 7. Juli 2006 (BStBl I S. 446) und ist in allen offenen Fällen anzuwenden. Randnummer 12 ist erstmals auf Wirtschaftsjahre anzuwenden, die nach dem 31. Dezember 2009 beginnen. Randnummer 17 ist erstmals ab dem Veranlagungszeitraum 2007 anzuwenden; wird der Gewinn nach einem vom Kalenderjahr abweichenden Wirtschaftsjahr ermittelt, ist Randnummer 17 erstmals ab 1. Januar 2007 anzuwenden.

Dieses Schreiben wird im Bundessteuerblatt Teil I veröffentlicht.

Im Auftrag

Ein Service des Bundesministeriums der Justiz in
Zusammenarbeit mit der juris GmbH - www.juris.de

Gesetz über Partnerschaftsgesellschaften Angehöriger Freier Berufe (Partnerschaftsgesellschaftsgesetz - PartGG)

PartGG

Ausfertigungsdatum: 25.07.1994

Vollzitat:

"Partnerschaftsgesellschaftsgesetz vom 25. Juli 1994 (BGBl. I S. 1744), das zuletzt durch Artikel Artikel 1 des Gesetzes vom 15. Juli 2013 (BGBl. I S. 2386) geändert worden ist"

Stand: Zuletzt geändert durch Art. Art. 1 G v. 15.7.2013 I 2386

Fußnote

(+++ Textnachweis ab: 1.7.1995 +++)

Das G wurde als Artikel 1 G v. 25.7.1994 I 1744 (PartGSchG) vom Bundestag beschlossen. Es tritt gem. Art. 9 Satz 1 dieses G am 1.7.1995 in Kraft.
§ 5 Abs. 2 tritt, soweit Vorschriften enthalten sind, die zum Erlass von Rechtsverordnungen ermächtigen, gem. Art. 9 Satz 2 G v. 25.7.1994 I 1744 idF d. Art. 5 Abs. 3 Nr. 2 G v. 6.6.1995 I 778 mWv 1.5.1995 in Kraft

§ 1 Voraussetzungen der Partnerschaft

(1) Die Partnerschaft ist eine Gesellschaft, in der sich Angehörige Freier Berufe zur Ausübung ihrer Berufe zusammenschließen. Sie übt kein Handelsgewerbe aus. Angehörige einer Partnerschaft können nur natürliche Personen sein.

(2) Die Freien Berufe haben im allgemeinen auf der Grundlage besonderer beruflicher Qualifikation oder schöpferischer Begabung die persönliche, eigenverantwortliche und fachlich unabhängige Erbringung von Dienstleistungen höherer Art im Interesse der Auftraggeber und der Allgemeinheit zum Inhalt. Ausübung eines Freien Berufs im Sinne dieses Gesetzes ist die selbständige Berufstätigkeit der Ärzte, Zahnärzte, Tierärzte, Heilpraktiker, Krankengymnasten, Hebammen, Heilmasseure, Diplom-Psychologen, Mitglieder der Rechtsanwaltskammern, Patentanwälte, Wirtschaftsprüfer, Steuerberater, beratenden Volks- und Betriebswirte, vereidigten Buchprüfer (vereidigte Buchrevisoren), Steuerbevollmächtigten, Ingenieure, Architekten, Handelschemiker, Lotsen, hauptberuflichen Sachverständigen, Journalisten, Bildberichterstatter, Dolmetscher, Übersetzer und ähnlicher Berufe sowie der Wissenschaftler, Künstler, Schriftsteller, Lehrer und Erzieher.

(3) Die Berufsausübung in der Partnerschaft kann in Vorschriften über einzelne Berufe ausgeschlossen oder von weiteren Voraussetzungen abhängig gemacht werden.

(4) Auf die Partnerschaft finden, soweit in diesem Gesetz nichts anderes bestimmt ist, die Vorschriften des Bürgerlichen Gesetzbuchs über die Gesellschaft Anwendung.

§ 2 Name der Partnerschaft

(1) Der Name der Partnerschaft muß den Namen mindestens eines Partners, den Zusatz "und Partner" oder "Partnerschaft" sowie die Berufsbezeichnungen aller in der Partnerschaft vertretenen Berufe enthalten. Die Beifügung von Vornamen ist nicht erforderlich. Die Namen anderer Personen als der Partner dürfen nicht in den Namen der Partnerschaft aufgenommen werden.

(2) § 18 Abs. 2, §§ 21, 22 Abs. 1, §§ 23, 24, 30, 31 Abs. 2, §§ 32 und 37 des Handelsgesetzbuchs sind entsprechend anzuwenden; § 24 Abs. 2 des Handelsgesetzbuchs gilt auch bei Umwandlung einer Gesellschaft bürgerlichen Rechts in eine Partnerschaft.

§ 3 Partnerschaftsvertrag

(1) Der Partnerschaftsvertrag bedarf der Schriftform.

(2) Der Partnerschaftsvertrag muß enthalten

1. den Namen und den Sitz der Partnerschaft;

2. den Namen und den Vornamen sowie den in der Partnerschaft ausgeübten Beruf und den Wohnort jedes Partners;

3. den Gegenstand der Partnerschaft.

§ 4 Anmeldung der Partnerschaft

(1) Auf die Anmeldung der Partnerschaft in das Partnerschaftsregister sind § 106 Abs. 1 und § 103 des Handelsgesetzbuchs entsprechend anzuwenden. Die Anmeldung hat die in § 3 Abs. 2 vorgeschriebenen Angaben, das Geburtsdatum jedes Partners und die Vertretungsmacht der Partner zu enthalten. Änderungen dieser Angaben sind gleichfalls zur Eintragung in das Partnerschaftsregister anzumelden.

(2) In der Anmeldung ist die Zugehörigkeit jedes Partners zu dem Freien Beruf, den er in der Partnerschaft ausübt, anzugeben. Das Registergericht legt bei der Eintragung die Angaben der Partner zugrunde, es sei denn, ihm ist deren Unrichtigkeit bekannt.

(3) Der Anmeldung einer Partnerschaft mit beschränkter Berufshaftung nach § 8 Absatz 4 muss eine Versicherungsbescheinigung gemäß § 113 Absatz 2 des Gesetzes über den Versicherungsvertrag beigefügt sein.

§ 5 Inhalt der Eintragung, anzuwendende Vorschriften

(1) Die Eintragung hat die in § 3 Abs. 2 genannten Angaben, das Geburtsdatum jedes Partners und die Vertretungsmacht der Partner zu enthalten.

(2) Auf das Partnerschaftsregister und die registerrechtliche Behandlung von Zweigniederlassungen sind die §§ 8, 8a, 9, 10 bis 12, 13, 13d, 13h und 14 bis 16 des Handelsgesetzbuchs über das Handelsregister entsprechend anzuwenden; eine Pflicht zur Anmeldung einer inländischen Geschäftsanschrift besteht nicht.

§ 6 Rechtsverhältnis der Partner untereinander

(1) Die Partner erbringen ihre beruflichen Leistungen unter Beachtung des für sie geltenden Berufsrechts.

(2) Einzelne Partner können im Partnerschaftsvertrag nur von der Führung der sonstigen Geschäfte ausgeschlossen werden.

(3) Im übrigen richtet sich das Rechtsverhältnis der Partner untereinander nach dem Partnerschaftsvertrag. Soweit der Partnerschaftsvertrag keine Bestimmungen enthält, sind die §§ 110 bis 116 Abs. 2, §§ 117 bis 119 des Handelsgesetzbuchs entsprechend anzuwenden.

§ 7 Wirksamkeit im Verhältnis zu Dritten, rechtliche Selbständigkeit, Vertretung

(1) Die Partnerschaft wird im Verhältnis zu Dritten mit ihrer Eintragung in das Partnerschaftsregister wirksam.

(2) § 124 des Handelsgesetzbuchs ist entsprechend anzuwenden.

(3) Auf die Vertretung der Partnerschaft sind die Vorschriften des § 125 Abs. 1 und 2 sowie der §§ 126 und 127 des Handelsgesetzbuchs entsprechend anzuwenden.

(4) Die Partnerschaft kann als Prozess- oder Verfahrensbevollmächtigte beauftragt werden. Sie handelt durch ihre Partner und Vertreter, in deren Person die für die Erbringung rechtsbesorgender Leistungen gesetzlich vorgeschriebenen Voraussetzungen im Einzelfalle vorliegen müssen, und ist in gleichem Umfang wie diese postulationsfähig. Verteidiger im Sinne der §§ 137ff. der Strafprozessordnung ist nur die für die Partnerschaft handelnde Person.

(5) Für die Angabe auf Geschäftsbriefen der Partnerschaft ist § 125a Absatz 1 Satz 1, Absatz 2 des Handelsgesetzbuchs mit der Maßgabe entsprechend anzuwenden, dass bei einer Partnerschaft mit beschränkter Berufshaftung auch der von dieser gewählte Namenszusatz im Sinne des § 8 Absatz 4 Satz 3 anzugeben ist.

§ 8 Haftung für Verbindlichkeiten der Partnerschaft

(1) Für Verbindlichkeiten der Partnerschaft haften den Gläubigern neben dem Vermögen der Partnerschaft die Partner als Gesamtschuldner. Die §§ 129 und 130 des Handelsgesetzbuchs sind entsprechend anzuwenden.

(2) Waren nur einzelne Partner mit der Bearbeitung eines Auftrags befaßt, so haften nur sie gemäß Absatz 1 für berufliche Fehler neben der Partnerschaft; ausgenommen sind Bearbeitungsbeiträge von untergeordneter Bedeutung.

(3) Durch Gesetz kann für einzelne Berufe eine Beschränkung der Haftung für Ansprüche aus Schäden wegen fehlerhafter Berufsausübung auf einen bestimmten Höchstbetrag zugelassen werden, wenn zugleich eine Pflicht zum Abschluß einer Berufshaftpflichtversicherung der Partner oder der Partnerschaft begründet wird.

(4) Für Verbindlichkeiten der Partnerschaft aus Schäden wegen fehlerhafter Berufsausübung haftet den Gläubigern nur das Gesellschaftsvermögen, wenn die Partnerschaft eine zu diesem Zweck durch Gesetz vorgegebene Berufshaftpflichtversicherung unterhält. Für die Berufshaftpflichtversicherung gelten § 113 Absatz 3 und die §§ 114 bis 124 des Versicherungsvertragsgesetzes entsprechend. Der Name der Partnerschaft muss den Zusatz „mit beschränkter Berufshaftung" oder die Abkürzung „mbB" oder eine andere allgemein verständliche Abkürzung dieser Bezeichnung enthalten; anstelle der Namenszusätze nach § 2 Absatz 1 Satz 1 kann der Name der Partnerschaft mit beschränkter Berufshaftung den Zusatz „Part" oder „PartG" enthalten.

§ 9 Ausscheiden eines Partners, Auflösung der Partnerschaft

(1) Auf das Ausscheiden eines Partners und die Auflösung der Partnerschaft sind, soweit im folgenden nichts anderes bestimmt ist, die §§ 131 bis 144 des Handelsgesetzbuchs entsprechend anzuwenden.

(2) (weggefallen)

(3) Verliert ein Partner eine erforderliche Zulassung zu dem Freien Beruf, den er in der Partnerschaft ausübt, so scheidet er mit deren Verlust aus der Partnerschaft aus.

(4) Die Beteiligung an einer Partnerschaft ist nicht vererblich. Der Partnerschaftsvertrag kann jedoch bestimmen, daß sie an Dritte vererblich ist, die Partner im Sinne des § 1 Abs. 1 und 2 sein können. § 139 des Handelsgesetzbuchs ist nur insoweit anzuwenden, als der Erbe der Beteiligung befugt ist, seinen Austritt aus der Partnerschaft zu erklären.

§ 10 Liquidation der Partnerschaft, Nachhaftung

(1) Für die Liquidation der Partnerschaft sind die Vorschriften über die Liquidation der offenen Handelsgesellschaft entsprechend anwendbar.

(2) Nach der Auflösung der Partnerschaft oder nach dem Ausscheiden des Partners bestimmt sich die Haftung der Partner aus Verbindlichkeiten der Partnerschaft nach den §§ 159, 160 des Handelsgesetzbuchs.

§ 11 Übergangsvorschriften

(1) Den Zusatz "Partnerschaft" oder "und Partner" dürfen nur Partnerschaften nach diesem Gesetz führen. Gesellschaften, die eine solche Bezeichnung bei Inkrafttreten dieses Gesetzes in ihrem Namen führen, ohne Partnerschaft im Sinne dieses Gesetzes zu sein, dürfen diese Bezeichnung noch bis zum Ablauf von zwei Jahren nach Inkrafttreten dieses Gesetzes weiterverwenden. Nach Ablauf dieser Frist dürfen sie eine solche Bezeichnung nur noch weiterführen, wenn sie in ihrem Namen der Bezeichnung "Partnerschaft" oder "und Partner" einen Hinweis auf die andere Rechtsform hinzufügen.

(2) Die Anmeldung und Eintragung einer dem gesetzlichen Regelfall entsprechenden Vertretungsmacht der Partner und der Abwickler muss erst erfolgen, wenn eine vom gesetzlichen Regelfall abweichende Bestimmung des Partnerschaftsvertrages über die Vertretungsmacht angemeldet und eingetragen wird oder wenn erstmals die Abwickler zur Eintragung angemeldet und eingetragen werden. Das Registergericht kann die Eintragung einer

dem gesetzlichen Regelfall entsprechenden Vertretungsmacht auch von Amts wegen vornehmen. Die Anmeldung und Eintragung des Geburtsdatums bereits eingetragener Partner muss erst bei einer Anmeldung und Eintragung bezüglich eines der Partner erfolgen.

(3) Die Landesregierungen können durch Rechtsverordnung bestimmen, dass Anmeldungen und alle oder einzelne Dokumente bis zum 31. Dezember 2009 auch in Papierform zum Partnerschaftsregister eingereicht werden können. Soweit eine Rechtsverordnung nach Satz 1 erlassen wird, gelten die Vorschriften über die Anmeldung und die Einreichung von Dokumenten zum Partnerschaftsregister in ihrer bis zum Inkrafttreten des Gesetzes über elektronische Handelsregister und Genossenschaftsregister sowie das Unternehmensregister vom 10. November 2006 (BGBl. I S. 2553) am 1. Januar 2007 geltenden Fassung. Die Landesregierungen können durch Rechtsverordnung die Ermächtigung nach Satz 1 auf die Landesjustizverwaltungen übertragen.

Internet-Adressen

- Agentur für Arbeit
  www.arbeitsagentur.de
- Bundeszentralamt für Steuern
  www.bzst.de/DE/Home/home_node.html
- Elster-online
  www.elster.de
- Kreditanstalt für Wiederaufbau (KfW)
  www.kfw.de/kfw.de.html

BDÜ (Hrsg.): Erfolgreich selbstständig als Dolmetscher und Übersetzer – Ein Leitfaden für Existenzgründer, 4., überarbeitete und erweiterte Auflage, Umfang: 157 Seiten, ISBN: 978-3-938430-25-5, Erscheinungsjahr: 2009, Preis: 22,00 €

Mit den Schriften des BDÜ verschafft der Bundesverband der Dolmetscher und Übersetzer Berufseinsteigern, aber auch erfahrenen Kolleginnen und Kollegen, praktische Kenntnisse, die für die qualifizierte Berufsausübung unabdingbar sind.

Die Spannweite der Beiträge in diesem Buch reicht von der Büroorganisation des Freiberuflers über Tipps zur Auftragsakquisition und zum Umgang mit Auftraggebern bis hin zur Kalkulation und Vertragsgestaltung.

Den Autoren dieser erweiterten und aktualisierten Auflage des vorliegenden Bandes ist es erneut gelungen, eine Vielzahl von Facetten des praktischen Berufslebens zu erfassen und verständlich aufzubereiten. Das detaillierte Inhaltsverzeichnis und eine umfangreiche Adresssammlung machen dieses Buch für Neulinge wie für alte Hasen zu einem gern konsultierten Nachschlagewerk.

Birgit Golms: Marketing für Dolmetscher und Übersetzer – Wie Sie sich als Freiberufler optimal vermarkten und Kunden gewinnen, Umfang: 151 Seiten, ISBN: 978-3-938430-34-7, Erscheinungsjahr: 2011, Preis: 20,00 €

Selbstständige Dolmetscher und Übersetzer müssen selbst für eine gute Auftragslage sorgen. Der Ratgeber präsentiert in kompakter Form die wichtigsten Marketingmethoden für Freiberufler.

Die Bandbreite der Themen reicht von der Positionierung über die Grundausstattung in Form von Visitenkarte und Website bis hin zur Kundengewinnung. Die Vorschläge sind genau auf die Situation von Dolmetschern und Übersetzern zugeschnitten, die alleine arbeiten und weder über ein großes Werbebudget noch übermäßig Zeit für die Eigenwerbung verfügen. Dabei geht der Ratgeber auch auf die aktuellen Trends im Bereich Marketing ein, die sich insbesondere durch das Internet entwickelt haben.

Egal ob Existenzgründer oder gestandener Freiberufler – für jeden gibt es die passenden Maßnahmen für das Marketing in eigener Sache. Mit zahlreichen Tipps, Übungen, Checklisten und Beispielen aus der Welt der Dolmetscher und Übersetzer.